山西省高等教育"1331工程"提质增效建设计划
服务转型经济产业创新学科集群建设项目系列成果

教育部人文社会科学研究青年基金项目（17YJC790199）资助

张文龙 ◎ 著

资源开采地政府矿产资源收益优化配置问题研究

Research on the Optimal Allocation
of Mineral Resources Revenue of
Resource-extracted

SUBNATIONAL GOVERNMENTS

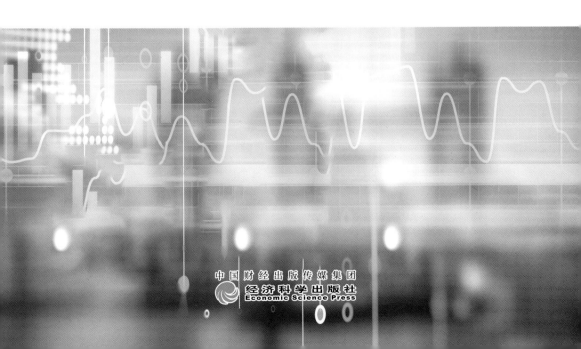

中国财经出版传媒集团
经济科学出版社
Economic Science Press

图书在版编目（CIP）数据

资源开采地政府矿产资源收益优化配置问题研究/
张文龙著 . -- 北京：经济科学出版社，2023.6
ISBN 978 - 7 - 5218 - 4786 - 4

Ⅰ.①资⋯　Ⅱ.①张⋯　Ⅲ.①矿产资源-收益-分配
-研究-中国　Ⅳ.①F426.1

中国国家版本馆 CIP 数据核字（2023）第 090179 号

责任编辑：杜　鹏　常家凤
责任校对：隗立娜　郑淑艳
责任印制：邱　天

资源开采地政府矿产资源收益优化配置问题研究

张文龙　著

经济科学出版社出版、发行　新华书店经销
社址：北京市海淀区阜成路甲 28 号　邮编：100142
总编部电话：010-88191217　发行部电话：010-88191522
网址：www. esp. com. cn
电子邮箱：esp@ esp. com. cn
天猫网店：经济科学出版社旗舰店
网址：http://jjkxcbs. tmall. com
固安华明印业有限公司印装
710 × 1000　16 开　16.25 印张　280000 字
2023 年 6 月第 1 版　2023 年 6 月第 1 次印刷
ISBN 978 - 7 - 5218 - 4786 - 4　定价：88.00 元
（图书出现印装问题，本社负责调换。电话：010 - 88191545）
（版权所有　侵权必究　打击盗版　举报热线：010 - 88191661
QQ：2242791300　营销中心电话：010 - 88191537
电子邮箱：dbts@ esp. com. cn）

山西省高等教育"1331 工程"提质增效建设计划
服务转型经济产业创新学科集群建设项目系列成果
编委会

主　编　沈沛龙
副主编　张文龙　王晓婷
编　委　(按姓氏拼音为序)
　　　　　崔　婕　韩媛媛　李爱忠　沈沛龙　王国峰
　　　　　王建功　王　琳　王晓婷　张文龙　朱治双

总 序

　　山西省作为国家资源型经济转型综合配套改革示范区，正处于经济转型和高质量发展关键时期。山西省高等教育"1331 工程"是山西省高等教育振兴计划工程。实施以来，有力地推动了山西高校"双一流"建设，为山西省经济社会发展提供了可靠的高素质人才和高水平科研支撑。本成果是山西省高等教育"1331 工程"提质增效建设计划服务转型经济产业创新学科集群建设项目系列成果。

　　山西财经大学转型经济学科群立足于山西省资源型经济转型发展实际，突破单一学科在学科建设、人才培养、智库平台建设等方面无法与资源型经济转型相适应的弊端，构建交叉融合的学科群体系，坚持以习近平新时代中国特色社会主义思想为指导，牢牢把握习近平总书记关于"三新一高"的重大战略部署要求，深入贯彻落实习近平总书记考察调研山西重要指示精神，努力实现"转型发展蹚新路""高质量发展取得新突破"目标，为全方位推动高质量发展和经济转型提供重要的人力和智力支持。

　　转型经济学科群提质增效建设项目围绕全方位推进高质量发展主题，着重聚焦煤炭产业转型发展、现代产业合理布局和产学创研用一体化人才培育，通过智库建设、平台搭建、校企合作、团队建设、人才培养、实验室建设、数据库和实践基地建设等，提升转型经济学科群服务经济转型能力，促进山西省传统产业数字化、智能化、绿色化、高端化、平台化、服务化，促进现代产业合理布局集群发展，推进山西省产业经济转型和高质量发展，聚焦经济转型发展需求，以资源型经济转型发展中重大经济和社会问题为出发点开展基础理论和应用对策研究，力图破解经济转型发展中的重大难题。

山西省高等教育"1331 工程"提质增效建设计划服务转型经济产业创新学科集群建设项目系列成果深入研究了资源收益配置、生产要素流动、污染防控的成本效益、金融市场发展、乡村振兴、宏观政策调控等经济转型中面临的重大经济和社会问题。我们希望通过此系列成果的出版，为山西省经济转型的顺利实施作出积极贡献，奋力谱写全面建设社会主义现代化国家山西篇章！

编委会

2023 年 6 月

前　言

矿产资源开发收益是资源开采地政府预算收入的重要来源，但资源的可耗竭性与资源价格波动性给资源开采地政府资源收益的配置带来了巨大挑战。一方面，基础设施不完善、经济结构需转型的资源开采地需要政府利用资源财富积极投资，但不合理的配置方式可能导致"资源诅咒"。另一方面，资源地政府财政预算受资源收益制约，容易采取顺周期的财政策略，会放大资源价格波动的冲击。若资源价格下降引起政府资源收益下降，政府财政收入将出现缺口，政府投资将不可持续，可能会给资源地经济带来巨大的负面冲击。

基于此，本书在分析资源收益的两大特征（可耗竭性与价格波动性）、梳理资源收益优化配置的相关理论研究和国内外资源收益配置实践的基础上，首先从理论上构建动态随机一般均衡模型来研究资源收益配置的最优路径，其次以资源地政府的资源收益财政制度设计、资源收益统计制度设计、资源收益透明度制度设计为支撑，以煤炭富集的 A 省和石油富集的 B 省为案例动态模拟分析资源收益配置的优化路径与经济效应，最后总结并提出资源地政府资源收益配置的政策建议。

本书的主要结论包括：第一，我国资源富集型省份资源依赖会抑制经济增长，进一步研究发现资源依赖对制造业存在挤出效应，政府有效投资可以缓解资源依赖给经济带来的负面影响。第二，最优资源收益配置的财政规则为储蓄约一半的资源收益，剩余资源收益作为政府支出费用。完全支出规则可提升居民消费福祉，但会恶化"资源诅咒"现象，使政府财政不可持续；完全储蓄规则可缓解"资源诅咒"、保障财政可持续发展，但会降低居民消费福祉。第三，借鉴国际上资源富集的发展中国家财政框架，提出了我国资源地政府资源收益财政制度设计方案，包括设立中期支出框架（MTEFs）和资源基金来管理中短期资源收益波动问题与维护财政可持续发展。第四，基于国际货币基金组织（International Monetary Fund，IMF）（2014）矿产资源收益统计模板和《采掘业透明度行动计划》（EITI）收入模板，提出了我国资源开采地政府矿产资源收益的统计模板，并设计了资源地政府矿产资源收益的数据采集策略。第五，基于国际自然资源透明度制度和《采掘业透明度行动计划》框架，提出了我国自然资源透明度提升路径，包括披露内容、披露方式与披露监督机制等措施。第六，基于 A 省与 B 省的资源收益优化配置案例分析，发现两省的财政状况有待改善，通过永续收入财政策略可以在长期内有效管控政府财政赤字水平；保守策略在中短期提升了财政盈余水平，但随后可以加大支出，留存的财富相对丰厚；面对短暂的资源价格负面冲击无须调整财政策略，而面对持久性价格负面冲击时，可在一定程度上减少支出、维护财政可持续发展。

本书的主要创新包括：第一，构建了三部门的动态随机一般均衡模型来分析政府资源收益配置问题，并提出了资源收益配置的最优财政规则设计方案。第二，在国内首次从资源开采项目层级较为精准地预测出资源税费收入，并考虑中央与地方分享收益来预测资源地政府的长期资源收益流入。第三，基于国际货币基金组织（2012）为资源富集的发展中国家制定的财政框架、国际货币基金组织矿产资源收益统计模板和《采掘业透明度行动计划》收入模板，首次提出资源开采地政府的财政制度设计方案、矿产资源收益统计模板与采掘业透明度的提升路径。第四，首次运用国际货币基金组织发布的模型来设计中国典型资源富集型地区政府的长期资源收益配置方案，并提出了财政可持续的长期规划路径。

张文龙

2023 年 4 月

目　录

第一章　绪论……………………………………………………… 1

第一节　研究背景与意义……………………………………… 1

第二节　国内外文献综述……………………………………… 8

第三节　研究内容与方法……………………………………… 19

第四节　研究创新与不足……………………………………… 23

第二章　矿产资源收益优化配置理论与国内外实践…………… 25

第一节　矿产资源收益的特征………………………………… 25

第二节　矿产资源收益配置理论……………………………… 28

第三节　矿产资源收益配置的国内外实践…………………… 34

第四节　矿产资源依赖与资源地经济发展…………………… 42

第三章　资源开采地政府矿产资源收益优化配置模型………… 64

第一节　政府资源收益优化配置的理论分析………………… 64

第二节　政府资源收益优化配置的模型构建………………… 65

第三节　政府资源收益优化配置的模拟结果及分析………… 71

第四章　资源开采地政府矿产资源收益财政制度设计………… 90

第一节　我国矿产资源财政制度的实践……………………… 90

第二节　资源富集国家财政制度：国际经验………………… 94

第三节　资源开采地政府财政制度设计方案………………… 99

第五章　资源开采地政府矿产资源收益统计制度设计……………… 105

　第一节　资源开采地政府矿产资源收益统计的国际现状………… 105

　第二节　我国资源开采地政府矿产资源收益统计现状及改进……… 108

　第三节　资源开采地政府矿产资源收入统计数据的收集模板

　　　　　与策略 ……………………………………………………… 110

第六章　资源开采地政府矿产资源收益透明度制度设计……………… 117

　第一节　我国矿产资源透明度制度的实践………………………… 117

　第二节　资源富集国家透明度框架：国际经验…………………… 123

　第三节　资源开采地政府透明度制度设计方案…………………… 126

第七章　资源开采地政府资源收益配置案例分析……………………… 131

　第一节　煤炭富集省份长期财政可持续——以 A 省为例 ……… 131

　第二节　石油富集省份长期财政可持续——以 B 省为例 ……… 157

　第三节　财政策略的确定与实施建议……………………………… 182

第八章　研究结论与相关建议…………………………………………… 187

参考文献……………………………………………………………………… 191

附录…………………………………………………………………………… 204

后记…………………………………………………………………………… 251

第一章 绪 论

第一节 研究背景与意义

一、研究背景

矿产资源作为地球赋予人类的宝贵财富，是人类社会赖以生存的重要物质基础，对一个国家的经济发展、国计民生、军事国防等方面起着重要支撑作用，采掘业是我国的重要行业，对我国经济社会的发展作出了巨大贡献。我国采掘业增加值由 2005 年的 1.03 万亿元增加至 2021 年的 2.32 万亿元，占国内生产总值的比重达 2.05%；2021 年，我国采掘业就业人数为344.8 万人，采掘业从业人员职工的平均工资为 10.85 万元。我国能源消费总量从 2005 年的 26.14 亿吨标准煤增长至 2021 年的 52.4 亿吨标准煤。我国采矿业投资额从 2005 年的 3234.27 亿元增长至 2021 年的 1.1 万亿元；资源税收入从 2005 年的 142.2 亿元增长至 2021 年的 2288.16 亿元，同时资源税占税收收入的比重从 2005 年的 0.5% 增长至 2021 年的 1.13%。[①] 因此，采矿业不仅促进了国民经济的增长，而且提供了就业机会，促进了社会稳定，拉动了消费和投资，贡献了财政税收收入，其重要性不言而喻。

我国矿产资源分布呈现不均衡的特征。例如，2021 年黑龙江省生产石油 0.3 亿吨，占全国石油总产量的 15.4%，陕西省生产石油 0.27 亿吨，占

[①] 《中国统计年鉴（2005）》《中国统计年鉴（2021）》。

全国的 13.85%，天津市生产石油 0.32 亿吨，占全国的 16.42%，新疆维吾尔自治区生产石油 0.29 亿吨，占全国的 14.88%，仅以上四个省份石油生产总量就占全国石油总产量的 60.55%；2021 年山西省煤炭产量达 11.93 亿吨，占全国煤炭产量的 28.89%，2021 年内蒙古自治区原煤产量达 10.39 亿吨，占全国煤炭产量的 25.16%，仅该两省的原煤产量就超过全国的 50%；2021 年全国天然气产量超过 65% 来自陕西省、四川省和新疆维吾尔自治区，该三省天然气产量占全国总产量的比率分别为 25.39%、22.31% 和 17.82%。① 由此可见，中西部几个主要资源富集省份贡献了过半的矿产资源产出，其余省份则资源相对稀缺，总体上呈现资源不均衡的状况。

矿产资源具有可耗竭性和价格波动性等特征，由此会导致资源收益的不可持续性和不确定性。首先，大部分矿产资源属于不可再生资源，具有可耗竭性，随着开采量的不断增加，矿产资源的数量和质量逐渐恶化，长期看资源收益必将减少或消失。我国于 2008 年、2009 年、2011 年分三批确定了 69 个资源枯竭型城市（县、区），国家统计局统计显示，这些城市的财政收入在"十三五"期间（2016～2020 年）明显低于财政支出，对中央政府的转移支付具有较强的依赖性，城市未来的发展面临着巨大的压力。而资源的可耗竭性导致资源地政府的资源收益在长期难以为继，一旦资源开采进入资源枯竭期，资源收益将成为"无源之水"。其次，资源价格频繁波动很大程度影响到资源地政府的资源收益。由于严峻复杂的地缘政治冲突和重大卫生事件的冲击，资源价格于 2020～2022 年 3 月频繁波动。2020 年新冠肺炎疫情对国际石油市场造成重大影响，国际油价展现出"断崖式"下跌，布伦特原油现货年均价格为 42.03 美元/桶，较 2019 年度下跌 34.6%；2021 年由于全球疫情形势好转，石油输出国组织（OPEC＋）及世界主要产油国再次释放减产信号，且全球大宗商品运输通道并未完全畅通，导致石油供小于求，国际石油价格上涨，布伦特原油现货年均价格为 65.68 美元/桶，较 2020 年度上涨 56.3%；2022 年 2 月 24 日，受俄乌冲突影响，国际油价飙升，2022 年 3 月 8 日，布伦特原油现货价格上涨至 124.37 美元/桶，创 2008 年以来最高点。② 资源价格走势的不确定性导致了资源型地区

---

① 《中国统计年鉴（2021）》。
② EPS 数据库。

政府财政收入和经济增长的波动性。以我国石油资源富集的东北三省为例，财政收入与原油价格关系紧密，两者呈现相同的趋势。图 1.1 与图 1.2 描述了 2003～2021 年的原油价格和东北三省的 GDP 以及财政收入的关系①。

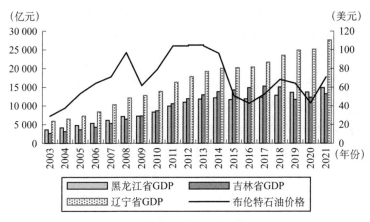

图 1.1　原油价格与东北三省 GDP

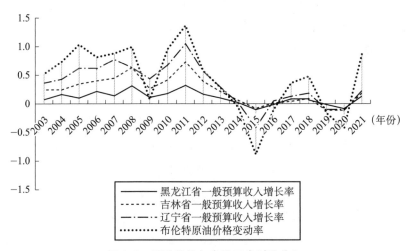

图 1.2　原油价格与东北三省财政收入

资源收益的可耗竭性和价格波动性等特征为资源型区域带来了巨大的管理挑战。

---

① 2004～2022 年的《中国统计年鉴》《中国国土资源统计年鉴》《中国税务年鉴》和 EPS 数据库。

　　第一，由于资源收益具有可耗竭性，若资源地政府在当前过度耗用资源收益，长期的投资将难以持续，由此，政府需要从长远角度来考虑代际财富分配问题。具体来说，资源开采期持续获得的资源收益使政府、企业和当地居民持久地享受到资源红利，然而，若当代人对资源财富不加管理、肆意浪费，当资源逐渐枯竭时，资源收益快速下降，后代人的财富水平将下降。资源地政府往往没有很好地考虑代际均衡问题，在管理资源收益方面存在较大的改进空间，在投资与储蓄的配置问题上规划不足。此外，资源地经济发展不充分、资本积累薄弱、吸收能力不足、投资效率低下，也同样给资源地政府的资源收益配置带来较大的管理挑战。

　　第二，由于资源收益具有波动性，资源地政府的财政支出很大程度上受资源收益制约，易采取"顺周期"支出策略，一旦财政收益出现难以弥补的巨大缺口，财政支出将在中短期内不可持续。此外，资源收益与资源价格挂钩，也与资源部门的盈利能力相关，资源开采地政府财力与资源部门的发展保持密切的联系，导致财政收支的"繁荣—萧条"周期变化。波动的财政收支不利于经济稳定和财政预算执行，资源部门的不确定性会影响开采地总体经济的发展，政府的顺周期财政支出行为会进一步加剧地区经济波动，如何实现稳定的财政政策或者逆周期调节政策是政府面对的短中期挑战。

　　第三，由于资源收益需要在中央与地方政府之间分享，受政治不确定性制约，资源地政府的长期资源收益难以预期，给长期资源收益配置带来很大的挑战。具体来看，资源收益在地方和中央的分配存在较大的不确定性，不同的国家国情、社会制度和意识形态形成的中央和地方间的资源收益分享制度也不同，国际上不存在建立统一的资源收益分享制度的共识。同时，资源开采的恢复成本与收入不可持续性的承担主体较为模糊，往往会导致环境的修复效果较差、居民福祉难以保障、地域间收入分配不公等问题。如何分配中央和地方政府之间的资源收益以实现资源地的财政可持续成为政府面临的管理难题。

　　而对于我国的国情而言，资源收益的可耗竭性与波动性也同样带来了巨大挑战。我国宪法规定"自然资源属于国家所有"，由此建立了有偿取得和有偿开采相结合的矿产资源有偿使用制度，矿产资源开采地政府可以通过资源税费、上级政府转移支付、国有股权分红等获得矿产资源收益。我国矿产资源税收制度逐渐规范完善，自 2011 年开始的资源税从价改革，至 2017 年矿产资源权利金制度改革，资源收益征收方式得到了进一步规范。我国矿产资源禀赋主要集中在欠发达地区，国家在资源收益分配上有向地方倾斜的趋势。1994 年分税制后资源收益在中央与地方政府之间分享，近年来资源税纳入地方政府财政预算收入，使资源收益划分的天平逐渐向地方集中，资源收益已成为资源富集型地方政府财政收入的重要来源，由此，资源地政府的资源收益配置问题不容忽视。

首先，矿产资源收益的可耗竭性给我国财政支出的代际平衡和投资效率带来了严峻的挑战。我国部分资源开采地政府资源收益大多用于当期消费，后代利益补偿机制缺失。且政府多投资于初级资源加工等相关产业，青睐"白象"项目①，导致资本无序浪费加剧了"资源诅咒"问题，使得资源收益的配置未能改善当地人民生活状况、支撑当地社会经济发展。资源富集型地区往往资本积累薄弱、基础设施存在较大缺口，矿产资源收益应投资于基础设施建设、人力、教育、医疗等产业，增强当地经济发展韧性、实现地方可持续发展。

其次，矿产资源收益波动性给我国带来了经济和财政的双重挑战。一方面，资源收益的波动性可能挤出物质资本投资，为资源地经济带来了严峻打击。另一方面，政府支出的顺周期性使财政空间在资源萧条期承压，对宏观经济调控的有效性与稳定性造成冲击。然而，目前我国并未形成对资源收益专项的中长期财政规划制度体系，而仅对一般公共预算收入进行跨年度预算平衡机制与建设中期财政规划，在矿产资源价格剧烈波动时，宏观经济调控政策很容易失效。

总体而言，我国政府在长期需要关注财政可持续问题，在短期需要解决资源收益波动导致的政府"繁荣—萧条"行为，探索建立资源稳定基金、跨期预算规划，改革并完善开采地政府矿产资源收益统计制度和透明度制度，此外，中央和地方之间的权责关系和分配制度需要进一步明晰。矿产资源收益优化配置对于中国资源地政府财政可持续发展与当地经济振兴具

---

① "白象"项目是指低效率且在政治上具有吸引力的项目，这些项目往往需要耗费大量的财富，收效甚微，大量推行该类项目会造成资源和财富的浪费。

有重要意义。

因此，本书旨在分析资源开采地资源型经济特征及其为资源开采地政府带来的管理挑战，基于此建立地方政府消费、投资和储蓄的优化配置模型，模拟不同情境下资源开采地政府的最优决策路径，合理优化配置均衡代际收益、防范资源价格波动风险、以公共投资来推进地区经济均衡发展，构建以矿产资源政府收益统计制度、中短期稳定和长期可持续的现代财政制度、矿产资源政府收益透明度制度为支撑的制度体系，为资源开采地政府治理能力现代化提供制度保障。

二、研究意义

本书兼具理论意义和现实意义。

（一）理论意义

本书不局限于以国家单位分析矿产资源优化配置模型，而是考虑到我国矿产资源区域分布的不均衡性，拓展其研究范围至资源开采地政府，拓展了我国矿产资源优化配置模型的相关研究，丰富了现有矿产资源优化配置理论。

本书引入动态随机一般均衡模型，用于分析资源收益的长期优化配置问题。通过构建基于对家庭、厂商、政府三部门的动态随机一般均衡模型，利用中国数据校准参数，结合中国实际状况为资源收益配置优化与财政可持续发展提出了财政规则改革思路。动态随机一般均衡模型是近 10 多年来宏观经济学发展的学术前沿，本书将其引入矿产资源收益优化配置研究中，进一步拓宽了资源收益长期优化配置的理论空间。

本书基于资源依赖对我国经济增长的影响，实证分析了我国省（市）级层面"资源诅咒"现象的存在性，该研究拓展了资源诅咒相关问题的研究，为地区规避"资源诅咒"现象作出贡献。

本书分析了我国资源开采地政府财政制度、统计制度、透明度制度，并借鉴国际经验，为资源开采地政府设计了财政制度方案，设计了适合我国国情的资源开采地政府矿产资源收益数据的标准模板，有助于汇编国民账户对矿产资源进行宏观经济分析，为资源开采地政府提高透明度水平提出了合理建议，完善了我国透明度制度的标准，为我国实行相关制度提供了理论保障，丰富了我国的制度框架。

（二）现实意义

我国矿产资源分布呈不均衡的特征，矿产资源主要集中在中西部欠发达区域。从宏观方面来看，本书通过分析中国资源收益的长期优化配置问题，将矿产资源优化配置模型应用到欠发达区域的资源收益配置实践中，有利于能力相对较低、资金相对不足的地方政府提升其矿产资源收益治理能力和水平。有利于保障中央和地方政府以及利益相关方的权益，确保资源开采地矿区的和谐稳定。从微观方面来看，本书以资源收益的优化配置作为研究主线，这对平衡收益分配和协调社会关系有着重要的作用。

本书通过分析矿产资源依赖的"资源诅咒"效应及其传导机制，可以为解决"资源诅咒"问题提供有效的对策建议，有助于资源富集型地区加大对科技创新和教育的投入，推进资源富集型地区和周边区域的合作，提高投资水平，促进经济的长期高质量增长。

本书对我国资源开采地政府财政制度、统计制度、透明度制度提出了改进建议，有助于开采地政府有效管理资源收益的中短期波动，并实现财政的长期可持续；可以极大地降低矿产资源开采地政府的制度设计成本，提升其矿产资源收益治理能力和水平；提高我国的采掘业透明度，防范冲突与寻租腐败等问题，促进我国各级政府采掘业收益的公开、透明。

本书以资源富集的 A 省和石油富集的 B 省为例进行长期财政可持续分析，对区域经济发展、财政状况和资源价格波动作出预测，以追求均衡赤字为目标来实现长期财政可持续，为短期财政规则的制定提供了依据。研究框架将矿产资源视作政府财富，通过将非资源财政盈余锚定经济发展指标的方式实现矿产资源收益的跨年度合理分摊，为解决矿产资源收益的配置难题提供了新的解决方法。

综上所述，本书针对资源地政府的资源收益配置优化问题提出应对思路与方案，可以有效应对资源收益的可耗竭与波动性，妥善解决该问题有利于经济社会的持续发展，维护国家安全与稳定。

第二节　国内外文献综述

一、关于资源开采地经济和矿产资源管理挑战的研究

（一）矿产资源开采特征

在矿产资源的开采活动中，普遍存在资源可耗竭性、不确定性高、生产周期长、资本集中度高等特点（International Monetary Fund，2012；Lemgruber et al.，2014）。矿产收益的高不确定性来源于矿产勘探和资源价格的不确定性，由于资源价格的波动可能是巨大的、长期的（甚至是永久的），并且是不对称的（Cashin et al.，2000，2002；Cuddington and Jerrett，2008；Hamilton，2009），使得资源收益难以预测。国内学者将矿产开发的特征总结为矿产资源的稀缺性与可耗竭性、矿产品的垄断性与低供给弹性、矿产开发的负外部性和高风险性、矿产品的高价格波动性和矿业的低产业关联性与强资产专用性，这些特征使地区政府面临资源生态环境难题、产业结构难题、经济增长难题、社会发展难题和财政可持续难题（张复明，2009；景普秋，2010）。因此，资源开采地受到矿产开发特征的影响，面临经济可持续发展和资源收益管理的挑战。

（二）资源开采地经济特征

作为大自然赋予人类的礼物，如果能够合理利用，矿产资源将为资源开采地提供重要的经济发展机会（Daban and Helis，2009），但是同时也会给开采地经济长期可持续发展带来挑战。奥提（Auty，1993）发现资源丰富的国家难以实现经济持续增长，提出"资源诅咒"的假说。罗斯（Ross，2015）将"资源诅咒"定义为"一个国家的自然资源财富对其经济、社会或政治福祉的不利影响"。在考虑到资源分布的区域不均衡问题后，资源诅咒更广义的定义是"源于资源开采活动和贸易的、一系列最终可能对资源开采行业所在地区或整个国家发展产生负面影响的意外结果"（Fleming and

Measham，2013；Cust and Viale，2016）。这表明，"资源诅咒"会在资源开采地发生，影响当地的经济、社会和政治等。

资源诅咒的原因主要包括"去工业化"（冯宗宪等，2010；杨玉文，2013）、资源价格波动（Van der Ploeg and Poelhekke，2009）、政治不稳定与腐败（孙永平和赵锐，2010）和环境破坏（李国平和宋文飞，2011；黄建欢等，2015）。卡斯特和维亚尔（Cust and Viale，2016）将"资源诅咒"的类型分为两种，一是资源部门过度繁荣导致的挤出效应，二是政府部门过度繁荣导致的公共投资低效问题，两者均导致经济发展停滞甚至衰退。在传导机制上，"资源诅咒"主要是通过"挤出"人力资本、私人投资以及科技创新等因素阻碍经济增长（冯宗宪等，2010；杨玉文，2013；赵康杰和景普秋，2014；张丽等，2020；孙耀华，2021）。范德普勒格和珀尔黑克（Van der Ploeg and Poelhekke，2009）指出，资源价格的剧烈波动会导致严重依赖资源的国家经济人均产出增长剧烈波动，此外，政府在获得资源收益后增加的巨额支出进一步增加了地区经济的波动性。"资源诅咒"的存在与否在很大程度上取决于资源开采地政府的资源收益分配制度，在制度薄弱的环境中，丰富的自然资源会对当地的发展带来消极影响（孙永平和赵锐，2010；Aragón et al.，2015；Cust and Viale，2016）。此外，资源富集区的地方政府和相关资源管理部门对资源有更大的控制权，在利益分配和再分配过程中，容易形成各种政治利益集团，出现寻租和腐败问题（孙永平和赵锐，2010；芦思姮，2017）。

现有研究发现，我国资源型区域遭遇了"资源诅咒"（徐康宁，2005；胡援成和肖德勇，2007；黄建欢等，2015；王柏杰等，2017；陈运平等，2018；薛雅伟等，2019；张丽等，2020；孙耀华，2021）。徐康宁（2005）较早地将资源诅咒研究引入国内，随后徐康宁和王剑（2006）、李天籽（2007）、邵帅和齐中英（2008）、陈运平等（2018）从不同的角度以中国省际面板数据为样本进行了实证分析，其结果都证明了"资源诅咒"假说在中国区域层面成立。"资源诅咒"在中国区域层面表现为资源富集地区过度依赖资源禀赋导致生态效率降低（黄建欢等，2015）和产业结构失衡（王柏杰等，2017）。

尽管大量文献证明资源富集与经济发展负相关，仍有学者认为这个命题不是结论性的（方颖等，2011；崔学峰，2013）。方颖等（2011）使用中国地级市层面数据，以人均概念衡量资源富集度，实证发现在我国城市尺度上"资源诅咒"效应并不成立。崔学峰（2013）认为，关于"资源诅咒"的研究存在衡量指标、样本偏差、概念混淆等问题，所得到的结果存在严重的缺陷，认为"资源诅咒"并没有得到正确的验证。

更进一步的研究表明，我国资源型区域存在有条件的"资源诅咒"（方颖等，2011；邵帅等，2013），即资源富集城市在一定条件下具有正向溢出效应，显著促进了省内其他城市的工业化进程，带动落后地区快速发展，而一旦经济过度依赖资源型产业，就会产生"资源诅咒"现象。"资源诅咒"现象并不是一开始就存在，而是在经济对资源产业依赖程度较高时才出现，资源在经济发展中经历了由"福音"到"诅咒"的变化过程，低资源依赖度可以促进技术增长，提升经济增长水平，而随着资源依赖程度的提高，经济增长就会下滑（邵帅等，2013；马宇和程道金，2017）。薛雅伟等（2019）发现，油气资源型城市中，"资源诅咒"仅存在于高资源富集度低空间集聚度和低资源富集度高空间集聚度的城市。更有研究区分了资源富集和资源依赖对经济的影响，发现自然资源富集度对产业结构合理化和高度化均呈现显著的促进作用，而自然资源依赖度的作用为负，表明"资源诅咒"实为"依赖型资源诅咒"，而非"富集型资源诅咒"（李婉虹，2021）。

（三）矿产收益管理挑战

资源开采地面临资源收益的可耗竭性和波动性，面临着资源财富配置难题，存在财政政策"繁荣—萧条"的顺周期行为（International Monetary Fund，2012）。开采地政府面对的最基本的挑战是将可耗竭的矿产收益转变为可持续发展动力的能力，这些动力包括人力资本、国内投资和私人投资，以及国外金融资产配置。在面对价格波动时，政府会作出"繁荣—萧条"的顺周期行为，在矿产收益增加时提高支出，在矿产收益遭受负面影响时减少支出，这种波动的政府支出是低效的（Van der Ploeg and Poelhekke，2009）。鲍尔（Bauer，2013）从地方政府视角进行研究，认为资源开采地政府相对于中央政府可以选择的政策工具更少，更容易产生预算编制困难、短期和中期"繁荣—萧条"的顺周期现象、支出过度和投资无效率，以及资源耗竭后经济增长的不可持续问题。

矿产收益耗竭性为资源地政府带来了管理挑战。在矿产收益可耗竭性特征的管理上，政府需要规划矿产收益消费和储蓄的时间路径，并且投资于可以维持支出增长的资产（Collier et al.，2010；International Monetary Fund，2012）。在使用资源收益进行投资时，会受到"吸收能力"不足和"资源诅咒"问题的影响（Corden and Neary，1982；Bauer，2013；Berg et al.，2013）。政府需要考虑矿产收益向私人部门分配还是由公共部门支出来实现公平和效率兼顾的情形，政府可以通过改变税收政策，采取资源收益直接分配政策来改变私人部门的消费和投资决策，而如果政府将全部矿产收益用于支出则会造成非交易部门增长瓶颈，同时将暂时性提高实际汇率水平（Collier et al.，2010）的情形。因此，宏观上，政府面临收入波动管理和缓解"资源诅咒"的挑战；微观上，政府面临投资项目绩效管理不足、技术能力有限、信息获取能力较低、矿产收入管理透明度较低、税收制度不成熟以及寻租问题频出的挑战（Robinson and Torvik，2005；Collier et al.，2010；Bauer，2013，2016；Masi et al.，2020）。此外，政府提升矿产资源收入的管理能力会面对两种政治压力，一是捍卫现有预算体系的官僚集团的反对，二是特殊利益团体、公民与政府组织之间的三方博弈（Collier et al.，2010），这会给改革的实行造成阻碍。

矿产收益波动性同样为资源地政府带来了管理挑战。资源开采地政府存在着频繁负债导致的政府债务成本上升、投资于国外的主权财富基金回报率偏低、资源收益上升后高昂的支出缩减成本以及不完善的投资过程管理等问题（Bornhorst et al.，2009；Collier et al.，2010；IMF，2012；Berg et al.，2013）。矿产资源的不确定性和高风险性会传递到公共支出和经济产出，因而管理收入波动需要明确的中期财政规则和预防性储蓄，在金融体系欠发达的地区无法实现这样的管理措施，导致经济增长乏力（Van der Ploeg and Poelhekke，2009）。

我国资源型地区存在矿产收益支出管理问题、财源流失问题和中央地方分配问题。在资源收益的管理上，一些资源型城市经济受益于采矿业，政府在获得资源收益时持久性地增加了社会保障和福利开支，对财政可持续性的影响较大（张泰等，2014）。同时，矿产收益一直未得到有效的管理，资源优势转换为经济优势的成效不显著，也未能有效转化为公共产品，反而扩大了政府债务规模（邓晓兰等，2014；王丽艳和马光荣，2021）。景普秋（2010）认为，矿产收益管理不合理导致经济结构单一化与经济增长滞缓，矿产收益会被少数人或利益集团获取，或者由于利益追逐产生寻租和掠夺性开采现象。在资源地财源问题上，资源型地区普遍存在"税收转移"现象，即税收与税源相分离的问题，再加上产业结构调整、财政收支缺口的扩大和税制改革的滞后性，导致资源型地区的财源持续流失，制约了资源开采地经济、社会的协调发展（文杰等，2010；克拉玛依市国税局课题组，2015；宋敏等，2016；徐立光等，2016）。在资源税改革后，地方政府实际上可以获得大部分的矿产收益，然而资源大省矿产收益管理能力较弱，加剧了资源开采、环境破坏和代际不公等问题（刘明慧等，2015）。此外，基于我国油气资源开采和制造的特殊性，中央获得更多的矿产收益，而没有完全承担相应的责任，不利于地方产业发展和环境保护目标的实现（时颖，2016）。因此，自然资源收益的合理配置需要完善产权制度和收益分配制度，中央地方事权与支出责任划分需要进一步明晰（陈曦，2019）。

综上所述，目前国内外文献均在矿产资源开采和矿产收益特征方面得到相似的结论，国际社会主要聚焦于研究国家层面的矿产收益管理，国内学者通过理论阐述、实证检验和案例分析的方式研究资源型地区面临的矿产收益管理挑战。本书将国际社会研究的理论运用于我国资源富集的地方政府，这在实践上具有重要意义。

二、关于矿产资源收益优化配置理论的研究

为了应对资源耗竭与资源价格的波动，中国资源地政府往往会采取积极的财政政策，这在很大程度上给地方财政可持续发展带来了巨大挑战（俞剑等，2017）。国际上通常参照永续收入假说（PIH）来指导资源收益的长期配置。永续收入假说认为，任何暂时性的收入应该被储蓄，只有永续收入所获得的利息应该被消费（Friedman，1957）。另一种相对保守的策略是"一鸟在手"（BIH）策略，仅允许政府消费资源收益的利息收入。许多国家

在此基础上将永续收入假说付诸实践并取得了显著成效。葛等（Go et al.，2016）针对资源出口国尼日尔提出了可持续的财政支出策略，认为永续收入策略与保守策略配置方式可有效缓解政府借债压力、财政支出刚性问题。马洛娃和范德普勒格（Malova and Van der Ploeg，2017）基于永续收入假说为俄罗斯财政制定了可持续的资源收益配置方法，认为俄罗斯需要紧缩财政政策，在考虑了俄罗斯资本的稀缺性后，建议遵循修正的永续收入假说（MPIH）在短期内提高国内投资和信贷效率。

永续收入策略虽然可以实现财政指标稳定，但是忽视了资源富集国家经济发展需求。永续收入假说指导的长期财政可持续策略存在三个方面的不足：一是未考虑相对贫穷的当代人较相对富足的后代人消费效用更高（Collier et al.，2010），永续收入假说要求政府建立的主权财富基金主要投资于国外资产，这无法满足发展中国家的资本需求；二是未考虑资源型地区可能面临的流动性约束（假设资本自由流动，国内外投资收益率相同）；三是未将费用在当期消费与资本费用之间进行区分（Ghura et al.，2012）。

针对上述问题，学者们提出了修正的永续收入规则和财政可持续性框架。修正的永续收入规则允许在前期扩大支出费用（包括消费和公共投资）以满足发展中国家的现时需求，但后期费用需要相应地减少以满足永续收入假设计算的矿产资源收益总体均衡，其未考虑政府公共投资可能产生的外部效应（Baunsgaard et al.，2012）。范德普勒格和维纳布尔斯（Van der Ploeg and Venables，2011）通过宏观经济动态模型来研究资源富集发展中国家的最优资源配置方式，认为在短期可增加国内投资，吸引私人投资，同时提升投资效率，建立收益分配渠道，优先通过私人部门解决地区"吸收问题"。资源富集发展中国家具有巨大的经济发展潜力，当期消费的边际价值会大于未来消费，从而通过提振当期消费来解决国内资本的稀缺问题，实现公共部门和私人部门投资之间的互补。财政可持续框架是在更长的时期内实现净资源财富的稳定，认为国内公共投资可以提升非资源产业收益能力，由此增加政府可利用的非资源收益以支持公共费用支出。与修正的永续收入规则相比，财政可持续框架允许在更长的时间内减少政府矿产资源财富以支持公共费用支出（Sharma and Strauss，2013）。德瓦拉扬等（Devarajan et al.，2015）模拟了政府资源收益波动对于长期经济增长和社会福利的影响。阿格诺尔（Agenor，2016）构建了一个资源价格波动下低收入国家政府最优消费储蓄（投资）的动态一般均衡模型。庞加兰（2016）认为，地方政府资源收益向不同群体（倾向于储蓄与投资的年轻人和倾向于消费的老年人）的转移支付对于经济增长有不同的影响。卢卡和皮约（Luca and Puyo，2016）构建了资源行业财政分析（FARI）模型，在考虑采矿周期的基础上从项目级别估算资源开采现金流，预测资源地政府在中长期获得的资源收益。巴德旺等（Basdevant et al.，2021）利用 FARI 获得的资源收益数据，针对资源富集国家发布了如何设计财政规则的模型——"何以注解"，该模型动态模拟了永续收入假说、"一鸟在手"策略与修正的永续收入假说下的经济及财政指标的变化路径，为资源收益优化配置提供了思路指引与操作指南。

上述资源收益配置的研究主要停留在资源富集的国家层面，对资源富集地方政府的资源收益配置研究较为匮乏，近年来，学者们逐渐开始从地方短中期财政政策的案例展开研究。埃罗等（Eyraud et al.，2020）基于国际经验为地方财政规则的选择和调整进行了初步分析。地区财政规则与国家层面的财政设计具有相似性，但地方财政规则设计的难点在于中央与地方的资源收益分享，在完全分权体制下可以将为国家设计的财政框架下移到地方，而不完全分权但具有一定独立性的地方政府应该执行更直接的财政规则。自然资源治理机构（NRGI）出版了一系列研究资源型地区经济运行的文章，包含地区财政收支管理以支持经济发展。其中鲍尔（2013）认为，资源型地区政府在收益的获取方面比较被动，受到短中期的收益波动以及长期的生产周期影响，他指出，应该使用财政规则平滑支出、制定详细的地区发展规划以及完善投资程序提高投资效率等，而这一系列措施需要在中期财政框架的约束下实现。

学者们对矿产资源收益配置问题的研究取得了重要进展，但从研究内容来看，还存在如下局限：一是现有国外研究的主要对象为资源型国家而非一国内部的某一资源型区域，国内研究对象虽然已有部分研究集中于资源型区域的资源收益讨论，但更多集中于矿产资源收益在不同主体间的分享及资源型区域可持续发展等方面，很少有文献专门研究资源开采地政府矿产资源收益的优化配置问题，而资源开采地政府矿产资源收益的优化配置是资源型区域可持续发展的重要纽带；二是当研究从资源型国家转为一国内部的矿产资源开采地时，不仅需要分析资源开采地政府矿产资源收益的内涵及组成、资源开采地政府矿产资源收益统计和透明度等基础性问题，还需要分析资源开采地政府可决策变量的减少（如不能自由选择汇率、其必须遵循国家统一的财政制度等）对消费、投资和储蓄带来的影响，这在国内外研究中还很鲜见。

三、关于矿产资源收益财政制度设计的研究

资源开采地政府通过制定合理的财政制度可以有效应对矿产资源收益波动性和可耗竭性带来的风险和挑战，国际上对矿产资源收益财政制度的研究，主要包括如下两个方面。一是关于应对资源收益中短期波动的财政制度研究。埃斯特韦斯等（Esteves et al.，2012）认为，不同特征的资源型区域应该采用不同的财政规则来管理资源收益波动。奥索斯基和哈兰德（Ossowski and Halland，2016）指出，财政规则是对政府收支的一种永久性量化约束，包括非资源财政结余（NRPB）、结构性财政结余和支出上限等规则。埃罗等（2020）认为，单独使用非资源财政结余规则通常是不合理的，与支出规则或资源基金结合起来不仅可以避免财政支出的顺周期行为，而且更具有灵活性。鲍尔（2013）提出，资源型地区政府受到中短期的收益波动以及长期的生产周期影响，应该使用财政规则平滑支出。米哈尔伊和费尔南德斯（Mihaly and Fernández，2018）回顾总结了资源富集国家使用财政规则的经验，提出依赖资源收益的政府应根据本国的资源禀赋、经济形势和国家治理背景制定相应的财政规则，并将其作为促进财政可持续性和逆周期调节的有效工具。二是关于实现资源收益长期可持续的财政制度研究。国际上通常参照永续收入假说来指导资源收益的长期配置，但永续收入假说忽视了资源富集国家的经济发展需求。针对这一问题，鲍恩斯高等（Baunsgaard et al.，2012）提出了修正的永续收入规则，修正的永续收入规则允许在前期扩大支出以满足不发达地区的现时需求，但后期支出需要相应的减少以实现永续收入假说计算的矿产资源收益总体平衡。

　　矿产资源财政制度的设计还包括一些特殊机制，如预测资源收益、构建中期财政框架和建立资源基金等。合理的预测资源收益可以有效应对收益波动带来的风险，国际货币基金组织（International Monetary Fund，2016）提出的资源行业财政分析（FARI）方法作为一种收入预测工具，采用单个开采项目自下而上的方法来估计资源财富，资源地政府可以从不同项目的收入预测中得到资源财富的总量。在资源富集的国家，中期支出框架（MTEFs）将年度预算与长期政策和财政可持续性目标联系起来，为解决资源收益的中长期配置问题提供制度框架。世界银行（World Bank，2012）全面回顾了 MTEFs 的全球经验，确定了 MTEFs 的三种主要形式：中期财政框架（MTFF）是最简单的 MTEFs，它需要制定财政政策目标和宏观财政战略，并进行中期宏观经济预测；中期预算框架（MTBF）通过自下而上的方式确定政府支出机构的资金需求；中期绩效框架（MTPF）包括具体的产出计划或目标成果，重点关注绩效的衡量和评估。此外，许多资源富集的国家还设立了资源基金，培根和托尔多（Bacon and Tordo，2006）对一些资源基金进行了回顾。奥索斯基（2013）提出了设立资源基金的目标以及实施中的问题，并讨论了财政规则和资源基金在设计时的一致性问题。此外，艾费特等（Eifert et al.，2003）还提出应该将资源收益转移到专项支出项目。

　　随着 20 世纪 80 年代我国矿产资源有偿使用制度的逐步探索和建立，许多学者开始对矿产资源收益制度进行研究。我国相继开征了一系列的专门税费，包括一般性普遍征收的企业所得税、增值税等，以及资源税、矿产资源补偿费、矿区使用费、探矿权采矿权使用费、探矿权采矿权价款、石油特别收益金等专门税费，此外，各地还有一些资源性收费、基金等项目（施文泼和贾康，2011）。随着我国矿产资源税费制度的不断改革，全面推进资源税从价计征，相应地清理了矿产资源收费基金，改革了矿产资源权益金制度。目前，我国矿产资源开发形成了税、费、金的税费格局（崔娜，2020）。此外，国内学术界对矿产资源利益相关者收益分配方面也进行了较为充分的研究。王承武等（2017）指出，矿产资源开发利益分配是否合理对矿产资源的开发、利用和保护有着重要影响，必须建立矿产资源开发利益分享机制，优化资源收益分配。我国实行分税制，从资源税费制度中获得的收益根据法律法规在中央和地方政府之间进行分配。在中央与地方政府分权的框架下，为了稳定政府间的财力格局，矿产资源收益分配成为平衡政府间财政收入的重要手段和工具（张波和刘璐，2017；周波和于金多，2020）。

综合现有文献来看，国际上主要从国家层面对矿产资源行业财政制度进行了比较全面、系统的研究，我国目前对矿产资源财政制度的研究更多集中在资源相关税费制度改革以及矿产资源收益在不同主体间的分享方面，很少文献专门研究适用于资源开采地政府的财政制度。

四、关于矿产资源收益统计制度设计的研究

国际上很早就建立了自然资源统计制度，其统计制度体系相对比较完善。吉梅内斯·德·卢西奥（Jiménez de Lucio，2014）根据《2001 年政府财政统计手册》（GFSM，2001）的收入分类，提出了收集政府自然资源收益数据的标准模板。国际货币基金组织（International Monetary Fund，2017）将收集政府自然资源收入数据的标准模板更新，展示了最新的标准模板——全球采掘业透明度行动计划（Extractive Industries Transparency Initiative，2019）收入模板。该模板基于《2014 年政府财政统计手册》的收入分类，有助于以标准统一、跨国可比的格式收集和列报此类数据，便于各国采用。欣奇克利夫等（Hinchcliffe et al.，2017）的《国民账户自然资源分析指南》使用联合国《2008 年国民账户体系（SNA）》中建议的概念，介绍并解释了一套标准模板表。模板表将指导自然资源国民账户的汇编，并为理解自然资源产出和价格变化的宏观经济影响提供指标。2016 年，国际货币基金组织工作人员进行了技术援助任务，以支持蒙古国在国民账户统计中改进自然资源的计量和决策；2017 年，小组对此实地测试编写了报告（International Monetary Fund，2017）。安娜莉娜等（Annalena et al.，2021）描述了政府收入数据集（GRD）中变量的构成和来源。

我国学者的财政统计研究中很大一部分是对照 GFSM2001/2014 体系来揭示我国现行政府财政统计体系的不足，提出改革建议和思路。范立夫等（2010）对 GFSM2001 进行了解析，并对 GFSM2001 与 SNA1993 的区别与联系进行了介绍。葛守中（2012）借鉴国际货币基金组织《2001 政府财政统计手册》构建了新的中国政府财政活动分类体系。邹康（2012）基于国际

货币基金组织 GFSM2001 框架，在我国现有政府统计研究成果的基础上，结合国情对中国政府财政统计体系改革进行了研究。IMF 出台 GFSM2014 之后，相关学者对最新的成果进行了追踪。彭刚和聂富强（2018）对 GF-SM2014 进行了介绍，认为新手册对明确我国统计主体以及统计客体内容等的改革方向具有重要参考和借鉴意义。

目前，国内暂时没有把政府矿产资源收益与政府财政收入中的非资源收益区分开来，也尚未形成对资源开采地政府矿产资源收益统计制度的专有研究成果。

五、关于矿产资源收益透明度制度设计的研究

学者们对于采掘业透明度方面的研究，先是从财政透明度开始。乔治·科皮茨等（George Kopits et al.，1998）首次提出财政透明度的定义，即政府向公民可靠、及时、定期、详细地公开政府财政政策的意向以及公共部门账户与财政预测等信息。费内中（Ferejohn，1999）指出，透明度的提高可使政府绩效与治理水平变得公开透明，公众可监督政府行为并作出较为客观和准确的评价，由此减少政府公务人员的徇私行为。阿尔姆等（Alm et al.，2006）实证检验政府透明度同公民纳税道德间的关系，结果表明，财政透明度较低的政府会使纳税人税收道德下降，因而政府应该尽可能地提高政府财政透明度，以维持良好的税收环境。科尔斯塔德等（Kolstad et al.，2009）认为，随着透明度的提高，资源利益相关者能够及时获得可靠的经济、政治和社会信息，在一定程度上抵消"资源诅咒"的某些不利影响，改善社会福利。伦佐等（Renzio et al.，2017）认为，透明度在一定程度上反映了政府治理水平，并正向作用于政府运行和财政绩效等。因此，国外众多学者肯定了提高财政透明度的积极意义。

我国学者对于采掘业透明度的研究更加注重规范研究，实证研究相对较少，其研究目的在于建立完善的政府财务报告制度来提高财政透明度。在目前已有的诸多研究成果与政府政策规定中，政府的财政透明度常与政府信息公开及政务公开混杂搭配使用，因此，有必要对这三个概念作出更为细致的梳理，帮助形成对政府信息公开的准确界定。黄爱宝（2009）认

为，政府的财政透明度是指政府的一种运行模式，包含信息与服务公开的透明理念、政府透明度制度与透明行为。这表明，财政透明度不仅指政府法律制度设计体系，而且指政府在透明理念的指导下作出行为表现，包含政府信息公开。王勇（2005）对政务公开和信息公开从广义角度进行区分，政务公开指行政机关公开其行政事务；政府信息公开的内涵更加广泛，不仅包括办事制度层面的政务公开，还包括政府掌握的其他信息的公开。王雍君（2003）提出了政府需要向公众披露系统、及时、全面、完整的政府财务信息。刘笑霞和李建发（2008）将我国的财政透明度同 IMF 财政透明度进行对比，认为我国财政透明度水平同国际要求尚有差距，需要加强政府的信息公开，提高财政透明度水平。房红等（2011）强调了编制政府财务报告对提高财政透明度的重要性，认为公众可以依据政府公布的财务报告评价政府受托责任履行情况。谷成和于杨（2018）研究指出，财政透明度是社会成员参与评价政府治理的重要基础，会对政府政策意愿造成重要影响。董夏和李瑞民（2008）聚焦于采掘业领域，阐述了 EITI 的基本框架对我国矿产资源开发有一定的启示。王宏峰（2015）提出，很多矿业国家近年来相继出台了本国资源的开发保护及利益获取的政策，我国可以借鉴这些国家提高自身的透明度。杨杰（2016）通过分析指出，EITI 存在一定的无法达到可持续发展目标的局限性，需结合我国国情改善采掘业透明度不足的问题。蒋子瑄（2019）以采掘业上市公司为例发现提升社会责任报告的质量能够给上市公司带来超额收益，提倡企业做好社会责任报告。

综合现有文献来看，国外对资源开采地政府矿产资源透明度制度的研究和实践相对丰富，我国目前的研究更多集中在财政透明度，尤其是预算方面，很少有文献专门研究适用于矿产资源富集地区的透明度制度。

第三节　研究内容与方法

一、研究内容

本书主要包括资源开采地政府矿产资源收益优化配置理论分析、资源开采地政府矿产资源收益优化配置制度设计和典型资源开采地政府矿产资源收益优化配置方案设计三部分内容，各部分内容依据自身逻辑形成关键的研究问题。各部分内容有机统一，共同为资源开采地政府矿产资源收益管理的实践提供决策依据。各部分研究内容及关键研究问题之间的逻辑关系如图 1.3 所示。

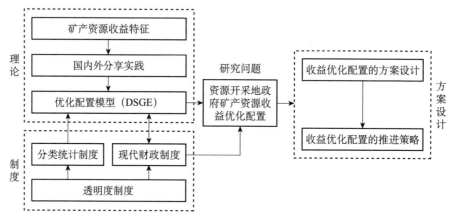

图 1.3　研究内容及研究问题之间的逻辑关系

本书共分为八个章节，具体的研究内容如下。

第一章，绪论。本章主要对研究背景与意义进行介绍，对国内外相关资源型经济特征及管理挑战、政府矿产资源收益优化配置理论以及政府矿产资源收益优化配置制度设计的研究进行文献梳理，总结研究的主要内容及运用到的研究方法，最后，提出本书的创新点与不足之处。

第二章，矿产资源收益优化配置理论与国内外实践。首先，本章介绍矿产资源收益的特征和基于永续收入假说的矿产资源收益配置理论，以此指导资源收益的配置问题。其次，分别介绍矿产资源收益配置的国内外实践，分析我国资源收益配置的现状。最后，从省级和市级两个层面实证检验"资源诅咒"现象是否存在，探讨省（市）级层面"资源诅咒"现象的存在性，并进一步研究其传导机制。

第三章，资源开采地政府矿产资源收益优化配置模型。本章构建基于家庭部门、厂商部门（可贸易部门、不可贸易部门与资源部门）、政府部门及市场出清条件的动态随机一般均衡模型；参考已有文献与相关数据进行参数校准，动态模拟完全支出模式、完全储蓄模式与最优配置模式的财政规则下的宏观经济效应及财政状况；构建社会损失函数来选择消费与财政波动最小化的资源收益储蓄份额，为资源收益优化配置提出中长期财政策略的改革思路。

第四章，资源开采地政府矿产资源收益财政制度设计。本章从矿产资源税费制度、政府间收益分享及预算管理角度来分析我国资源开采地政府的财政制度实践，借鉴国际上为资源富集的发展中国家设计的财政框架，提出资源收益预测、中短期锚定管理收入波动、建立中期支出框架和预算稳定调节基金以及对财政制度监督执行等方面的制度方案。

第五章，资源开采地政府矿产资源收益统计制度设计。本章基于国际自然资源收益统计现状和我国政府财政统计现状，剖析资源开采地政府矿产资源收益统计面临的主要问题。借鉴国际货币基金组织（International Monetary Fund，2014）矿产资源收益统计模板和《采掘业透明度行动计划》收入模板，结合我国矿产资源产业的具体实际，提出资源开采地政府矿产资源收益统计的数据模板和数据采集策略。

第六章，资源开采地政府矿产资源收益透明度制度设计。本章剖析我国矿产资源收益透明度现状及面临的主要问题；结合国际货币基金组织财政透明度倡议（2019）和《采掘业透明度行动计划》（2019）的设计模板，提出适合资源开采地政府矿产资源透明度的目标要求和具体内容。

第七章，资源开采地政府资源收益配置案例分析。本章以煤炭资源富集的 A 省和石油资源富集的 B 省为例，分析不同资源富集型省份的经济发展、财政状况特征，提出资源地政府可持续发展的最优财政策略。首先，通过历史数据分析采矿业和矿产资源收益对区域经济发展和财政状况的影响。其次，通过历史趋势预测未来经济和财政的变化路径，并在此基础上模拟财政策略的实施效果，接着通过压力测试检验最优财政策略对资源价格负向冲击的承受程度。最后，对比分析两省的财政和经济现状并给出政策建议。

第八章，研究结论与相关建议。本章在资源开采地政府资源收益配置的理论模型分析基础上，总结我国矿产资源收益优化配置制度（包括资源收益财政制度、资源收益统计制度、资源收益透明度制度）的现状及改进方案，最后，总结以 A 省、B 省两个资源大省为案例的最优资源收益方案设计，并由此提出针对性建议。

二、研究方法

本书的主要研究方法包括以下三种。

(一) 计量分析法

本书将以资源依赖为核心解释变量，结合物质资本投入、教育投入水平、科技创新投入、对外开放程度等相关控制变量指标，构建固定效应回归模型，验证我国各省（市）是否存在"资源诅咒"现象，探讨省（市）级层面资源部门过度繁荣和政府部门过度繁荣导致经济发展停滞现象的存在性，并进一步研究"资源诅咒"的传导机制，探索省（市）级层面如何规避"资源诅咒"。

(二) 模型分析法

本书通过构建包括家庭、企业和政府三部门的动态一般均衡模型来分析资源开采地政府的最优消费、投资和储蓄路径。动态一般均衡模型的基本框架为：家庭部门在预算约束下通过消费和闲暇的优化配置获得最大效用；企业部门包括贸易品生产者、非贸易品生产者和矿产资源生产者，贸易品生产者和非贸易品生产者通过劳动力和资本的投入获得最大利润，政府的基础设施投资（形成公共资本）和教育及医疗支出（提升劳动生产率）对贸易品生产者和非贸易品生产者的生产函数具有重要影响；资源开采地政府在公共投资效率和自身能力约束条件下通过对家庭部门的转移支付、教育及医疗支出、公共基础设施投资和储蓄（预算稳定调节基金）的优化配置使得社会福利损失（用私人消费的波动性和总财政结余波动性的加权平均代表）最小化。市场出清条件包括：劳动力市场均衡、非贸易品和贸易品市场均衡、资本市场均衡等。

(三) 案例分析法

本章以资源富集的 A 省和石油富集的 B 省为例，为资源开采地政府设计财政策略实现资源收益优化配置。首先，比较不同资源富集省份的矿产资源收益和宏观经济指标的变动关系，通过历史数据剖析两类资源富集地区的经济和财政状况。本书从资源产量、区域生产总值、产业结构和消费指数分析区域经济特征，从地方一般公共预算收支状况、中央地方资源收益分享、财政收支变动、收支结构和剥离资源部门的财政指标分析地区财政状况。其次，使用长期财政可持续框架来模拟使用不同财政策略的财政状况及经济指标的变化路径，分别模拟不考虑和考虑过渡路径的财政策略的执行结果，确立长期财政可持续目标路径，接着以价格变动为条件对财政策略进行压力测试，检验相应财政策略的稳定性。最后，为资源富集省份实现财政长期可持续提供政策建议。

第四节　研究创新与不足

一、研究的创新

本书创新点主要表现在以下五个方面。

第一，本书从研究方法角度将动态随机一般均衡理论模型应用到长期资源收益配置优化问题中，构建了家庭、厂商、政府三部门的动态随机一般均衡模型，研究了完全支出模式、完全储蓄模式的财政规则下资源价格及产量冲击对经济及财政指标的影响。相比于已有研究更多从制度实践角度分析资源收益在政府、企业、当地居民之间的分享，本书从理论模型方法角度拓展了资源收益配置领域的研究，试图结合中国实际状况为资源收益配置优化与财政可持续发展提出财政规则改革思路。

第二，本书基于 FARI 方法，以矿产资源的开采周期为基础，采用了资源开采项目自下而上的方法来估计开采地政府资源收益，弥补了国内矿产资源长期收益量化领域的空白，有助于地方政府制定规划和执行预算能力的提升。

第三，本书验证了资源依赖可刺激政府投资，有效的政府投资在一定程度上能够缓解"资源诅咒"现象，证明了我国省级与市级层面均不存在政府部门扩张导致的"资源诅咒"现象。区别于现有文献更多关注资源部门的扩张对其他行业的挤出效应，本书对资源收益增加对公共部门发展带来的影响进行了研究。该研究拓展了资源诅咒相关话题的研究，为地区规避"资源诅咒"现象作出贡献。

第四，本书基于 IMF 为资源富集的发展中国家制定的财政框架（2012）、IMF 矿产资源收益统计模板（2014）、IMF 财政透明度准则（2019）和全球采掘业透明度行动计划（2019），结合我国资源地政府财政制度、统计制度与透明度制度的实践，首次提出了矿产资源开采地政府财政制度的设计方案，设计了适合我国国情的资源开采地政府矿产资源收益数据统计的标准模板，提出了资源开采地政府提高采掘业透明度的政策建议，为国内对资源地政府资源收益相关制度建设提供了借鉴。

第五，本书基于典型资源富集省份财政可持续性视角，首次将国际货币基金组织的长期财政策略（2021）应用于我国省级层面，提出地方政府财政长期可持续的实现路径。现有文献更多关注国家层面的资源收益长期配置财政策略的设计，鲜有研究从地方层面的视角设计资源收益的配置策略，目前国内对于资源收益的配置问题研究处于起步阶段，相关研究较为少见，本书弥补了该领域的不足。

二、研究的不足

尽管在研究过程中本书分析了资源开采地政府矿产资源收益的最优消费、投资和储蓄路径，并获取了资源开采地政府矿产资源收益数据，但是由于第一手资料及数据获取的限制，本书的参数设计可能存在不足，仍需不断根据实际情况进行改进。

由于管理实践远远复杂于简化的理论模型，而且资源开采地政府必须在整个国家宏观政策框架内进行政策选择，使得理论模型结果与实际的政策建议之间可能存在较大的距离。矿产资源收益虽然理论上明晰，但实践中资源型企业产品多元、储量不确定等因素的影响，使得如何分离现有的政府资源收益与非资源收益存在困难，对未来政府资源收益的估计也与实际情况存在差距。本书是否被资源地政府接受还存在不确定性，政府采用后的实际效果也需要接受时间的检验。

第二章 矿产资源收益优化配置理论与国内外实践

第一节 矿产资源收益的特征

矿产资源作为地球赋予人类的宝贵财富，历来被视为社会和经济发展的重要支撑。矿产资源的收益一定程度上影响着一个国家的经济发展。为了有效优化矿产资源收益的配置，必须先厘清其特性，矿产资源开采获得的收益具有两个关键特征：可耗竭性和波动性。

耗竭性资源理论的研究始于美国经济学家霍特林（Hotelling，1931），矿产资源耗竭性理论认为，矿产资源的耗竭是一个连续不断被消耗的动态过程。从内涵上来看，矿产资源耗竭既具有数量上的相对性，又具有质量上的绝对性。数量上的相对性是指，随着矿产资源开采量的不断增加，某些矿产资源储备会逐渐耗竭。但对新的替代资源的开发利用的研究，能够确保在某种矿产资源耗竭之前，可以寻找到新的具有经济价值的可替代资源。因此，当前矿产资源的数量只是相对性的减少。而矿产资源耗竭质量上的绝对性是指，随着人类对矿产资源过度、过速的开采和消耗，矿产资源的质量逐渐恶化。长期以来，受生产能力的限制和眼前利益的驱使，许多矿山企业粗放式的开采方式造成了矿产资源总体质量的下降以及生态环境的破坏。矿产资源耗竭的特征，使得它在服务社会时必然带来可利用价值的损失，随着开发活动的进行，矿产资源天然形成的价值与所有权也会随之消失（崔娜，2020）。

虽然我国的矿产资源种类丰富、储量可观，但也还面临着资源可耗竭的风险。我国是世界上矿产资源富集、矿种齐全、矿产资源总量较大的资源大国之一，截至 2021 年底，中国已发现 173 种矿产，其中，能源矿产 13 种，金属矿产 59 种，非金属矿产 95 种，水气矿产 6 种，稀土、钨、锡等金属矿产和许多非金属矿产储量位居世界前列，煤炭、石油、钢铁的产量也都保持增长。我国的矿产资源总量丰富，但人均占有量不足，其中重要矿产资源人均占有量只有世界人均占有量的 58%。① 中国经济快速发展也意味着资源消耗量的增长，随着近几十年的发展，中国部分资源型城市已逐渐受到资源枯竭的威胁，2008 年、2009 年、2011 年，国家分三批确定了 69 个资源枯竭型城市（县、区），其资源生产量逐年减少，而且在开发建设方面由于只考虑资源的开采，忽略了城市发展的条件和因素，导致了资源产业萎缩、产业效益下降、产业结构单一、地方财力薄弱等诸多问题，资源型城市面临着复杂多样的困境。我们所面对的问题是对于有限的资源量，如何有效发挥资源功效，为各地区经济的可持续发展开辟道路。

由于资源价格波动幅度大、频率高，使得矿产资源收益具有高度不确定性。2021 年，全球经济复苏使矿产品的需求增加，但全球新冠肺炎疫情反复、国际地缘政治分裂和多极化加剧、矿山生产受阻、海运不畅运费飙升、"双碳"政策限制等因素影响，使得全球矿产品供应缺口加大，价格屡创新高。其中，煤炭、天然气、铁矿石、铜、铝、锂、镍、钴等矿产品价格皆创近年来新高。2021 年，全球矿产品价格剧烈震荡，创年度最大涨跌。其一，整个 2021 年，国内煤炭价格呈现"先涨再跌后涨再跌"的行情。2021 年 2 月底，煤炭价格约为 571 元/吨，到了 10 月 18 日，秦皇岛 5 500 大卡动力煤价已从 2020 年平均的 577 元/吨飞涨到史上最高点 2 600 元/吨②。燃料成本的大幅增长令煤电企业陷入"成本倒挂发电、全线亏损"的状态，多地出现限电限产。其二，受矿产品供需基本面影响，原油和有色金属价格整体一路上涨，2021 年美国 WTI 原油现货均价 68.1 美元/桶，同比上涨 73.4%

---

① 《2022 年中国自然资源统计公报》。
② 中国煤炭市场网，https：//www.cctd.com.cn/。

（见图 2.1）。伦敦金属交易所（LME）铜均价 9318 美元/吨，同比上涨 50.7%；铝均价 2477 美元/吨，同比上涨 45.9%；铅均价 2201 美元/吨，同比上涨 20.6%；锌均价 3007 美元/吨，同比上涨 32.6%（见图 2.2）；镍均价 18465 美元/吨，同比上涨 33.8%；钴均价 51391 美元/吨，同比上涨

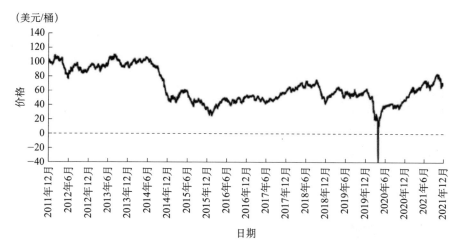

图 2.1 2011～2021 年美国 WTI 原油价格变化

资料来源：《2021 年中国矿产资源形势回顾与展望》。

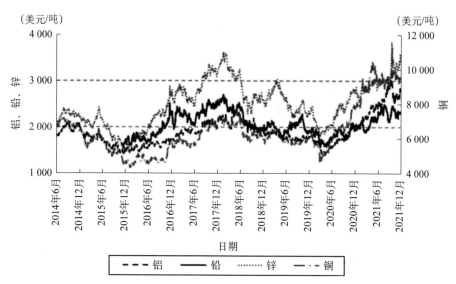

图 2.2 2014～2021 年伦敦金属交易所铜、铝、铅、锌金属价格变化

资料来源：标普全球数据库（**S&P Global**）。

63.5%[①]。全球碳酸锂均价 13 665 美元/吨，同比上涨 97%。[②] 资源地区的经济发展与资源价格存在较高的相关关系，资源价格的波动会冲击整体经济，影响宏观经济运行的稳定性（张波和王晓琦，2019）。

矿产资源的可耗竭性和价格波动性特征使资源地政府资源收益配置面临巨大的管理挑战。一旦资源储备进入枯竭期或者资源价格出现大幅度下跌，资源收益就会大幅度降低。资源地政府往往处于资源收益交织的中心，担负经济可持续发展的主体责任，这些特征导致资源地政府面临严重的管理挑战，严重的产业结构难题、经济增长难题、社会发展难题和财政可持续难题。传统的经济理论表明，丰富的自然资源对一个国家或地区的经济发展具有积极影响，换句话说，丰富的自然资源会促进快速工业化，为人们创造大量的就业机会，从而为经济发展和增长提供更多的机会。然而，不合理的资源配置和管理无效，将造成资源不仅无法带来更大的福利，还可能成为经济增长的阻碍。资源富集地区存在"资源诅咒"现象的说法最早由奥提在 1993 年提出，他指出，丰富的资源不足以满足一些国家的经济增长，反而成为一种限制。巴兹卜等（Badeeb et al.，2017）对近年来的文献进行综述后表明，资源依赖对经济增长产生负面影响的作用仍令人信服。已有研究发现，我国资源型区域也遭遇了"资源诅咒"现象（徐康宁，2005；胡援成和肖德勇，2007；黄建欢等，2015；王柏杰等，2017；陈运平等，2018；薛雅伟等，2019；张丽等，2020；孙耀华，2021）。

第二节　矿产资源收益配置理论

矿产资源作为大自然赋予人类的礼物，给资源地政府带来了丰厚的资源收益，然而机遇往往伴随着挑战：一是资源的可耗竭性导致财政不可持续性；二是资源价格的波动使实体经济陷入资源繁荣—萧条周期中，而资源收益如何在公共债务、投资和消费之间合理配置成为资源地政府面临的

---

① 中国煤炭市场网，https：//www.cctd.com.cn/。

② 郭娟，崔荣国，闫卫东等. 2021 年中国矿产资源形势回顾与展望［J］. 中国矿业，2022.31（1）：11－17.

新挑战，即如何将地下资产转化为其他资产组合（人力资本、国内有形资本、资源财富基金）。将大部分的资源收益用于储蓄和国内投资，平滑政府支出水平，与资源收益动态脱钩可以有效熨平经济波动、促进资源地经济持续发展。

一、永续收入假说的资源收益配置方式

传统上建议遵循永续收入假说来指导资源收益如何配置问题。永续收入假说认为，任何暂时性的收入应该被储蓄，而只允许消费可以永久收获的利息部分（Friedman，1957）。从本质上看，永续收入假说是一种管理消费的方式，一个国家的恒定消费应该等同于未来资源收益现值的回报，使资源财富被恒定储蓄下来。随后学者们利用永续收入假说解决如何配置资源收益的问题（Van der Ploeg and Venables，2011），在资源收益流入时储蓄并建立主权财富基金，以该基金的利息支持政府支出，从而永久维持消费增量，即使资源收益耗尽，消费仍将持续增长。如图 2.3 所示，在 $T_0 - T_1$ 时刻产生了稳定的资源收益现金流入，在 T_1 时刻资源耗竭，资源收益流入停止，虚线表示在不同资源收益配置方式下的政府支出（消费）增量。从中可以看出，永续收入假说方式下政府支出在长期呈现恒定的增长率，是由于资源繁荣时储蓄到主权财富基金中，资源萧条时依靠前期储蓄获得的利息支持恒定的政府支出水平。

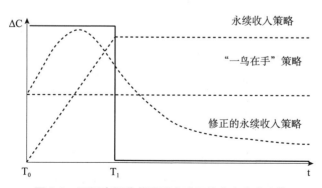

图 2.3 不同资源收益配置方式下的支出方式比较

一个拥有自然资源的国家的总体财政余额在 t 年可以分解为资源收益

（RT_t）、非资源收益（NRT_t）、主要支出（G_t）、金融资产初始存量收入（A_{t-1}），以及初始债务存量（D_{t-1}）的利息支付。按名义价值计算，总财政结余OB_t（overall balance），公式如下：

$$OB_t = NRT_t - G_t + RT_t + i_t^a A_{t-1} - i_t^b D_{t-1}^G \qquad (2.1)$$

其中，i_t^a和i_t^b分别表示资产回报利率和债务成本利率。

总财政结余由净金融资产的变动来表示，公式如下：

$$OB_t = \Delta(A_t - D_t^G) \qquad (2.2)$$

非资源财政结余（non-resource primary balance）的计算公式为：

$$NRPB_t = NRT_t - G_t \qquad (2.3)$$

长期地方可持续框架认为，资源富集型地区的总财政结余应处于盈余状态，财政盈余有助于资源地财富积累与长期经济发展，而允许非资源财政结余处于赤字状态，实际中也往往如此。净金融资产表示如下：

$$A_t - D_t^G = NRPB_t + RT_t + (1 + i_t^a)A_{t-1} - (1 + i_t^b)D_{t-1}^G \qquad (2.4)$$

跨期预算约束要求政府净金融资产的初始存量等于未来累计资源收益的现值。对于自然资源枯竭的国家，这包括非资源财政结余和净资源收益（仅在固定时间段内）。假设金融资产和债务都以相同的恒定利率 i 折现，并且非庞氏条件成立，则可以得到期初净金融资产如下：

$$A_{t-1} - D_{t-1}^G = -\sum_{s=t}^{\infty} \frac{NRPB_s}{(1+i)^{s-t-1}} - \sum_{s=t}^{N} \frac{RT_s}{(1+i)^{s-t-1}} \qquad (2.5)$$

地下资源财富（V_t）由政府资源收益的净现值来表示。而净财富（W_{t-1}）由净金融资产与地下资源财富共同组成：

$$W_{t-1} = A_{t-1} - D_{t-1}^G + V_{t-1} = -\sum_{s=t}^{\infty} \frac{NRPB_t}{(1+i)^{s-t+1}} \qquad (2.6)$$

其中，$W_t = (1+i)W_{t-1} + NRPB_{t-1}$。 $\qquad (2.7)$

由式（2.6）与式（2.7）可以得出，净财富的增量可由非资源财政结余、净金融财富与地下资源财富表示如下：

$$\Delta W_t = NRPB_t + (A_{t-1} - D_{t-1}^G + V_{t-1})i \qquad (2.8)$$

永续收入假说假定总财富恒定不变，仅允许消费资产利得，总财富可在长期保持恒定不变，即$\Delta W_t = 0$。同时，选取$NRPB_t$作为锚定参考指标，能够敏感地反映当地财政头寸，有助于判断政府运作对于当地需求的影响，将财政政策从资源收益的波动中区分开，相对而言，总体结余则难以捕捉到积极的财政扩张。由此得到：

$$NRPB_t = \left(-A_{t-1} + D_{t-1}^G - V_{t-1} \right) i = -i \times W_{t-1} \tag{2.9}$$

锚定净财富的表示方式有所不同，包括非资源 GDP 的百分比、人均真实年金、真实年金形式，为了在长期保持净财富的恒定，需要对以上讨论作出相应的数学变换，相对的财富真实利率也会变化：$\tilde{r} = \dfrac{r-g}{1+g}$，其中，r 为政府资产的投资回报率，g 为假定的 $NRPB_t$ 增长率。

以 $NRPB_t$ 占非资源 GDP（Y_t）的百分比表示形式为例说明。假定非资源 GDP 可以由 $Y_t = (1 + \gamma_t) Y_{t-1}$ 表示，其中名义 GDP 的增长可以由基准增长率 γ_t^{base} 与潜在经济增长率 $\gamma_t^{premium}$ 之和表示：

$$\gamma_t = \gamma_t^{base} + \gamma_t^{premium} \tag{2.10}$$

将式（2.8）所有的变量除以非资源 GDP 标准化，得到：

$$\Delta w_t = nrpb_t + \left(a_{t-1} - d_{t-1}^G + v_{t-1} \right) \tilde{r} \tag{2.11}$$

此处 g 可以分解为通货膨胀率 π 与真实经济增长率 γ。此时，真实财富利率可表示为：

$$\tilde{r} = \frac{r - (\pi + \gamma)}{1 + (\pi + \gamma)} \tag{2.12}$$

在式（2.10）的基础上，可持续发展框架下要求 $nrpb_t$ 保持恒定，$nrpb_t$ 可根据年金支付方式计算，求得其贴现因子的递推公式为：

$$\delta_t = \frac{1 + \delta_{t+1}}{1 + \tilde{r}} \tag{2.13}$$

再将前一期的净财富除以贴现因子得到每一期恒定 $nrpb_t$，为了保持非资源财政结余占非资源 GDP 百分比恒定不变，$NRPB_t$ 的计算需要乘非资源 GDP 的增长率：

$$NRPB_t = \frac{w_{t-1}}{\delta_{t-1}} \times (1 + \pi + \gamma) \tag{2.14}$$

此外，$NRPB_t$ 的锚定形式为人均真实年金时，此处 g 由通货膨胀率 π 与人口增长率 α 之和表示；$NRPB_t$ 的表示形式为真实年金时，此处 g 由通货膨胀率 π 表示。

此外，一种更为保守的策略——"一鸟在手"策略认为，所有资源收益储蓄到主权财富基金中转化为金融资产以获得利息收益,只允许消费累计利息收入。这种方式也被称作"挪威模式",可以近似看作永续收入假说的特殊形式,是当资源收益被储蓄后才开始估算的,如图2.3所示,"一鸟在手"策略认为,前期应将资源收益全部储蓄到主权财富基金中,而所获利息收入用作支出,由此在 T_1 时刻支出水平达到最大且永久维持在这一水平。保守策略更适用于资源收益的不确定性巨大、借款能力受限的情景,需要严格限制支出规模。"一鸟在手"策略将所有资源收益都进行储备,仅消费累积资产所赚取的利息。这种方法对于资源型地区政府来说是最谨慎的,因为它不允许提前消耗不确定的未来资源收益。由于未来资源收益不确定性、借贷限制或地区吸收能力等问题的存在,"一鸟在手"可以有效组织政府减少无效支出,提高下一代人的财富水平。

根据以上分析,政府总财政盈余等于资源收益,即 $OB_t = RT_t$,根据式(2.1)得到 NRPB 的值为:

$$NRPB_t = i_t^b D_{t-1}^C - i_t^a A_{t-1} \tag{2.15}$$

根据(2.15)可以得到,每年 NRPB 的值等于政府净利息支出。

二、修正的永续收入假说的资源收益配置方式

永续收入假说忽略了对资源富集地区现实特征的考量。首先,单位资源消耗的边际效用在不同时期是不相同的,将消费代际均等化不利于当代人的总体效用,相对贫穷的当代人应消费较多部分以弥补当代物资的匮乏(Collier et al.,2011)。永续收入策略对于资本匮乏的发展中经济体来说并不是最优的,相对于遥远的未来,消费增量应该向当代人倾斜。其次,永续收入假说建立在完美资本流动的假说上,假定消费完美独立于收入流入且利率恒定,此外,认为投资理所应当投向国外资产,使资金外流,因为投资国内资产会压低国内利率。但是对于国内资本薄弱、国际资本市场准入受限的发展中国家来说,国内投资不容忽视。最后,永续收入假说没有考虑到资源收益的不确定性,这意味着实际上应该在初期选择更高的储蓄份额。

为了解决永续收入假说与亟待资本投资的发展中地区的不匹配问题,

学者们提出了修正的永续收入假说，该规则在前期允许一定程度上的投资扩张，保证前期投资收益与债务利息费用基本持平。该规则有三个关键特征：第一，消费倾向于当前，相比于遥远的未来，现在这一代人相对贫穷；第二，资本短缺要求将部分资源收益用于弥补债务和提升国内资本存量；第三，投资长期来看可推动资源地经济发展，当资源开采耗竭后消费会逐渐收敛到初始水平。范德普勒格和维纳布尔斯（2011）认为，资本富集的高收入地区更适合前期收紧消费以求长期财富代际均衡，而对于资本稀缺的低收入地区，潜在经济增长潜力巨大且有"趋同"增长效应，前期投资意义重大。图2.3中发展中地区的虚线表示修正的永续收入假说支出路径，相对更适合劳动密集的发展中地区。

财政可持续框架（FSF）认为，前期可以允许投资总额适当偏离锚定水平，投资到资本溢价较高的领域、提升总财富，促进长期地方经济可持续发展。过渡前期允许支出适当偏离锚定水平，消耗部分盈余、提升财政支出，同时应最大限度地匹配地方的吸收能力，否则资金会流向过剩行业，挤出新兴优势产业。长期来看需要关注医疗教育行业等基础设施与产业链的薄弱环节，力求提升资源地资本充裕度，借助投资乘数效应促进私人资本投资焕发活力，提升地区全要素生产率与非资源 GDP 的潜在增长率 $\gamma_t^{premium}$，假定过渡期在 F 年结束，净财富将保持恒定稳态，过渡后再锚定的参考指标为：

$$\mathrm{NRPB}_t = -\frac{r - (\pi + \gamma)}{1 + (\pi + \gamma)} \times W_{t-1} \tag{2.16}$$

资源富集型地区往往面临"资源诅咒"的挑战，其中资源价格波动是导致"资源诅咒"的重要因素，建立短期或中期资源稳定基金可有效平抑资源价格波动。依照永续收入假说指导，建立长期主权财富基金可为政府消费"永久性"提供支持，如挪威的养老基金等。目前许多国家（如蒙古国等）已尝试将永续收入假说方法引入资源收益的长期配置中，且已收到显著效益（Baksa et al.，2017）。然而，资源收益的储蓄与消费的配置规模取决于不同资源地的禀赋，对于发达的资本充裕的地区更倾向于储蓄资源收益按照永久收入年金进行规划，而对于劳动密集型发展中地区，其资本稀缺、税收能力有限，可适当偏离永续收入假说的规定，从资源收益中增加消费支出份额，尽管资本稀缺面临高利率水平，但前期可关注国内实体投资并降低政府信用风险，以公共投资提升私人投资可能更有价值。

第三节　矿产资源收益配置的国内外实践

　　资源的可耗竭性与价格波动性给资源地政府财政可持续发展与推动经济发展带来了巨大的挑战，国际上通常建议按照永续收入假说的配置方式优化资源财富配置，后续逐渐改进发展为修正的永续收入假说配置方式，允许发展中地区短期提升投资流量，增加资本存量、增强经济韧性。至此，本节将从国内外实践情况分析资源收益配置的现状，从现实角度研究资源地政府在资源收益配置方面的困境与成效，为接下来实证分析、理论模型与案例分析奠定研究基础，便于有针对性地为构建资源地政府跨周期预算机制提出合理的政策建议。

　　目前，国内外各个地区对矿产资源收益配置进行了积极的实践与探索。资源地开采税收收益需要在中央与地方之间分享，资源地政府实际控制的资源收益很大一部分是从中央政府转移支付中获得的，剩余部分由当地资源税及非税收入等科目直接流入资源地政府。此外，为了应对资源价格波动，国内外已按照永续收入假说与修正的永续收入假说的指导在财政规则及策略方面进行了积极的探索。

一、地方与中央分享资源收益实践

　　由于矿产资源区域分布不均衡、存在所有权归属问题，资源收益是由中央与地方共享的，分享制度在全球范围内各有差异。由此，为了深入研究地方资源收益配置问题，厘清资源收益在中央与地方之间划分的逻辑与现状是有必要的。

　　地方或有部分征税权力，直接征收地面费用，如阿根廷、澳大利亚、玻利维亚、加拿大、中国、印度尼西亚、墨西哥、巴布亚新几内亚、菲律宾、阿联酋和美国的情况就是如此。以巴布亚新几内亚为代表的地区，允许资源所在地区直接决定资源收益的利用。在该模式下，资源收益的投向决策应经过当地政府的批准，源于矿产资源活动的收益有相当大的比例投向了社区的道路、桥梁、教育等基础设施建设工程。然而，除了加拿大、阿联酋和美国以外，在大多数国家中，地方政府以税收或费用形式直接收取的收益，与国家政府支付给地方政府并转移到地方政府的石油或矿产收益相比，要少得多（Bauer et al.，2016）。

事实上，中央政府转移支付是大多数地方政府资源收益的主要来源。在一些国家，如巴西、加纳、印度尼西亚和尼日利亚，实际上有两个独立的政府间转移项目：一是一般预算税收转移；二是独立的、基于资源开采的转移，适用于矿产、石油或天然气收益。然而，有些国家只存在一般性转移支付，如加拿大、美国和南非。对此类国家来说，资源收益往往在国家税收中占据相当份额，先由中央政府统一征收，随后基于某种规则在地方政府之间分配，如尼日利亚、加拿大、南非所依据的分配规则相对均等公平；或依据资源开采地原则分配，可以根据地方对国家石油、矿山或天然气总产量的贡献比例来确定，如巴西、加纳、印度尼西亚、尼日利亚和秘鲁（Bauer et al.，2016）。阿雷拉诺·扬瓜斯（Arellano–Yanguas，2008）认为，该收益分享方式会导致大部分的资源收益主要集中于资源富集地区，可能加剧不同地区间的贫富差距。例如，巴西的里约热内卢州本已位居该国人均 GDP 第三位，资源收益中权利金的 20% 和 34% 的"特殊参与"所得被划分给里约，由于里约是离岸最大的石油生产商之一，甚至在 2013 年之前，资源收益分配向里约倾斜程度更甚，里约可以获得 52.5% 的资源权利金和 40% 的"特殊参与"，这在很大程度上加剧了分配不公平（Bauer et al.，2016）。

二、国际地方资源收益配置实践

（一）地方资源收益完全支出模式

若资源地政府在资源繁荣时完全支出资源收益，会使投资在长期难以为继、给当地经济造成伤害。资源地政府的资源收益受资源价格与生产冲击的影响很大，若资源地政府将绝大部分的资源收益均纳入支出预算，当资源价格变动或生产冲击事件发生后，资源地政府没有前期储蓄的流动性资产以作缓冲，将容易陷入债务困境，同时，资源繁荣时对支出项目不加约束规划，在很大程度上会损伤资源地居民福祉与当地经济发展。国际范围内过度支出资源收益的例子屡见不鲜。

秘鲁南部沿海地区伊特的经济腾飞得益于当地铜矿的税收收益，资源税收大部分由国家当局征收，然后转移到地方一级。秘鲁法律规定地方政府资金必须用于投资项目，由于本地财政收入较少，公共设施投资薄弱，因此，秘鲁政府大兴基础设施建设，很少有资源收益被储蓄下来，而基础设施的投资过剩提升了建筑工人工资，劳动力被大量吸引到基建行业，降低了农业产出供给、伤害了其他可贸易产品部门，地方资源部门挤出效应和政府无序投资的现象在巴西、印度尼西亚和秘鲁都已充分显现（Bauer，2013）。

加拿大阿尔伯塔省政府对油砂开采收益配置的"顺周期"特征较为明显，大量的资源收益被用来投资基础设施而储蓄不足。尽管省政府在1976年设立了储蓄基金以储蓄部分不可再生资源收益，除去资源开采收益，阿尔伯塔省仍是加拿大最富有的省份，但与加拿大其他省份相比，其公共支出需求很多。因此，油价下跌与经济危机发生后，该政府的大量债务赤字导致信用危机（International Monetary Fund，2012）。

安哥拉尚未建立全面的可持续财政框架以保护经济免受油价和石油生产波动的影响以及政治环境带来的不确定性，宏观经济发展较为不稳定，积极财政政策的实施较为脆弱。安哥拉是非洲第二大石油出口国。自2002年以来，安哥拉的平均石油收入占国内生产总值的33.3%，石油收入占总收入的75%以上，相比于中低收入的石油产油国，安哥拉财政收入对石油依赖性更强。索纳戈尔是1976年成立的国家石油公司，是安哥拉石油勘探和开采的唯一特许权所有人，占政府石油收入的2/3左右。由于资源收益的波动性很大程度上会传导到投资项目中，转化为经济的不确定性，此外，吸收能力的限制也放大了资源周期的波动。当局在制定预算时使用了保守的油价假设（通常是已实现世界价格的2/3）。一旦负向资源冲击传导到财政预算时，公共投资项目可能难以为继、对实体经济造成难以估量的负面影响。例如，到2008年，扩张性的财政和货币政策以及高估的汇率使该国变得脆弱。在繁荣的最初几年，安哥拉节省了超过预算的60%的石油收入，但随着油价持续上涨，支出急剧增加。从 2006 年到 2008 年，安哥拉花费了额外石油收入的 140%，超过了大多数其他中低收入产油国。到 2009 年上半年国际储备下降了 1/3（International Monetary Fund，2012）。

（二）永续收入假说模式

按照永续收入假说指导资源收益配置可以在长期维持财政可持续，同时均衡消费与投资，助力当地经济发展。一般来看，油田或矿井从开始投产到产生可观的收益需要较长的时间，资源地政府最好仅支出部分资源收益，以缓慢、稳定的速度增加支出，储蓄剩余资金以供未来使用。由于支出增长过快会导致成本上升、投资质量低下或浪费等问题，节省资源收益可使政府规划投资道路、学校、医院和其他基础设施项目，促使私营部门提升实施这些项目的能力。大多数地方政府不储蓄资源收益，或由于政府不允许、不鼓励储蓄，或是地方政府没有建立适当的中期财政框架与财政规则制度。国家或地区如果不对资源收益配置进行中长期规划，容易导致过剩的基础设施与不足的教育医疗设施，一旦资源被耗尽，当地经济面临衰退甚至经济萧条的威胁，同时，国际上也利用永续收入假说在资源收益配置方面进行了积极的探索。

博茨瓦纳拥有较为完善的治理机制、审慎的宏观经济政策和矿产资源管理模式。自 20 世纪 70 年代初开始，产量和出口高度集中于农业和采矿业。博茨瓦纳的矿产资源收益配置框架是由支出规则和普拉基金构成的。自 1994 年以来，博茨瓦纳的财政政策一直遵循可持续预算指数（SBI）原则，该原则旨在确保政府支出仅由非资源收益供给；资源收益投资于普拉基金，得以长久地储蓄下来。普拉基金投资于长期资产可以获得更高的回报。普拉基金除了在资源收益急剧下降时稳定收入外，主要目的是为子孙后代保留资源财富，博茨瓦纳政府在其普拉基金中积累了大量财政储蓄，由博茨瓦纳银行管理。普拉基金与对资源收益的投资额度限制，使博茨瓦纳能够平滑政府支出并保持经济高增长。博茨瓦纳在大宗商品价格相对较高的时期积累储备，然后在价格下跌时减少储备，稳定政府支出；通过将资源收益有效地再投资于基础行业，如教育、培训、卫生和基础设施，将其转化为持续的经济增长（International Monetary Fund，2012）。

　　智利作为"铜矿王国"，是世界上铜矿储量最多、出口铜最多的国家，经济上在宏观经济稳定和生活水平方面都表现很好，20 世纪 90 年代中期积累的缓冲为强有力的逆周期政策创造了空间，帮助其经济从 2008 年的危机中快速复苏。自 20 世纪 80 年代末以来，智利一直奉行审慎的财政管理政策，政府债务一直在稳步下降。随后，2001 年通过的结构平衡规则有两个主要目标：第一是通过保护公共支出免受铜价周期性变化的影响，促进财政和宏观经济稳定；第二是改善中央政府的债务状况。《财政责任法》制定了积累和管理财政资源的规则，并设立了两个主权财富基金。养老金储备基金是为了帮助支付养老金担保而设立的；经济和社会稳定基金旨在作为财政缓冲。迄今为止，智利财政规则的运作与其最初的目标一致，并有助于改善财政和宏观经济表现。在财政规则实施的第一个十年中，政府的净资产头寸从 2000 年占 GDP 的 -3.25% 增加到 2008 年的 19.5%，这得益于铜价的上升趋势。该规则实施的财政纪律有助于保护公共支出免受 2003 ~ 2008 年收入大幅上升的影响。在 2009 年的经济衰退期间，积累的资产使政府能够为大规模反周期刺激计划提供资金（Daban，2011）。

　　石油是东帝汶的经济支柱，尽管东帝汶石油储量的绝对水平并不高，但东帝汶的非石油国内生产总值很小，石油生产对东帝汶来说极其重要：一方面，石油收入为发展经济和提高生活水平提供了机会；另一方面，石油收入非常不稳定、较为集中（主要来自单一油田）。东帝汶面临的一个关键问题是如何管理石油收入并将其用于生产。由于东帝汶是一个完全美元化的经济体，财政政策是其进行宏观经济管理的唯一工具。东帝汶的财政框架以两个要素为核心：石油基金和长期财政可持续性。东帝汶的石油收入由石油基金管理，该基金成立于 2005 年，将其资产投资于海外。该基金旨在为石油收入的管理提供透明度和问责制，帮助公共财政和经济免受收入波动的影响。所有石油收入都归该基金所有，提款只能用于资助国家预算的支出，从基金转移到预算的原则是维持政府财富的实际价值。东帝汶的石油收入支出最初是保守的，直到 2008 年，用于资助非石油预算赤字的国家预算拨款都较少，随后政府支出逐渐增加，但有一定的滞后性和较低的预算执行率。截至 2011 年，石油基金已经上升到非石油 GDP 的近 900%（International Monetary Fund，2012）。东帝汶的财政框架一直是确保财政可持续性的重要支柱。

（三）修正的永续收入假说模式

中期财政框架与财政规则的使用可以有效熨平资源地经济波动，对于提升当地经济发展潜力、提升当地居民福祉、规避资源财富无序支出具有重要的现实指导意义。而修正的永续收入假说在维持财政可持续发展的同时，允许政府在短期内有一定额度的投资，有利于资源地的经济发展与当代居民社会福祉的提升，对于发展中国家和地区来说，修正的永续收入假说模式可能会是一种更为适合的选择。

刚果共和国是中非石油丰富的国家之一，拥有可观的石油财富与人均收入，但基础设施缺口与不利的商业环境阻碍了该国的经济增长，一半以上人口处于贫困状态。刚果共和国有充足的资源收益可为发展提供资金，由此保守的永续收入假说方式并不适合，由于它无法捕捉到短期投资扩大对提振经济的益处，即使经济体有巨大的经济增长潜力，但当政府处于赤字状态时永续收入规则会约束政府的投资行为。刚果共和国采取平抑资源价格波动的方式是基于石油价格的收入规则，支出水平是基于平滑石油价格波动和调整后的财政预期收入决定的。收入繁荣时储蓄到稳定缓冲资产中，在萧条时通过缓冲资金弥补赤字。刚果共和国建立了修正的永续收入模型来决定财政支出方式：允许扩大投资以缩小基础设施差距，同时考虑吸收和实施能力的限制，保持政府净财富长期稳定，可以有效提振短期增长，提高私营部门的生产率，在短期内减少政府净财富以改善福利。相比之下，鉴于公共投资在经济活动中的重要作用，刚果共和国实施标准的永续收入假说框架可能会导致经济和社会状况恶化（International Monetary Fund，2012）。

蒙古国财政收入很大程度上依赖于铜采矿企业的缴纳。2008 年的全球金融危机与全球大宗商品繁荣的突然结束，铜价下跌导致政府资源收益的下降给经济带来了沉重压力，并在财政和外汇账户上造成了巨额赤字，增加了经济活动出现破坏性收缩的风险。于是蒙古国根据危机重新制定了矿产收入管理政策，在 2011 年设立了财政稳定基金（FSF），由蒙古国中央银行负责管理，并通过财政稳定法（FSL）制定了新的财政规则。FSL 的主要目标是改善财政纪律和实现财政稳定，通过平滑支出（使财政支出路径不受矿产收入波动的影响）来抑制矿产价格波动对宏观经济的影响，以改善宏观经济需求管理。财政框架由矿产收入稳定基金支持，当实际矿产收入超过结构性矿产收入时，差额必须存入财政稳定基金。另外，当结构性矿产收入超过实际矿产收入且存在总体财政赤字时，该基金可用于弥补该赤字。随着政府投资活动的增加，支出规则将变得具有约束力，基金中将积累大量差额财富。该基金还将发挥储蓄账户的作用，为子孙后代积累财富。为了促进政府的最低储蓄，FSL 要求从 2018 年起，该基金的最低留存限额应大于 GDP 的 5%（International Monetary Fund，2012）。随后，政府在该财政可持续发展框架下致力于投资实体经济，经济逐渐走出萧条、向好发展。

三、我国资源收益配置实践

矿产资源的国家所有属性决定了其开采需要交付给国家一定金额的费用，不可无偿地随意使用，且矿产资源收益在中央与地方之间分享由来已久。《国务院关于印发矿产资源权益金制度改革方案的通知》规定，在矿业权出让环节，取消探矿权采矿权价款，征收矿业权出让收益，中央与地方分享比率为 4∶6；在矿业权占有环节，取消探矿权采矿权使用费，征收矿业权占用费，中央与地方分享比率为 2∶8；在矿产开采环节，实施资源税从价征收改革，将矿产资源补偿费纳入资源税；在开采后环境恢复环节，将矿产环境治理恢复保证金改征矿产环境治理恢复基金。增值税与企业所得税在矿产资源的开采过程中不容忽视，矿产开采企业需要缴纳的增值税与企业所得税主要由中央政府代为征收，随后按照分享比率返还给地方政府，我国相关政策规定增值税在中央与地方的分享比率为 5∶5，企业所得税与个人所得税的分享比率均为 6∶4。

一方面，中国资源富集地政府存在支出顺周期行为且目前尚未从制度方面约束政府的顺周期财政行为。例如，山西省政府多存在顺周期支出行为，如 2017 年煤炭价格上涨 40%，而 2018 年山西省政府一般公共预算支出随之增加 10%，使政府在资源萧条期财政空间承压。目前，中国尚未形成对资源收益专项收入的中长期财政规划，而是将资源收益与一般公共预算

收入整合构建跨年度预算平衡机制与中期财政规划。2014 年国务院发布了
《国务院关于深化预算管理制度改革的决定》，对各级财政建立跨年度预算
平衡机制作出具体规定，发挥财政政策逆周期调节的优势，建立预算稳定
调节基金，积累经济繁荣的年度财政盈余，发挥"蓄水池"功能、促进经
济稳定发展。2015 年国务院发布了《国务院关于实行中期财政规划管理的
意见》，由财政部同其余部门研究编制三年滚动财政规划，强化财政规划对
年度预算约束。近年来，国内各省政府逐渐开始地方财政发展三年滚动计
划的试点工作，如 2005 年河北省颁布的《河北省省级预算管理规定》、
2009 年焦作市开始的中期预算试点、2009 年芜湖县的首次县级财政滚动预
算编制试点，中央各部门从 2016 年开始同时编制 2016 年部门预算与 2016~
2018 年的部门滚动规划等，当前中国中期财政规划虽未全面铺开但仍取得
了一定的阶段性经验成果，中国的财政规划更接近于中期财政框架。

另一方面，中国逐渐开始探索通过建立资源稳定基金、跨期预算规划等
途径助力资源型地区经济转型、可持续发展。为了深化煤炭企业转型城市升
级的可持续发展道路，偿还煤炭开采给地方造成的生态历史欠账，2007~2014
年山西省作为国家煤炭产业可持续发展试点省份实施了煤炭可持续发展基
金政策，在生态环境改善、提升产业转型中坚力量、完善煤炭行业社会保
障体系等方面收效显著。类似地，陕西省于 2006 年实施《陕西省煤炭价格
调节基金征收管理使用办法》，正式设立煤炭价格调节基金。但在征收过程
中过度依赖资源繁荣价格，未考虑到资源价格强烈波动，在资源萧条期征
收困难。随后，我国资源税费改革不断深入，为了进一步理顺资源税费关
系，规范财税秩序，以促进资源合理开采利用，2014 年 12 月，山西省实施
了八年的煤炭可持续发展基金停征了，取而代之的是资源税。与煤炭可持
续发展基金为了在短期到中期稳定地方收益所不同的是，中国主权基金的
设立是为了确保后代像今世一样从自然资源中获益与开展外汇储备积极管
理工作，中国政府已建立了中国华安投资有限公司、中国投资有限责任公
司、全国社会保障基金、中非发展基金四只主权财富基金，中国体量巨大
的四支主权财富基金的有效管理对跨代平滑国家财富、保障国家财富价值、
维护财富稳定等具有重要意义。

矿产资源收益优化配置对增强资源地经济韧性、提升当地居民福祉、

促进资源地可持续发展具有重要意义。然而，矿产资源往往区域分布不均衡，价格频繁波动，开发过程中产生负外部性，合理的资源收益配置制度能够有效缓解因资源开采引起的物价上涨、经济发展停滞、居民福祉堪忧、政治冲突等问题，提升资源对经济和社会发展的支撑能力，对于发挥矿产资源的"资源祝福"功能具有重要的理论和现实意义。

第四节　矿产资源依赖与资源地经济发展

矿产资源作为地球赋予人类的宝贵财富，历来被视为经济和社会发展的重要支撑。我国是世界上矿产资源富集、矿种齐全的资源大国之一，矿产资源总量约占世界总量的 12%，截至 2021 年底已发现了 173 种矿产，稀土、钨、锡等金属矿产和许多非金属矿产储量位居世界前列，煤炭、石油、钢铁的产量也都保持增长。采矿业作为我国的重要行业，对经济社会发展作出了巨大贡献，2021 年采矿业增加值为 2.32 万亿元，占国内生产总值的比重达 2.05%。采矿业的发展不仅可以给国家和当地带来经济利益，而且可以推动地区工业化进程、提供就业机会、促进社会稳定、拉动消费和投资、贡献财政税收收入等，其重要性不言而喻。然而，资源作为经济发展的催化剂，其有效性却一直存在争议（赵康杰和景普秋，2014；张丽等，2020；孙耀华，2021；方颖等，2011；崔学峰，2013）。例如，资源依赖是否会影响经济增长，我国是否存在"资源诅咒"现象，矿产资源的开发会不会对其他行业产生挤出效应，政府应该如何规避"资源诅咒"效应。这些问题的研究直接关系到矿产资源的利用和区域经济的协调发展，对整个社会经济的可持续发展具有重要意义。

一、矿产资源依赖与资源地经济发展的理论分析

（一）资源依赖与经济增长的作用关系

学术界关于资源禀赋对经济增长作用的认识存在着两种完全相悖的观点，"资源诅咒"理论和"资源祝福"理论。"资源祝福"理论肯定了资

源禀赋对经济增长的积极推动作用，认为经济体的资源禀赋越高，发展潜力越大，经济增长表现就越好。随着学者深入系统地研究，众多学者研究发现，良好的资源禀赋反而会对一些经济体的经济增长产生阻碍作用，奥提（1993）首次提出"资源诅咒"假说，萨克斯和华纳（Sachs and Warner，2001）也研究发现资源丰裕往往会导致该国经济增长率降低和制度质量恶化，这种现象被称为"资源诅咒"。无论是"资源诅咒"的提出，还是资源部门繁荣与政府部门繁荣导致的经济发展停滞现象（peruvian disease），都在论证着资源丰裕国家在经济发展方面经历了资源所带来的不利影响。

从近几十年我国众多资源地区的经济发展历程来看，一些资源丰裕的地区不仅没有实现经济的快速发展，相反却陷入经济发展的"陷阱"之中。我国内蒙古、黑龙江、山西、辽宁等地区矿产资源富集，但经济发展速度远不如资源相对稀缺的广东和江苏等地，随着资源产业的不断扩充，资源依赖的弊端也逐渐凸显。在经济方面，资源型地区长期依靠资源发展造成路径依赖、经济结构不合理、产业衰退严重和经济转型难以下手；在环境方面，大规模的矿产资源开采遗留下众多问题，区域水质污染、地质灾害发生概率增加、土壤污染退化等危害着区域生态环境；在政治方面，矿产资源巨大的经济价值使得资源富集区的地方政府在利益分配和再分配过程中产生一些问题，导致资源开采收入没有合理配置，不利于当地经济发展。这些问题使得丰富的资源逐步成为经济发展的"诅咒"，无法成为推动地区经济可持续发展的源源动力，越来越多的地区难以摆脱"得之资源，失之资源"的难题。徐康宁和王剑（2006）、李天籽（2007）、邵帅和齐中英（2008）、陈运平等（2018）从不同的角度以中国省际面板数据为样本进行了实证分析，其结果都证明"资源诅咒"假说在中国区域层面成立。

大多数研究集中于自然资源对国家层面经济发展的宏观影响机制，地方性"资源诅咒"问题方面的研究相对薄弱，在资源型城市的相关研究中对不同城市之间的差异关注不足。基于上述分析，本书从省与市两个层面对我国资源依赖度对地区经济发展的影响进行分析，提出假设1。

H1：对资源部门产出的依赖会对经济增长存在显著的抑制作用，即"资源诅咒"现象在我国省（市）级层面成立。

（二）"资源诅咒"的影响机制

第一种"资源诅咒"是资源部门的扩张对其他经济部门产生挤出效应。这一现象在20世纪60年代的荷兰最为典型，当时荷兰是一个以制造业为主的工业化国家，但在北海开发出大量天然气资源后，天然气开采工业迅速膨胀，且工资和利润大幅攀升，在一定程度上"挤出"了制造业和服务业的人力和资本（Dobrynskaya and Turkisch，2009），使经济增长曲线落入"陷阱"。由于采掘业部门的迅速膨胀，生产要素从更有利于经济长期发展的传统制造业部门转出，致使制造业发生萎缩，进而对经济增长造成了负面影响的现象（王保乾和李靖雅，2019；杨玉文，2013）。从要素挤出效应维度来看，依赖自然资源、集中发展资源开采或粗加工业会形成对高素质人力资本和技术要素的挤出效应，进而阻碍产业结构转型（Sachs and Warner，2001）；从路径锁定效应维度来看，对于资源型地区而言，依赖资源优势、单一发展资源类产业容易使城市经济系统深陷于原有产业结构所带来的"特定"困局（苗长虹等，2018）。我国资源富集地区的经济发展大多高度依赖该地区的资源禀赋，采掘业占比较大，经济结构单一，政府的财政收入也主要依靠资源开发，例如山西省采掘业人数占比要远高于制造业，采掘业占用大规模的资本和劳力造成了其他行业的萎缩（王嘉懿和崔娜娜，2018；孙耀华，2021）。基于上述分析，本书提出假设2。

H2：对资源部门产出依赖会对制造业发展产生挤出效应，即我国省（市）级层面存在"荷兰病"现象。

学术界较多关注资源部门的繁荣对制造业等其他产业的挤出效应，但资源部门繁荣对政府部门造成的影响也应该受到重视。生产要素的跨地区流动可能会减轻采掘活动导致的资源部门挤出其他经济部门现象，但不会减轻地方政府对资源收益的支出，由于资源开采收入未能投入有助于当地实现可持续发展的项目，从而无益于经济的良性循环。阿达纳兹和马尔多纳多（Ardanaz and Maldonado，2017）认为，政府的资源收益管理能力对于提高公共部门服务质量的影响非常重要，良好的收入管理能有效地促进经济的长期发展，通过合理有效的资源收益管理，能将资源收益充分有效利用，并转化为长期经济增长驱动因素，让资源开采惠及当地居民。但资源开采活动为政府带来的大量收入也会对治理能力和制度质量产生更高的要求，资源富集区的地方政府和相关资源管理者对资源有更大的控制权，在利益分配和再分配过程中，还会形成各种政治利益集团，出现寻租和腐败问题（孙永平和赵锐，2010；芦思姮，2017），无法使资源收益惠及当地居民，阻碍了当地的经济发展。人们在研究中越来越多地发现，对矿产资源依赖程度高的国家，通常其民主程度较低，腐败程度较高，税收制度较为不健全（Michael and Ross，2001），无法使资源收入真正惠及当地居民，阻碍了当地的经济发展。基于上述分析，本书提出假设3。

H3：对资源部门产出的依赖会促进政府投资，而政府的投资会加剧资源依赖对经济的抑制效应。

二、矿产资源依赖与资源地经济发展的数据与方法

（一）样本筛选和数据来源

省级层面：变量的时期选择为2008～2019年全国29个省（自治区、直辖市）的数据（不含新疆、西藏和港澳台地区），数据来源于国家统计局网站、各省份历年统计年鉴等。

市级层面：变量的时期选择为2004～2019年，本书对《全国资源型城市可持续发展规划（2013—2020年）》所划分的262个资源型城市进行了进一步筛选，剔除数据缺失严重的地市级资源型城市，剔除时间跨度范围内行政范围出现调整的城市。最终，共筛选出114个符合条件的资源型城市，共包括1 824个观测值。研究所用数据主要来自2005～2020年《中国城市统计年鉴》《中国统计年鉴》和各省市统计年鉴，个别缺失数据利用城市统计公报加以补充。

（二）模型和变量定义

主要变量定义如表2.1所示。

表2.1   主要变量定义表

变量名称	定义	符号
经济发展水平	各省（市）GDP 的自然对数	lnGDP
资源依赖度	采掘业从业人数占全部从业人数比重	RD
制造业发展水平	制造业从业人数占全部从业人数比重	MI
科技创新投入水平	科技支出占地方财政一般预算支出比重	SI
对外开放水平	外商直接投资占 GDP 比重	FDI
物质资本投入水平	全社会固定资产投资占 GDP 比重	FAI
人力资本投入水平	教育支出占地方财政一般预算支出比重	HC
政府投资	全社会固定资产投资中国家预算内资金占 GDP 比重	GI

第一，为验证我国各省市的资源依赖与经济发展水平之间的关系，构建如下模型：

$$\ln GDP_{i,t} = \alpha_0 + \alpha_1 RD_{i,t} + \alpha_2 Control_{i,t} + \varepsilon_{i,t}$$

第二，为验证我国各省市是否存在资源部门挤出效应，构建如下模型：

$$MI_{i,t} = \beta_0 + \beta_1 RD_{i,t} + \beta_2 Control_{i,t} + \theta_{i,t}$$

第三，为验证我国各省市是否存在政府部门扩张导致的"资源诅咒"现象，构建如下模型：

$$GI_{i,t} = \gamma_0 + \gamma_1 RD_{i,t} + \gamma_2 Control_{i,t} + \varphi_{i,t}$$

$$\ln GDP_{i,t} = \lambda_0 + \lambda_1 RD_{i,t} + \lambda_2 GI_{i,t} + \lambda_3 GI_{i,t} \times RD_{i,t} + \varphi_{i,t}$$

在检验中需要验证政府投资对经济的间接影响，因此，本书引入交互项反映政府投资与资源依赖度的综合作用，其余变量具体描述如表2.1所示。

第四，在检验资源依赖对经济发展存在"资源诅咒"效应基础上，分别建立物质资本投入水平、人力资本投入水平、科技创新投入水平和对外开放水平与资源依赖度的回归模型进行分析，基本回归方程如下：

$$X_{i,t} = \mu_0 + \mu_1 RD_{i,t} + \sigma_{i,t}$$

其中，$X_{i,t}$ 表示物质资本投入水平、科技创新投入水平、人力资本投入水平等传导途径，其余表示与前述相同。

三、省市层面矿产资源依赖与资源地经济发展的回归结果分析

（一）基于省级层面的"资源诅咒"数据分析

1. 省级层面"资源诅咒"存在性回归分析

表 2.2 列示的资源依赖度对省级经济发展影响的回归结果显示：列（1）中 RD 系数为 - 24.37，在 1% 的显著性水平上与经济发展水平呈负相关关系，列（2）~列（6）中依次加入控制变量，RD 系数仍显著为负，实证结果与假设 H1 相符。在加入全部控制变量的列（6），MI 估计系数为 - 5.096，在 1% 的显著性水平上与经济发展水平呈负相关关系，说明现阶段我国各地区制造业发展对经济发展没有表现出明显的支撑作用，由此，猜想我国可能存在资源部门挤出其他经济部门的现象。FAI、SI、FDI 估计系数显著为正，表明物质资本投入水平、科技创新投入水平以及对外开放水平与地区经济发展水平呈显著的正相关关系，在缓解资源依赖对经济的阻碍方面可发挥重要的作用。

表 2.2　　　　资源依赖度对省级经济发展影响的回归结果

			因变量：lnGDP			
自变量	（1）	（2）	（3）	（4）	（5）	（6）
RD	- 24.37 ***	- 23.59 ***	- 23.27 ***	- 20.70 ***	- 20.66 ***	- 18.71 ***
	(1.678)	(1.801)	(1.798)	(1.849)	(1.846)	(1.587)
FAI		- 0.0556	- 0.0422	- 0.0281	- 0.0384	0.121 ***
		(0.0467)	(0.0469)	(0.0458)	(0.0463)	(0.0421)
HC			- 2.800 **	- 3.180 **	- 3.538 ***	- 0.299
			(1.347)	(1.314)	(1.334)	(1.178)
SI				14.51 ***	14.78 ***	16.34 ***
				(3.363)	(3.362)	(2.875)
FDI					0.00617	0.00871 **
					(0.00419)	(0.00359)

	因变量：lnGDP					
自变量	（1）	（2）	（3）	（4）	（5）	（6）
MI						−5.096 ***
						(0.470)
常数项	10.56 ***	10.57 ***	11.01 ***	10.66 ***	10.75 ***	11.21 ***
	(0.0705)	(0.0707)	(0.222)	(0.230)	(0.240)	(0.209)
观测值	348	348	348	348	348	348
R^2	0.399	0.540	0.550	0.550	0.590	0.597
省份数	29	29	29	29	29	29

注：** 和***分别表示5%和1%的显著水平上显著。

2. 省级层面资源部门挤出效应的存在性分析

表2.3列示的省级层面资源部门挤出效应的存在性检验结果显示：列（1）中RD的估计系数为−1.248，在1%的显著水平上与制造业发展水平呈负相关关系，列（2）~列（5）中依次加入控制变量，RD的估计系数仍显著为负，说明资源行业的发展对制造业的发展产生了明显的挤出效应，我国目前表现出较明显的"荷兰病"现象。在加入全部控制变量的列（5），科技创新投入水平的估计系数显著为正，表明科技投入水平与制造业发展水平呈正相关关系，当前，我国正处于由传统经济向现代经济转化的重要关头，科技投入可在一定程度上降低资源部门挤出效应。

表2.3　　　　省级层面资源部门挤出效应存在性回归分析结果

	因变量：MI				
自变量	（1）	（2）	（3）	（4）	（5）
RD	−1.248 ***	−1.274 ***	−1.227 ***	−1.082 ***	−1.076 ***
	(0.192)	(0.197)	(0.200)	(0.197)	(0.197)
FAI		0.00523	0.00620	−0.00222	−0.00270
		(0.00862)	(0.00863)	(0.00861)	(0.00863)
HC			0.201	0.0896	0.0699
			(0.143)	(0.141)	(0.143)
SI				1.269 ***	1.282 ***
				(0.291)	(0.292)

因变量：MI					
自变量	（1）	（2）	（3）	（4）	（5）
FDI					- 0.000295
					（0.000351）
常数项	0.311***	0.310***	0.272***	0.265***	0.271***
	（0.0101）	（0.0106）	（0.0286）	（0.0278）	（0.0286）
观测值	348	348	348	348	348
R^2	0.521	0.521	0.524	0.552	0.553
省份数	29	29	29	29	29

注：*** 表示 1% 的显著水平上显著。

3. 省级层面政府部门扩张导致的"资源诅咒"存在性分析

表 2.4 列示的省级层面政府部门扩张导致的"资源诅咒"存在性检验结果显示：列（1）中当未加入控制变量时，RD 对 GI 的估计系数为 0.922，列（2）中加入控制变量，RD 对 GI 的估计系数为 0.837，均在 1% 的显著水平上显著为正，表明资源依赖度的提高会促进当地政府投资的增加。列（3）中 RD 估计系数为 - 25.92，且在 1% 的显著水平上显著，即资源依赖抑制经济增长，这与之前的研究结果相一致。交互项 GI × RD 的估计系数为 39.62，在 5% 的显著水平上显著，表明政府投资的增加有效改善了资源依赖对经济发展的抑制作用。

表 2.4 省级层面政府部门扩张导致的"资源诅咒"存在性回归分析结果

自变量	因变量：GI		因变量：lnGDP
	（1）	（2）	（3）
RD	0.922***	0.837***	- 25.92***
	（0.187）	（0.203）	（1.872）
GI			- 2.124**
			（0.921）
GI × RD			39.62**
			（16.14）
cons	0.00756	0.0265	10.64***
	（0.00785）	（0.0277）	（0.0760）

续表

自变量	因变量：GI		因变量：lnGDP
	（1）	（2）	（3）
控制变量	No	Yes	Yes
观测值	348	348	348
R^2	0.071	0.077	0.410
省份数	29	29	29

注：** 和*** 分别表示5%和1%的显著水平上显著。

综合以上结果得出，资源部门的扩张会引发政府投资的显著增加，政府投资可在一定程度上缓解资源依赖对经济发展的抑制作用，可见 H3 不通过。由此，得出政府投资对当地经济可持续发展的作用不容忽视，政府是区域减少或消除资源依赖负面影响的关键因素。

4. 省级层面"资源诅咒"传导机制分析

表2.5列示的省级层面"资源诅咒"效应的传导因素分析结果显示：在所有被解释变量中，人力资本投入水平、科技创新投入水平与资源依赖度呈显著负相关关系，表明资源依赖对人力资本投入和科技创新投入存在挤出效应。资源型地区多为劳动密集型产业，对劳动者素质和技能要求不高，对科技创新重视不够，从而阻碍经济的长期稳定发展。结合表2.2的检验说明，资源依赖对多个行业都产生了明显的挤出效应，资源开采具有较高的利润，易吸引更多的资本流向相关产业，同时造成地区收益水平和要素成本的提高，使得其他产业的发展更为困难。

表2.5　　　　省级层面"资源诅咒"效应的传导因素分析结果

自变量	FAI	HC	SI	FDI
常数项	10.377 (0.138)	7.63 (0.022)	11.61 (0.135)	0.0019 (0.102)
RD	5.0503 *** (1.2738)	− 0.2573 *** (0.077)	− 0.1036 ** (0.038)	0.0019 (0.0192)
R^2	0.8328	0.4310	0.1780	0.8151
省份级	29	29	29	29

注：** 和*** 分别表示5%和1%的显著水平上显著。

5. 稳健性检验

（1）变量替换。本书基于广义"资源诅咒"假说，将"资源诅咒"的对象由经济发展水平的代表性指标 GDP 扩展到人均 GDP，就资源依赖对人均 GDP 的影响进行系统分析，再次检验"资源诅咒"现象的存在性。表2.6 展现了以人均 GDP 作为被解释变量的回归模型结果，RD 的估计系数在1% 的显著水平上均显著为负，实证结果证明"资源诅咒"在我国省级层面存在，结果是稳健的。

表 2.6　　　　资源依赖度对省级层面人均 GDP 影响的回归结果

自变量	因变量：人均 GDP					
	（1）	（2）	（3）	（4）	（5）	（6）
RD	− 89.01 ***	− 80.12 ***	− 77.74 ***	− 68.57 ***	− 68.65 ***	− 59.22 ***
	(7.190)	(7.614)	(7.490)	(7.761)	(7.767)	(6.267)
FAI		− 0.631 ***	− 0.530 ***	− 0.480 **	− 0.459 **	0.309 *
		(0.198)	(0.196)	(0.192)	(0.195)	(0.166)
HC			− 20.99 ***	− 22.34 ***	− 21.59 ***	− 5.945
			(5.611)	(5.516)	(5.614)	(4.653)
SI				51.76 ***	51.21 ***	58.77 ***
				(14.12)	(14.15)	(11.36)
FDI					0.0129	0.000644
					(0.0176)	(0.0142)
MI						− 24.62 ***
						(1.858)
常数项	8.090 ***	8.169 ***	11.44 ***	10.20 ***	9.991 ***	12.18 ***
	(0.302)	(0.299)	(0.923)	(0.967)	(1.008)	(0.825)
观测值	348	348	348	348	348	348
R²	0.325	0.346	0.374	0.400	0.401	0.616
省份数	29	29	29	29	29	29

注：*、** 和*** 分别表示10%、5%和1%的显著水平上显著。

（2）变更实证检验方法。本书采用混合最小二乘法（pooled OLS）再次检验"资源诅咒"现象的存在性。表2.7 回归结果显示 RD 的估计系数均显著为负,实证结果证明"资源诅咒"在我国省级层面存在,结果是稳健的。比较表 2.7 和表 2.2,FAI、FDI、MI 对经济发展的影响符号发生了变化,表明不同的方法对结果具有敏感性。

表 2.7　　　资源依赖度对省级层面经济发展的影响 OLS 回归结果

			因变量:lnGDP			
自变量	(1)	(2)	(3)	(4)	(5)	(6)
RD	-7.402 ***	-5.301 ***	-4.746 ***	-1.951 *	-2.729 ***	-1.796 *
	(1.186)	(1.149)	(1.047)	(1.029)	(1.027)	(0.997)
FAI		-0.767 ***	-0.710 ***	-0.434 ***	-0.474 ***	-0.586 ***
		(0.109)	(0.0990)	(0.0978)	(0.0963)	(0.0943)
HC			13.84 ***	13.74 ***	12.01 ***	8.381 ***
			(1.615)	(1.489)	(1.521)	(1.592)
SI				24.23 ***	29.31 ***	21.60 ***
				(3.094)	(3.286)	(3.430)
FDI					-0.0269 ***	-0.0300 ***
					(0.00676)	(0.00650)
MI						2.697 ***
						(0.478)
常数项	9.867 ***	10.32 ***	7.986 ***	7.198 ***	7.609 ***	7.792 ***
	(0.0685)	(0.0906)	(0.284)	(0.281)	(0.294)	(0.283)
观测值	348	348	348	348	348	348
R^2	0.101	0.215	0.353	0.451	0.475	0.520
省份数	29	29	29	29	29	29

注:*、和*** 分别表示 10% 和 1% 的显著水平上显著。

(二)基于市级层面的"资源诅咒"数据分析

1. 市级层面"资源诅咒"存在性回归分析

(1)基准回归。由表 2.8 可知,资源依赖度对资源型城市的经济发展水平有显著的不利影响,说明存在经济方面的"资源诅咒"效应。列(1)中变量 RD 的系数为 -4.483,且在 1% 的显著水平上显著,表明资源依赖度对资源型城市经济发展水平呈显著的负向影响。列（2）~列（7）中依次加入控制变量，资源依赖度系数仍旧为负值，且在1%的显著水平上显著，实证结果与 H1 相符，即资源依赖度与地区经济增长呈负相关关系。在加入 GI 控制变量的列（4），RD 变量出现较大幅度上升，说明政府干预程度对资源依赖在经济方面的抑制作用有较大缓解效应。在加入全部控制变量的列（7），资源依赖度变量系数为 -1.989，存在显著负向影响。在列（7）中，FAI、HC、GI 与 SI 变量系数均为正值，并且在1%的显著水平上显著，表明物质资本投入水平、人力资本投入水平、政府干预程度和科技创新投入水平与资源型城市经济发展水平呈显著的正向关系。而 MI 变量系数显著为负，表明在资源型城市提高制造业发展水平并没有起到促进经济发展的作用。

表2.8　　　　资源依赖度对资源型城市经济发展影响的回归结果

因变量：lnGDP

自变量	（1）	（2）	（3）	（4）	（5）	（6）	（7）
RD	-4.483***	-3.200***	-3.054***	-1.878***	-1.805***	-1.802***	-1.989***
	(0.3038)	(0.241)	(0.239)	(0.210)	(0.202)	(0.202)	(0.204)
FAI		1.015***	0.980***	0.655***	0.561***	0.561***	0.559***
		(0.031)	(0.031)	(0.029)	(0.029)	(0.029)	(0.029)
HC			-1.982***	1.256***	1.305***	1.287***	1.096***
			(0.309)	(0.295)	(0.284)	(0.284)	(0.285)
GI				3.732***	3.739***	3.733***	3.529***
				(0.150)	(0.144)	(0.144)	(0.149)
SI					10.283***	10.278***	10.357***
					(0.871)	(0.871)	(0.865)
FDI						-0.077	-0.076
						(0.078)	(0.078)
MI							-0.823***
							(0.164)
常数项	16.002***	15.105***	15.473***	14.286***	14.241***	14.247***	14.508***
	(0.037)	(0.040)	(0.070)	(0.076)	(0.073)	(0.074)	(0.090)

续表

	因变量：lnGDP						
自变量	（1）	（2）	（3）	（4）	（5）	（6）	（7）
观测值	1 824	1 824	1 824	1 824	1 824	1 824	1 824
R^2	0.113	0.459	0.472	0.613	0.642	0.643	0.648

注：***表示1%的显著水平上显著。

（2）分类型异质性分析。根据国务院2013年11月印发的《全国资源型城市可持续发展规划（2013—2020年）》，对研究样本114个资源型城市进行划分，最终确定成长型城市14个、成熟型城市62个、衰退型城市23个和再生型城市15个，验证不同发展程度资源型城市资源依赖度对经济发展影响。

由表2.9可知，列（3）～列（8）中RD变量系数在1%的显著水平上显著为负，说明资源依赖度对成熟型、衰退型和再生型资源型城市经济发展水平的影响与总样本一致，存在经济方面的"资源诅咒"效应。而成长型资源型城市的资源依赖度变量系数最小且在10%的显著水平上显著为正，由于成长型城市资源开发处于上升阶段，资源保障潜力大，经济社会发展后劲足，在此背景下提高资源依赖度对经济发展水平存在促进作用。在加入全部控制变量后，再生型资源型城市的资源依赖度变量系数最大且在1%的显著水平上显著，表明再生型城市是资源型城市转变经济发展方式的先行区，基本摆脱了资源依赖，经济社会开始步入良性发展轨道，此时提高资源依赖度只会对经济带来更大的不利影响。

（3）分区域异质性分析。根据国家统计局对我国东、中、西三大地区的现行分类方法，对本书研究样本114个资源型城市进行划分，最终确定东部资源型城市26个、中部资源型城市50个和西部资源型城市38个。

由表2.10可知，列（1）～列（6）中RD变量系数在1%的显著水平上均显著为负，资源依赖度对东、中、西部三个区域的资源型城市经济发展水平的影响与总样本一致，存在经济方面的"资源诅咒"效应。其中，东部资源型城市的RD系数最大，这得益于东部资源型城市经济发展水平较高，产业结构较为合理，故提高资源依赖度对东部资源型城市经济发展水平的不利影响最大。中部资源型城市的RD系数最小，是因为中部资源型城

表 2.9 资源依赖度对资源型城市经济发展影响分类型的回归结果

因变量：lnGDP

自变量	成长型资源型城市		成熟型资源型城市		衰退型资源型城市		再生型资源型城市	
	(1)	(2)	(3)	(4)	(5)	(6)	(7)	(8)
RD	0.855* (0.913)	0.720* (0.722)	-5.561*** (0.5029)	-2.649*** (0.314)	-4.760*** (0.412)	-1.780*** (0.310)	-7.993*** (1.146)	-2.740*** (0.540)
FAI		0.343*** (0.093)		0.558*** (0.038)		0.524*** (0.059)		0.647*** (0.078)
HC		-2.588** (1.151)		1.400*** (0.352)		0.935 (0.576)		-0.238 (0.687)
GI		2.048*** (0.453)		3.819*** (0.205)		3.478*** (0.285)		4.999*** (0.341)
SI		1.593 (2.578)		10.127*** (1.086)		18.742*** (2.288)		16.211*** (2.192)
FDI		-5.614 (5.057)		-0.001 (0.079)		-0.108 (0.364)		-0.472*** (0.148)
MI		0.196 (0.901)		-1.409*** (0.218)		0.076 (0.273)		-0.642** (0.305)
常数项	15.059*** (0.119)	14.773*** (0.355)	16.181*** (0.059)	14.675*** (0.114)	15.806*** (0.068)	13.989*** (0.177)	16.597*** (0.074)	15.012*** (0.191)
观测值	224	224	992	992	368	368	240	240
R^2	0.004	0.403	0.116	0.691	0.279	0.760	0.178	0.845

注：*、** 和 *** 分别表示 10%、5% 和 1% 的显著水平上显著。

市资源储量丰裕,重工业基础雄厚,因而资源依赖对中部资源型城市经济发展水平的不利影响最小,存在较弱的经济方面的"资源诅咒"效应。

表 2.10　资源依赖度对资源型城市经济发展影响分区域的回归结果

因变量:lnGDP

自变量	东部资源型城市		中部资源型城市		西部资源型城市	
	(1)	(2)	(3)	(4)	(5)	(6)
RD	-7.255***	-2.585***	-4.573***	-0.794***	-2.631***	-1.357***
	(0.608)	(0.383)	(0.409)	(0.242)	(0.613)	(0.431)
FAI		0.655***		0.498***		0.496***
		(0.062)		(0.038)		(0.051)
HC		1.784***		-0.226		1.342**
		(0.501)		(0.355)		(0.593)
GI		5.315***		4.149***		2.783***
		(0.386)		(0.208)		(0.244)
SI		5.480***		18.739***		7.721***
		(1.025)		(1,392)		(1.955)
FDI		-0.420***		-0.013		-1.656**
		(0.146)		(0.068)		(0.801)
MI		-1.123***		0.545***		-2.077***
		(0.298)		(0.192)		(0.362)
常数项	16.831***	15.129***	16.109***	14.231***	15.316***	14.176***
	(0.060)	(0.169)	(0.062)	(0.110)	(0.060)	(0.188)
观测值	416	416	800	800	608	608
R^2	0.268	0.780	0.143	0.772	0.031	0.550

注:** 和***分别表示5%和1%的显著水平上显著。

2. 市级层面资源部门挤出效应存在性分析

根据表2.11所示结果,在未加入控制变量的列(1)中,资源依赖度对制造业发展水平的估计系数为-0.1222,在1%的显著水平上显著,表明资源依赖度对资源型城市制造业发展水平呈显著的负向影响,与H2相符,资源型城市存在导致"资源依赖"的资源部门挤出效应。列(2)~列

（7）中分别加入控制变量物质资本投入水平、政府干预程度、人力资本投入水平、科技创新投入水平和对外开放水平，资源依赖度系数仍旧显著为负，说明资源型城市对制造业存在明显的挤出效应。其中，政府干预程度对制造业发展水平的估计系数显著为负，说明在资源型城市降低政府干预程度有利于制造业发展。

表 2.11　　　　　市级层面资源部门挤出效应存在性回归分析结果

				因变量：MI			
自变量	（1）	（2）	（3）	（4）	（5）	（6）	（7）
RD	− 0. 122 ***	− 0. 151 ***	− 0. 225 ***	− 0. 124 ***	− 0. 125 ***	− 0. 123 ***	− 0. 227 ***
	（0. 030）	（0. 030）	（0. 030）	（0. 030）	（0. 030）	（0. 030）	（0. 030）
FAI		− 0. 023 ***					− 0. 003
		（0. 004）					（0. 004）
GI			− 0. 202 ***				− 0. 248 ***
			（0. 017）				（0. 021）
HC				0. 023			− 0. 233 ***
				（0. 039）			（0. 042）
SI					− 0. 139		0. 095
					（0. 128）		（0. 128）
FDI						0. 007	0. 001
						（0. 012）	（0. 011）
常数项	0. 216 ***	0. 236 ***	0. 266 ***	0. 212 ***	0. 217 ***	0. 216 ***	0. 318 ***
	（0. 004）	（0. 005）	（0. 005）	（0. 008）	（0. 004）	（0. 004）	（0. 011）
观测值	1 824	1 824	1 824	1 824	1 824	1 824	1 824
R^2	0. 010	0. 030	0. 087	0. 010	0. 010	0. 010	0. 010

注：*** 表示 1% 的显著水平上显著。

3. 市级层面政府部门扩张导致"资源诅咒"现象的存在性分析

表 2.12 显示，列（1）中当未加入控制变量时，资源依赖度与政府干预程度的估计系数为 − 0.5081，在 1% 的显著水平上显著，表明资源依赖度的提高会阻碍当地政府投资的增加，加入控制变量后即列（2），RD 的系数仍显著为负数。列（3）中结果表明，RD 估计系数为 − 2.3565，且在 1% 的

显著水平上显著，这与之前的研究结果相一致，即资源依赖抑制经济增长。交互项 RD×GI 的估计系数为 2.8131，在 1% 的显著水平上显著，表明对资源型城市而言，政府投资的增加可有效缓解资源依赖对经济的抑制作用。因此，实证结果拒绝了 H3，无法证明我国资源型城市存在因政府部门扩张而导致"资源诅咒"。在资源型城市中，随着资源依赖度的提高，当地政府投资会相应减少，但通过政府投资可以有效缓解资源依赖带来的经济方面的不利影响。通过控制政府投资可以加强资源收益管理监督，完善制度控制体系，使资源收益相关支出更加科学合理，提高资源收益使用效率，缓解资源依赖的不利影响，促进资源型城市经济可持续发展。

表 2.12　市级层面政府部门扩张导致的"资源诅咒"存在性回归分析结果

自变量	因变量：GI		因变量：lnGDP
	（1）	（2）	（3）
RD	− 0.508 ***	− 0.359 ***	− 2.357 ***
	(0.041)	(0.032)	(0.241)
GI			3.282 ***
			(0.172)
RD×GI			2.813 ***
			(0.986)
常数项	0.247	0.391	14.547 ***
	(0.005)	(0.011)	(0.091)
控制变量	No	Yes	Yes
观测值	1 824	1 824	1 824
R^2	0.083	0.466	0.649
城市数	114	114	114

注：*** 表示 1% 的显著水平上显著。

4. 市级层面"资源诅咒"传导机制分析

由表 2.13 的结果可见，在所有被解释变量中，物质资本投入水平、政府干预程度、科技创新投入水平和制造业发展水平与资源依赖度在 1% 的显著性水平上呈负相关，为资源型城市经济方面的"资源诅咒"效应的传导因素。制造业发展水平显著为负说明采掘业发展已经对制造业部门产生了挤出效应，在投入总量一定的情况下，资源开发利用会挤出其他产业的投入量，导致资源型城市资源部门挤出效应，与 H2 相符。科技创新投入水平系数显著为负，说明采掘业发展不利于新技术的产生与发展，但其系数绝对值较小，表明其影响效果微弱。资源依赖度与人力资本投入水平虽表现为正相关，但不显著，没有发现资源开发对人力资本投入的显著影响。

表 2. 13　　　　　市级层面"资源诅咒"效应传导因素分析

自变量	(1)	(2)	(3)	(4)	(5)	(6)
	FAI	HC	GI	SI	FDI	MI
RD	− 0. 543 ***	0. 010	− 0. 148 ***	− 0. 009 ***	− 0. 005	− 0. 353 ***
	(0. 063)	(0. 008)	(0. 019)	(0. 002)	(0. 004)	(0. 021)
常数项	0. 798 ***	0. 180 ***	0. 205 ***	0. 010 ***	0. 016 ***	0. 243 ***
	(0. 010)	(0. 001)	(0. 003)	(0. 000)	(0. 001)	(0. 004)
观测值	1 824	1 824	1 824	1 824	1 824	1 824
R^2	0. 039	0. 001	0. 032	0. 010	0. 001	0. 133
F	74. 62	1. 40	60. 88	18. 29	1. 50	278. 67
Prob > F	0. 000	0. 237	0. 000	0. 000	0. 220	0. 000

注：*** 表示 1% 的显著水平上显著。

5. 稳健性检验

（1）替换变量。本书使用人均 GDP 的自然对数作为地区经济发展水平的替代变量进行稳健性检验，因为人均 GDP 不仅能反映地区经济发展水平，而且可以反映社会发展水平。在表 2. 14 所示的稳健性检验的回归结果中，资源依赖度变量系数在 1% 的显著水平上均显著为负，与 H1 一致，即资源依赖度对资源型城市的经济发展水平有显著的负向影响，说明存在经济方面的"资源诅咒"效应。

表 2. 14　　　资源依赖度对资源型城市人均 GDP 影响的回归结果

因变量：人均 GDP							
自变量	(1)	(2)	(3)	(4)	(5)	(6)	(7)
RD	− 4. 492 ***	− 2. 650 ***	− 2. 477 ***	− 0. 939 ***	− 0. 854 ***	− 0. 835 ***	− 0. 794 ***
	(0. 408)	(0. 322)	(0. 321)	(0. 287)	(0. 277)	(0. 276)	(0. 282)

	因变量：人均 GDP						
自变量	(1)	(2)	(3)	(4)	(5)	(6)	(7)
FAI		1.390 ***	1.346 ***	0.892 ***	0.767 ***	0.781 ***	0.781 ***
		(0.042)	(0.042)	(0.041)	(0.042)	(0.042)	(0.042)
HC			− 2.571 ***	1.674 ***	1.483 ***	1.449 ***	1.492 ***
			(0.435)	(0.420)	(0.406)	(0.405)	(0.409)
GI				5.038 ***	4.989 ***	4.940 ***	4.986 ***
				(0.216)	(0.208)	(0.208)	(0.217)
SI					13.124 ***	13.157 ***	13.133 ***
					(1.175)	(1.173)	(1.173)
FDI						− 1.898 ***	− 1.930 ***
						(0.634)	(0.635)
MI							0.170
							(0.224)
常数项	10.584 ***	9.350 ***	9.828 ***	8.270 ***	8.274 ***	8.306 ***	8.251 ***
	(0.049)	(0.053)	(0.097)	(0.107)	(0.104)	(0.104)	(0.127)
观测值	1 824	1 824	1 824	1 824	1 824	1 824	1 824
R^2	0.066	0.434	0.445	0.580	0.608	0.611	0.611

注：*** 表示 1% 的显著水平上显著。

（2）变更实证检验方法。为消除模型误差项的自相关性，本书采用混合最小二乘法（pooled OLS）进行估计，重新检验相关的假设内容。表 2.15 所示稳健性检验的回归结果中，资源依赖度变量系数在 1% 的显著水平上均显著为负，与 H1 一致，即自然资源依赖度对资源型城市的经济发展水平有显著的负向影响，说明存在经济方面的"资源诅咒"效应。

表 2.15   自然资源依赖度对资源型城市经济发展影响的 OLS 回归结果

	因变量：lnGDP						
自变量	(1)	(2)	(3)	(4)	(5)	(6)	(7)
RD	− 0.938 ***	− 0.725 ***	− 0.734 ***	− 1.001 ***	− 0.866 ***	− 0.872 ***	− 1.054 ***
	(0.171)	(0.172)	(0.172)	(0.162)	(0.159)	(0.159)	(0.183)

续表

自变量	(1)	(2)	(3)	(4)	(5)	(6)	(7)
				因变量：lnGDP			
FAI		0.395***	0.397***	0.755***	0.580***	0.580***	0.585***
		(0.062)	(0.062)	(0.063)	(0.064)	(0.064)	(0.064)
HC			1.113**	−0.394	−0.044	−0.067	−0.272
			(0.468)	(0.451)	(0.442)	(0.443)	(0.454)
GI				−3.153***	−2.629***	−2.641***	−2.907***
				(0.205)	(0.208)	(0.209)	(0.247)
SI					18.355***	18.406***	19.361***
					(1.967)	(1.967)	(2.021)
FDI						−0.178	−0.171
						(0.201)	(0.200)
MI							−0.445**
							(0.221)
常数项	15.590***	15.275***	15.072***	15.707***	15.487***	15.498***	15.683***
	(0.029)	(0.057)	(0.102)	(0.105)	(0.105)	(0.106)	(0.140)
观测值	1 824	1 824	1 824	1 824	1 824	1 824	1 824
R^2	0.016	0.038	0.041	0.151	0.190	0.190	0.192

注：** 和 *** 分别表示 5% 和 1% 的显著水平上显著。

四、省市两级矿产资源依赖与经济发展的分析及建议

（一）省市两级矿产资源依赖与经济发展影响的比较

本书借助回归模型，利用省级和市级的面板数据，从省市级两个层面检验了资源依赖度对经济增长是否存在阻碍作用，并进一步分析了两种"资源诅咒"现象的存在性以及"资源诅咒"的传导机制，对比分析如下。

（1）我国各省份以及资源型城市的统计分析中均表现出"资源诅咒"现象，回归拟合度较高，即对资源部门产出的依赖会对经济增长存在显著的抑制作用。资源型地区遭受资源诅咒主要是因为无节制无规划地开采，

造成了资源型地区经济结构单一、资源枯竭和生态环境恶化等制约发展的众多问题，使得丰富的矿产资源没有成为促进区域经济的有利条件，反而成为阻碍其发展的障碍。矿产资源本身价格的周期性波动也会对经济高质量发展带来周期性风险。

（2）我国省级和市级层面均表现出明显的资源部门挤出现象，对资源部门产出依赖会对制造业发展产生挤出效应，因此，制造业的衰退是我国资源型地区极易发生的一个普遍现象。在资源红利的驱使下，大量劳动和资本等生产要素转向资源部门，使得制造业不得不花费更高的成本获取生产要素，严重损害制造业的竞争力，产业结构的倾斜制约了作为经济高质量发展重要动力的制造业发展，损害了经济的长期增长潜力。

（3）我国省级和市级层面均不存在由于政府投资扩张导致的"资源诅咒"现象，政府投资可以有效缓解地区的"资源诅咒"。在省级层面，随着资源依赖度的提高，政府投资也显著增加，而在市级层面，资源依赖会抑制政府投资的增加，原因可能在于：一是对于资源型城市而言，主要的资源收益需要上交国家以及省级层面，其财政权力有限；二是市级政府对于资源收益的规划受上级政府部门的制约，其资源收益不会立即体现在财政支出中。

（4）省级层面资源依赖会对人力资本投入和科技投入产生挤出效应，市级层面资源依赖会对物质资本投入和科技投入产生挤出效应。省市级的差异可能在于：一是市级层面教育资源有限，基础教育占比较大，资源行业的发展不会对基础教育产生较大影响；二是对于资源型城市而言，产业结构单一且资源行业逐渐趋于饱和，资金缺乏可投资对象，不仅难以吸引外部投资也迫使本地资金外流，而省级市场产业结构较为多元，资源行业发展对投资的挤出不明显。

（二）矿产资源依赖与经济发展的相关建议

（1）用长远的眼光来看，可耗竭的资源不可无节制无规划地肆意开发，过度依赖资源开采也不符合当前低碳环保的可持续发展理念，要坚持合理开发、高效利用，尽量规避资源型经济的负面效应。

（2）资源型地区在转型发展的决策中应充分利用当地的资源优势，优化发展资源产业，同时也应合理调整产业结构，加强制造业在经济发展中的支柱作用。

（3）"资源诅咒"现象并不是必然要发生的，可以通过增加科技投入、高质量的政府管理、增加人力资本投入等措施，规避资源依赖对资源地经济发展的"资源诅咒"陷阱。

（4）要重视政府投资在改善"资源诅咒"中的作用，提高政府对资源型经济领域的干预程度和干预效率，我国资源型地区为促进经济高质量可持续发展目标有待于充分发挥政府部门"看得见的手"的作用。

（5）在资源型城市转型发展中各地区要严格贯彻《全国资源型城市可持续发展规划（2013—2020）》，对于矿产资源的开发要坚持高效利用、优化布局，构建多元化产业体系；国家和上级政府部门在资源收益分配利用方面也应统筹协调，构建良好的利益分配体制，避免多方矛盾，防止相关地区陷入资源枯竭型城市的衰落路径，努力使资源型地区完成转型发展任务，实现经济的可持续增长和长期繁荣。

第三章 资源开采地政府矿产资源收益优化配置模型

第一节 政府资源收益优化配置的理论分析

资源收益波动给资源地经济稳定与财政可持续发展带来了巨大的挑战，资源收益配置的优化可以有效缓解资源价格波动给经济带来的不利影响。资源价格波动会使资源富集地发生"资源诅咒"，而资源地政府普遍存在的"顺周期"财政支出放大了资源价格波动的传导风险（Van der Ploeg and Poelhekke，2009）。而资源收益在储蓄与投资之间实现均衡配置能够有效缓解资源价格波动的伤害与降低宏观经济波动风险（Chugunov et al.，2020）。

传统上，资源收益配置由永续收益假说来指导，即任何暂时性的收益应该被储蓄而只有永续收益的利息应该被消费（Friedman，1957），资源收益所获得的利息收益应完全储蓄到主权财富基金中作为预防性缓冲性资产。然而，由于发展中地区往往存在基础设施缺口，学者们逐渐质疑永续收益假说对发展中地区资源收益配置的适用性，并提出了修正的永续收益规则与财政可持续性框架。修正的永续收益规则允许在前期扩大费用支出（包括消费和公共投资）以满足发展中地区现时及近期需求，但后期费用需要相应地减少以满足永续收益假设计算的矿产资源收益总体均衡，其未考虑政府公共投资可能产生的外部效应（Baunsgaard et al.，2012）。财政可持续性框架目标是在更长时期内实现净资源财富的稳定，其认为国内公共投资可以提升非资源产业收益能力，非资源产业收益的提升将增加政府可利用的非资源收益以支持公共费用，因此，与修正的永续收益规则相比，其允许在更长时间内减少政府矿产资源财富以支持公共费用支出（Sharma and Strauss，2013）。

此外，学者们通过构建"第二代"模型来探索如何运用更具灵活性的财政规则以应对政府财政收入波动，并试图将其引入发展中地区的资源收益波动问题。德瓦拉扬等（2015）模拟了政府资源收益波动对于社会长期经济增长和社会福利的影响。阿格诺尔（2016）构建了一个资源价格波动下低收益国家政府的最优消费储蓄（投资）的动态一般均衡模型，模型考虑了公共支出外部性与吸收能力约束，莱文等（Levine et al.，2016）在区分人力资本和实物资本投资基础上，进一步分析了政府的最优投资规模问题。庞加兰（2016）认为，地方政府资源收益向不同群体（倾向于储蓄与投资的年轻人和倾向于消费的老年人）的转移支付对于经济增长具有不同的影响。

随后，学者们将相对灵活的资源收益配置方式应用到各发展中资源富集的国家与地区。伯格等（Berg et al.，2013）构建了发展中国家的三部门动态随机一般均衡模型，利用资源收益进行公共投资的最优路径是将可持续投资与基金储蓄相结合。利姆等（Lim et al.，2021）将动态随机一般均衡模型应用到马来西亚的资源收益配置中，模型中拓展了主权财富基金与资源稳定基金两种资源收益的储蓄方式。普赖默斯（Primus，2017）将阿格诺尔（2016）提出的模型运用到特立尼达和多巴哥来设计最优财政规则以配置储蓄与投资，以达到居民福利与政府财政波动最小化目标，模型中不考虑公共投资对私人投资的外部性，但包含吸收能力约束假定。

第二节　政府资源收益优化配置的模型构建

本模型设定三个生产部门：资源开采部门（O）、非资源可贸易部门（T）与非资源不可贸易部门（N）。资源开采部门产品主要包括煤炭、原油、天然气等矿产资源，矿产资源作为国家所有的财富，由资源部门企业开采，部分开采利润以税收形式转移给政府部门。不同于大多数过于依赖能源出口财富的发展中国家，中国大部分资源产出由国内消费，资源出口量很少，受汇率波动风险相对较小，政府收入不会过度依赖资源收益，但资源收益仍作为财政预算收入的重要部分进行配置。

本模型假定：可贸易产品与不可贸易产品均处于完全竞争产品市场中（本书中可贸易产品与不可贸易产品均指非资源产品，后不赘述）。不可贸易产品仅用于消费，而可贸易产品可用来消费与投资。家庭与政府都会购买这两类产品，其中，私人投资包含可贸易产品，政府公共投资会包括可贸易产品与不可贸易产品。家庭部门可消费可贸易产品与不可贸易产品，而政府仅消费不可贸易产品。劳动力在可贸易部门与不可贸易部门之间是完美流动的，而资本则不是完美流动的。家庭与政府都允许在国际资本市场上以世界利率借贷。资源价格受国际政治及经济等外生因素影响而波动，可贸易产品价格遵循一价定律（PPP）。

1. 总产出

$$Y_t = Y_t^T + Y_t^N + P_t^0 Y_t^0 \tag{3.1}$$

其中，总产出（Y_t）由可贸易产出（Y_t^T）、不可贸易产出（Y_t^N）与资源产出共同构成。P_t^0、Y_t^0是指资源价格与国内资源产出。

2. 可贸易部门

劳动力（L_t^T）、资本（K_t^T）与公共资本（K_t^G）共同用来生产可贸易产品（Y_t^T）：

$$Y_t^T = (L_t^T)^\beta (K_t^T)^{1-\beta} (K_t^G)^{\omega_T} \tag{3.2}$$

其中，$\beta \in (0, 1)$且$\omega_T > 0$，并得到可贸易部门的工资率（w_t）与资本回报率（r_t^T）的一阶条件：

$$w_t = \beta \left(\frac{Y_t^T}{L_t^T} \right) \tag{3.3}$$

$$r_t^T = (1 - \beta) \frac{Y_t^T}{K_t^T} \tag{3.4}$$

3. 不可贸易部门

劳动力（L_t^N）、资本（K_t^N）与公共资本（K_t^G）共同用来生产可贸易产品（Y_t^N）：

$$Y_t^N = (L_t^N)^\eta (K_t^N)^{1-\eta} (K_t^G)^{\omega_N} \tag{3.5}$$

其中，$\eta \in (0, 1)$ 且 $\omega_N > 0$，得到不可贸易部门的工资率（w_t）与资本回报率（r_t^N）的一阶条件：

$$w_t = \eta \left(\frac{Y_t^N}{L_t^N} \right) \tag{3.6}$$

$$r_t^N = (1 - \eta) \frac{Y_t^N}{K_t^N} \tag{3.7}$$

4. 资源生产与价格冲击

国际资源价格与资源产出受外生冲击而波动：

$$P_t^0 = (P_{t-1}^0)^{\rho^{PO}} e^{\epsilon_t^{PO}} \tag{3.8}$$

$$Y_t^0 = (Y_{t-1}^0)^{\rho^{YO}} e^{\epsilon_t^{YO}} \tag{3.9}$$

其中，$\rho^{PO} \in (0, 1)$ 与 $\rho^{YO} \in (0, 1)$ 分别为资源价格与资源产出波动的自回归系数，ϵ_t^{PO}、ϵ_t^{YO} 均为白噪声序列。

5. 家庭部门

家庭的消费分为两步：先确定消费总量，随后选择消费非资源可贸易产品还是不可贸易产品。假定私人家庭拥有两种企业：资源企业与非资源企业，税后收益可用来偿还借贷与利息费用、消费、投资、支付一次性税收，不足的部分被外债弥补。D_t^P 表示家庭借贷，r_t^W 表示家庭面临的借贷利率。

决定消费总量。家庭部门的目标函数为效用最大化：

$$L_t = E_t \sum_{S=0}^{\infty} \Lambda^s \left\{ \frac{C_{t+s}^{1-\zeta^{-1}}}{1-\zeta^{-1}} - \frac{\eta_L}{1+\psi} L_{t+s}^{1+\psi} \right\} \tag{3.10}$$

$\Lambda \in (0, 1)$ 是折现因子，ζ 表示消费的跨期替代弹性，ψ 表示劳动供给跨期替代弹性，$\eta_L > 0$ 是偏好参数。私人资本积累方程为：

$$K_t^P = (1 - \delta^P) K_{t-1}^P + I_{t-1}^P \tag{3.11}$$

I_t^P 表示私人投资，$\delta^P \in (0, 1)$ 表示私人资本折旧率。

家庭拥有资源企业与非资源企业，假定企业处于完全竞争市场所以不能获得利润。净收入由资源税后收入与非资源税后收入组成。家庭期末的预算约束为：

$$
\begin{aligned}
D_{t+1}^P = (1 + r_t^W)D_t^P - (1 - \tau^{NO})(Y_t^T + Y_t^N) \\
- (1 - \tau^O)P_t^O Y_t^O + C_t + I_t^P + T_t^L
\end{aligned}
\tag{3.12}
$$

其中，D_t^P 表示家庭部门借贷，τ^{NO} 表示非资源税率，τ^O 表示资源税率，T_t^L 表示家庭需要缴纳的一次性税收支付。

家庭在预算约束条件下最大化自身效用得到一阶条件：

$$
C_t^{-\zeta-1} = \Lambda(1 + r_t^W)E_t(C_{t+1}^{-\zeta-1})
\tag{3.13}
$$

$$
L_t = \left[\frac{(1 - \tau^{NO})w_t}{\eta_L C_t^{\zeta-1}} \right]^{\frac{1}{\psi}}
\tag{3.14}
$$

$$
E_t\{[(1 - \tau^{NO})r_{t+1}^K + 1 - \delta^P]\} = 1 + r_t^W
\tag{3.15}
$$

式（3.13）为标准欧拉方程，式（3.14）决定了劳动供给，式（3.15）表示了资本期望收益。

至此，消费者决定消费在可贸易产品（C_t^T）与不可贸易产品（C_t^N）之间的分配比率，C_t^T 包括资源产品与非资源可贸易产品，其中，$\theta > 0$。

$$
C_t = (C_t^N)^\theta (C_t^T)^{1-\theta}
\tag{3.16}
$$

$$
C_t = C_t^T + C_t^N
\tag{3.17}
$$

家庭追求消费最大化式（3.16），同时满足统计意义上的约束式（3.17），得到一阶条件：

$$
C_t^N = \theta C_t
\tag{3.18}
$$

$$
C_t^T = (1 - \theta) C_t
\tag{3.19}
$$

6. 政府部门

政府收入（T_t）包括资源部门税收（T_t^O）、非资源部门税收（T_t^{NO}）、一次性税收（T_t^L）和基金利息收入（$r_t^F F_t$）：

$$
T_t = T_t^O + T_t^{NO} + T_t^L + r_t^F F_t
\tag{3.20}
$$

$$
T_t^O = \tau^O P_t^O Y_t^O
\tag{3.21}
$$

$$
T_t^{NO} = \tau^{NO}(Y_t^T + Y_t^N)
\tag{3.22}
$$

将式（3.21）、式（3.22）代入式（3.20）可以得到：

$$
T_t = \tau^O P_t^O Y_t^O + \tau^{NO}(Y_t^T + Y_t^N) + T_t^L + r_t^F F_t
\tag{3.23}
$$

政府以生产价格购买可贸易产品与不可贸易产品，政府购买的方式取决于财政规则，即完全支出模式、完全储蓄模式与最优配置模式，这将在后面展开分析。政府购买（G_t）按照政府消费（C_t^G）与政府公共投资（I_t^G）。

$$G_t = I_t^G + C_t^G \qquad (3.24)$$

$$I_t^G = v^G G_t \qquad (3.25)$$

$$C_t^G = (1 - v^G) G_t \qquad (3.26)$$

政府支出按照固定比率 $v^G \in （0，1）$ 投资和消费，政府只消费不可贸易产品。此外，政府投资按照固定的比率 $v^{G,N} \in （0，1）$ 在可贸易产品（$I_t^{G,T}$）与不可贸易产品（$I_t^{G,N}$）之间分配：

$$I_t^{G,N} = v^{G,N} I_t^G \qquad (3.27)$$

$$I_t^{G,T} = (1 - v^{G,N}) I_t^G \qquad (3.28)$$

公共资本累积方程为：

$$K_t^G = (1 - \delta^G) K_{t-1}^G + \varphi_{t-1} I_{t-1}^G \qquad (3.29)$$

其中，$\delta^G \in （0，1）$ 代表公共资本折旧率。公共投资转化为公共资本存量受投资效率（φ_t）的影响，假设投资效率与单位公共投资呈负相关关系，受地方吸收能力限制（Agenor，2016）。

$$\varphi_t = \varphi_0 \left(\frac{I_t^G}{K_t^G} \right)^{-\varphi_1} \qquad (3.30)$$

其中，$\varphi_1 > 0$。

政府发行外债（D_t^G）来弥补当期政府赤字：

$$D_{t+1}^G = (1 + r_t^W) D_t^G + G_t - T_t \qquad (3.31)$$

总财政结余（OPB_t）由资源税收、非资源税收、一次性税收扣除政府支出后计算得到：

$$OPB_t = T_t^O + T_t^{NO} + T_t^L - G_t \qquad (3.32)$$

7. 利率决定

借款融资成本由世界利率（r_t^W）决定，取决于无风险利率（$r^{W,R}$）与风险溢价（PR_t）：

$$r_t^W = (1 + r^{W,R})(1 + PR_t) - 1 \qquad (3.33)$$

风险溢价正相关于政府债务/总产出：

$$PR_t = \left(\frac{D_t^G}{Y_t}\right)^{pr1} \tag{3.34}$$

由 pr 1 > 0 可知,产出增加会降低风险溢价,而债务上升会增加政府信用风险,提高风险溢价。

8. 出清条件

不可贸易部门出清条件为:

$$Y_t^N = C_t^N + C_t^G + I_t^{G,N} \tag{3.35}$$

劳动力市场均衡条件是:

$$L_t = L_t^N + L_t^T \tag{3.36}$$

上一期的私人资本形成当期的可贸易资本与不可贸易资本:

$$K_{t-1}^P = [\zeta_K(K_t^T)^{(\eta_K-1)/\eta_K} + (1-\zeta_K)(K_t^N)^{(\eta_K-1)/\eta_K}]^{\eta_K/(\eta_K-1)} \tag{3.37}$$

总资本回报率为:

$$r_t^K = [(\zeta_K)^{\eta_K}(r_t^{K,T})^{1-\eta_K} + (1-\zeta_K)^{\eta_K}(r_t^{K,N})^{1-\eta_K}]^{1/(1-\eta_K)} \tag{3.38}$$

资源税收中以固定份额 $\chi \in (0,1)$ 积累到主权财富基金中,主权财富基金(F_t)的累积方程由式(3.39)决定:

$$F_{t+1} = (1-\varphi^F)F_t + \chi T_t^O \tag{3.39}$$

其中,φ^F 为基金管理费率。

经常账户的出清条件为:

$$D_{t+1} - F_{t+1} = (1+r_t^W) D_t - Y_t^T + C_t^T + I_t^P + I_t^{G,T}$$
$$- (1+r_t^F) F_t - P_t^O Y_t^O \tag{3.40}$$

其中,$D_t = D_t^P + D_t^G$。

(1)$\{C_t, C_t^N, C_t^T, L_t, I_t^P, D_t^P, K_t^P\}_{t=0}^\infty$ 解决了家庭的最优选择问题。

(2)$\{L_t^N, K_t^N\}$ 解决了不可贸易部门的最优选择问题。

(3)$\{L_t^T, K_t^T\}$ 解决了可贸易部门的最优选择问题。

(4)政府先确定政府支出 $\{G_t\}_{t=0}^\infty$、政府消费与政府投资 $\{C_t^G, I_t^G\}_{t=0}^\infty$,以及一次性税收 $\{T_t^L\}_{t=0}^\infty$,以主权财富基金形式储蓄下来的资产 $\{F_t\}_{t=0}^\infty$。

(5)不可贸易部门、劳动力市场、私人资本、非资源可贸易产品的出清条件都满足。

第三节　政府资源收益优化配置的模拟结果及分析

一、参数校准与估计

先对模型进行稳态均衡的对数线性化变换，再利用 Matlab 软件中的 Dynare 分析资源价格冲击与资源产量冲击对生产厂商与消费者的实际经济效应、政府结余的影响。模型参数通过参考相关文献研究的参数设定与中国实际数据校准（见表 3.1）。本书的校准数据来源于《中国统计年鉴》与《中国税务年鉴》。

家庭部门方面，参考王任和蒋竺均（2021）的校准结果将贴现因子 Λ 设定为 0.986，参考阿格诺尔和蒙蒂尔（Agénor and Montiel, 2015）将跨期替代弹性 ζ 设定为 0.2，参考皮耶沙孔（Pieschacón, 2012）将不可贸易产品占总私人消费的比率 θ 设定为 0.55，参考凯拉（Keyra, 2017）的研究，私人投资资本折旧率 δ^P 为 0.03，劳动偏好参数 η_L 设定为 0.2，劳动供给的跨期替代弹性 ψ 设定为 12，可贸易部门的资本比率 ζ_K 为 0.6，可贸易与不可贸易资本间替代弹性 η_K 为 0.5。

资源部门方面，参考凯拉（2017）设定资源产出冲击自回归系数 ρ^{YO} 为 0.912，参考马利谢夫斯基（Maliszewski, 2009）设定资源价格冲击自回归系数 ρ^{PO} 为 0.93。可贸易部门与不可贸易部门方面，根据 2002 ~ 2017 年中国投入产出表中劳动者报酬占劳动者报酬与固定资产折旧之和的比率，分别计算可贸易行业（炼油化学产品、非金属矿物制品、金属冶炼制品、机械设备、制造产品等）与不可贸易行业（建筑、批发零售运输、信息服务、金融和房地产、科学研究和技术服务、其他服务）的均值，由此设定可贸易部门与不可贸易部门的劳动份额 β，η 分别为 0.65 与 0.78。借鉴凯拉（2017）的研究，设定公共资本的产出弹性为 0.17，基础投资占政府支出比率 υ^G 为 0.151，基础投资中不可贸易产品份额 $\upsilon^{G,N}$ 为 0.41，投资效率参数 φ 为 0.275，吸收能力参数 φ_1 为 0.05，主权财富基金管理费率 φ_F 为 0.01，无

风险利率$r^{W,R}$为 0.01，债务/产出比率的弹性pr_1为 0.25。根据 2011~2018 年采矿业税收收入占资源产出的比率为 0.25，非资源税收占非资源产出的比率为 0.18。根据 2001~2020 年国家预算固定资产投资与固定资本形成总额之比再将其转换成季度估计量得到，据此将政府资本折旧率δ^G设定为 0.22。表 3.1 列示了参数校准情况。

表 3.1　　　　　　　　　　　参数校准

参数		名称	赋值	来源
家庭部门	Λ	贴现因子	0.986	王任与蒋竺均（2021）
	ζ	跨期替代弹性	0.2	阿格诺尔和蒙蒂尔（2015）
	η_L	劳动偏好参数	0.2	凯拉（2017）
	ψ	劳动供给弹性的倒数	12	凯拉（2017）
	θ	不可贸易产品占总私人消费的比率	0.55	皮耶沙孔（2012）
	δ^P	私人投资资本折旧率	0.03	凯拉（2017）
	ζ_K	可贸易部门的资本比率	0.6	凯拉（2017）
	η_K	可贸易与不可贸易资本间替代弹性	0.5	凯拉（2017）
资源部门	ρ^{YO}	资源产出冲击自回归系数	0.912	凯拉（2017）
	ρ^{PO}	资源价格冲击自回归系数	0.93	马利谢夫斯基（2009）
非资源部门	β, η	可贸易部门与不可贸易部门的劳动份额	0.65, 0.78	《中国统计年鉴》
	$\omega_T = \omega_N$	公共资本的产出弹性	0.17	凯拉（2017）
	τ^O	资源部门税率	0.25	《中国税务年鉴》
	τ^{NO}	非资源部门税率	0.18	《中国税务年鉴》
	υ^G	基础投资占政府支出比率	0.151	凯拉（2017）
	$\upsilon^{G,N}$	基础投资中不可贸易品份额	0.41	凯拉（2017）
	φ	投资效率参数	0.275	凯拉（2017）
	φ_1	吸收能力参数	0.05	凯拉（2017）
	δ^G	公共资本折旧率	0.22	《中国统计年鉴》
	φ_F	主权财富基金管理费率	0.01	凯拉（2017）
世界利率	$r^{W,R}$	无风险利率	0.01	凯拉（2017）
	pr_1	债务/产出比率的弹性	0.25	凯拉（2017）

二、资源价格和生产冲击对经济及财政的传导分析

利用动态随机一般均衡模型来分析。首先，测试两种完全不同的财政规则下资源价格冲击对经济及财政的不同影响，其中，财政规则包括完全支出模式与完全储蓄模式，完全支出模式是指将资源收益完全用于政府支出费用，无须储蓄；完全储蓄模式是指将资源收益完全储蓄到主权财富基金中，仅允许消费主权财富基金获得的利息收入。其次，最优配置的财政规则是介于两种完全模式之间的财政规则，通过主权财富基金来储蓄部分资源收益，花费剩余资源收益与主权财富基金的利息收入。构造社会损失函数来选择最优配置财政规则的基金储蓄比率。最后，调整吸收能力限制、资本跨部门流动弹性及政府投资份额进行敏感性测试。

（一）完全支出模式

完全支出模式的财政规则与修正的永续收入假说相一致，认为发展中国家往往资本匮乏、基础设施有待发展，应该重视利用资源收益投资基础设施建设、教育、医疗以及人力资本产业建设，对于发展中国家增强经济韧性、长期资本积聚具有战略性意义。故完全支出模式的财政规则认为，应消费或投资所有的资源收益，不应储蓄在主权财富基金中，由此：

$$G\widehat{G}_t = T^O\widehat{T^O_t} \tag{3.41}$$

$$\widehat{F}_t = 0 \tag{3.42}$$

由政府预算约束式（3.31）可得到：

$$\widehat{T^L_t} = \frac{1}{T^L}[\ -T^{NO}\widehat{T^{NO}_t} - T^O\widehat{T^O_t} - (1 + r^F)F(\widehat{r^F_t} + \widehat{F}_t)$$
$$+ F\widehat{F}_t + G\widehat{G}_t + (1 + r^W)D^G\widehat{r^W_t}] \tag{3.43}$$

图3.1呈现了完全支出模式下资源价格与资源产量增加一个单位标准差冲击给产出、就业、消费、债务及财政收支带来的动态影响。总体上资源价格冲击与产量冲击的实际效应并无过大差异。

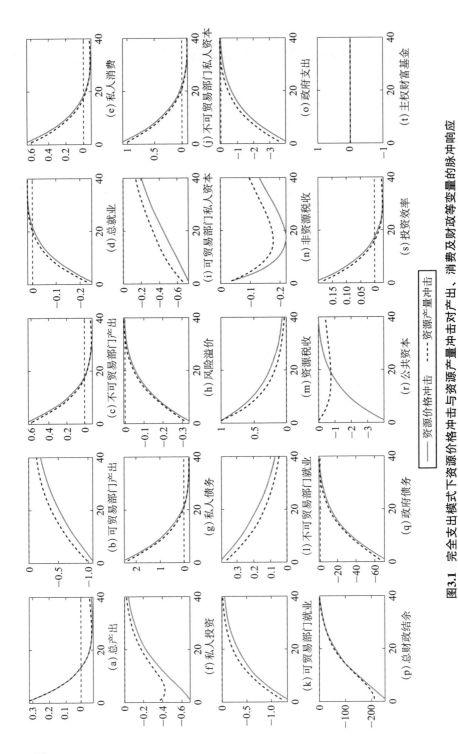

图3.1 完全支出模式下资源价格冲击与资源产量冲击对产出、消费及财政等变量的脉冲响应

首先，对于完全支出财政规则，资源的繁荣反而不利于财政可持续发展，并且会降低投资效率水平。随着资源价格或产量的繁荣增加了政府的资源收益，随即完全转化为政府的财政支出，包括政府消费与公共投资行为。一方面，政府支出很大程度上给总财政结余带来负向冲击，同时政府被迫通过举债来弥补财政赤字，增加政府的信用风险，自然会加大政府赤字的风险溢价，提高政府借贷成本。另一方面，政府完全顺周期的投资行为，没有考虑到中国的配套吸收能力，难以有机融合到资本形成过程中，致使大量资本无序支出被浪费，随着政府投资的增加会很大程度伤害到公共投资效率，且政府积极的投资行为会挤出私人投资。

其次，家庭部门财富的增加可以促进家庭的消费行为。资源收益的增加可以改善家庭的债务状况，使家庭更加偏好闲暇而降低劳动量的供给，也表明本模型中"李嘉图等价"不成立，政府的举债会改变家庭决策，提振家庭消费需求。积极的财政政策可促进私人消费，一定程度上佐证了中国积极的财政政策在提振消费需求方面的有效性。

最后，与传统"资源诅咒"理论相一致（Van der Ploeg and Poelhekke，2009），资源价格短期内上涨，"顺周期"的财政支出策略会加剧资源部门挤出其他部门的困境。资源价格或产量引致的资源部门繁荣会对经济的不同部门带来非对称的影响，资源部门从业人员的更多消费餐饮、保健等不可贸易产品，刺激不可贸易部门产出的繁荣，增加其就业水平，但是财富大量流入资源部门会挤出其他制造业等可贸易部门的产出水平，伤害可贸易部门的就业量，总的来说不利于实体经济的振兴与发展，对总产出产生负向影响，由此，也会对非资源税收产生负向冲击。

（二）完全储蓄模式

完全储蓄模式，是指所有的资源收益都应被储蓄到主权财富基金中，政府仅被允许花费主权财富基金的利息收入，也称作"一鸟在手"策略。该模式下式（3.39）中的 χ 为 1。所有资源收益被储蓄作为流动性缓冲基金来平滑资源繁荣—萧条周期波动的支出。政府支出与主权财富基金对数线性化表示如下：

$$\widehat{G}_t = \frac{1}{G}[(1 + r^F)F(\widehat{r_t^F} + \widehat{F}_t) - F\widehat{F}_t] \tag{3.44}$$

$$\widehat{F}_t = \frac{1}{F}[\,(1-\varphi^F)F\,\widehat{F}_{t-1} + \chi\,T^O\widehat{T}^O_{t-1}\,] \tag{3.45}$$

由政府预算约束可以得到：

$$\widehat{T}^L_t = \frac{1}{T^L}[\,-T^{NO}\widehat{T}^{NO}_t - (1+r^F)F(\widehat{r}^F_t + \widehat{F}_t)$$

$$+ F\,\widehat{F}_t + G\,\widehat{G}_t + (1+r^W)D^G\widehat{r}^W_t\,] \tag{3.46}$$

图 3.2 呈现了完全储蓄模式下资源价格与资源产量增加一个单位标准差冲击给产出、就业、消费、债务及财政收支带来的动态影响。

首先，完全储蓄模式相对于完全支出模式而言，可以有效地提升总财政结余、缓解债务压力、提升公共投资效率。一方面，资源价格或产量繁荣使资源收益富集，随后，政府将所有的资源收益储蓄，主权财富基金增长近10%，而政府仅被允许花费主权财富基金所获利息，给政府支出带来负向冲击，但会给总财政结余带来正向效应，且逐渐缓解政府债务压力，提振政府的信誉度并降低政府借贷的风险溢价，很大程度上助力财政可持续发展；另一方面，由于政府支出的大幅减少，公共资本积累也显得不足，但会提升政府的投资效率，使投资更加匹配发展中国家的吸收能力，与此同时，公共投资的不足部分可由私人投资来弥补。

其次，在宏观经济不繁荣的背景下，家庭部门的消费需求不旺盛，家庭更加偏好劳动力的供给，完全储蓄的财政政策会降低家庭消费的活力，使当代人的福祉难以得到保障。

最后，相对于完全支出模式，完全储蓄模式可有效抑制资源部门挤出效应，缓解其对总产出的不利影响。然而，相对于完全支出模式，长期来看完全储蓄模式下对总产出的促进作用可能并不显著，完全储蓄模式下会抑制不可贸易部门的无序扩张，同时缓解完全支出模式对可贸易部门的抑制作用。从两部门的就业可以明显看出，资源价格与产量的繁荣会增加可贸易部门的就业而挤出不可贸易部门的就业。

（三）最优配置模式

由上可知，完全支出模式可有效提振经济、刺激消费，但同时引致财政赤字与资源部门挤出效应；相对地，完全储蓄模式可维持财政可持续发展、

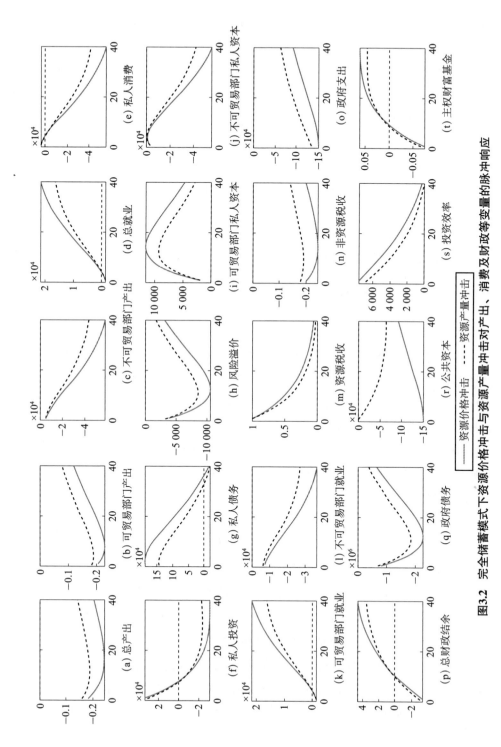

图3.2 完全储蓄模式下资源价格冲击与资源产量冲击对产出、消费及财政等变量的脉冲响应

抑制资源部门挤出效应，但在增强经济活力与提振当代人消费需求方面则表现得差强人意。

部分支出模式是介于前两者之间的，即部分资源收益财富被储蓄到主权财富基金中，作为流动性缓冲以应对资源收益波动给政府支出带来的压力、维持财政可持续发展，剩余资源收益财富则可用作政府支出提振经济增长活力，提升当代人的消费福利水平。其中，χ 为资源税收中储蓄到主权财富基金的份额，$(1-\chi)$ 为直接归属政府收入用于政府消费与投资支出，此外，还有主权财富基金的投资回报可直接用于政府支出：

$$\widehat{G}_t = \frac{1}{G}[\ (1-\chi)\ T^O\widehat{T}_t^O + (1+r^F)F(\widehat{r}_t^F + \widehat{F}_t) - F\widehat{F}_t\ ] \tag{3.47}$$

由政府的预算约束方程可得到：

$$\widehat{T}_t^L = \frac{1}{T^L}[\ -T^{NO}\widehat{T}_t^{NO} - (1+r^F)F(\widehat{r}_t^F + \widehat{F}_t)$$

$$+ F\widehat{F}_t + G\widehat{G}_t + (1+r^W)D^G\widehat{r}_t^W\ ] \tag{3.48}$$

应该如何确定储蓄到主权财富基金中的份额 χ，才可同时维护政府可持续发展与当代人福利最大化目标？提振国内消费需求是构建"双循环"发展格局的重点目标，在"稳字当头、稳中求进"的基调下，需要给予政府赤字风险管理足够的重视。综上所述，为了保证消费波动与财政结余波动最小化，参考阿格诺尔（2016）的方法构建社会损失函数，分别计算私人消费的方差与稳态之比、总财政结余的标准差与稳态之比，再赋予不同的权重计算两者乘积组成社会损失函数：

$$\pounds_t^s\ (\chi)\ = \left(\frac{\sigma_C^\chi}{C^{SS}}\right)^\mu \left(\frac{\sigma_{OPB}^\chi}{OPB^{SS}}\right)^{1-\mu} \tag{3.49}$$

其中，σ_C^χ 是私人消费波动的标准差，σ_{OPB}^χ 是总财政结余波动的标准差，C^{SS} 是私人消费的稳态值，OPB^{SS} 是总财政结余的稳态值，$\mu \in (0, 1)$ 是赋予私人消费波动的权重。如 $\mu = 1$，则表示政府决策是基于家庭福利来考量；如 $\mu = 0$，则表示政府决策是基于财政可持续来考量。

由此，利用社会损失函数选择最优配置模式下的储蓄份额。首先，设定不同的储蓄份额，分别动态模拟出资源价格（产量）冲击的传导路径。其次，在动态随机传导的基础上，为社会损失函数赋予不同的私人消费波动的权重，并计算得到不同储蓄份额与不同消费波动权重的社会损失函数值。最后，政府不同的政策倾向下最小社会损失函数值所对应的储蓄份额即为最优配置储蓄比率。动态随机一般均衡模型模拟并计算的结果如表 3.2 所示。其中，加粗字段为该政策倾向下资源税收的最优储蓄份额，社会损失函数值最小。当政府相对倾向于财政可持续发展时，应选择完全储蓄模式；当政府相对倾向于当代人的消费福利时，可适当降低资源税收的储蓄份额，增加支出份额。具体分析，从中国的动态模拟结果来看，如果政策对于当代消费福利与财政可持续发展倾向均等时，即 $\mu = 0.5$，将资源收益的 60% 储蓄到主权财富基金是政府的最优配置选择；当私人消费波动的权重 $\mu = 0.7$ 时，资源收益的最优储蓄份额为 50%。以此类推，可以看出，随着政府更加倾向当代人的消费福利，最优储蓄份额也逐渐降低。中国资源收益的最优储蓄份额为 50% ~ 60%，中国作为发展中国家，资本存量亟待提升，国内消费需求有待激活，但仍面临资源价格波动的压力，需要及时储备流动性缓冲资产来支持财政支出、维护财政可持续发展，权衡看来，50% ~ 60% 的资源收益被储蓄到主权财富基金是最优的政策选择，兼顾基础投资建设、提振经济潜力与防范化解政府债务风险。

类似地，通过构建社会损失函数研究资源产量冲击对于资源收益最优储蓄份额的选择，计算结果如表 3.3 所示，加粗字段为该政策倾向下资源收益的最优储蓄份额。结果显示，如果政策对当代消费稳定与财政盈余稳定的倾向均等时，$\mu = 0.5$，应储蓄资源收益的 30% 为主权财富基金；当私人消费稳定的权重 $\mu = 0.6$ 时，资源收益的最优储蓄份额为 20%。相比于资源价格冲击的最优配置选择，资源产量冲击的最优储蓄比率相对较低，在 20% ~ 30%。从资源产量冲击的动态随机一般均衡分析相对于资源价格冲击可以看出，"跨周期" 政策调控可有效兼顾居民消费福祉与熨平资源价格波动。

（四）敏感性测试

发展中国家的吸收能力会限制投资的效率，低效率的公共投资会阻碍公共资本的积累，从而降低公共资本累积速度与宏观经济的波动性。由此，更强的吸收能力约束导致最优配置方式的支出份额上升，储蓄份额下降，即

表 3.2 资源价格冲击下通过社会损失函数以选择最优储蓄份额的分析

χ	0.1	0.2	0.3	0.4	0.5	0.6	0.7	0.8	0.9	1
0	5.97E+12	8.56E+11	1.23E+11	1.76E+10	2.53E+09	3.62E+08	5.19E+07	7.45E+06	1.07E+06	**1.53E+05**
0.1	5.32E+02	1.55E+03	4.50E+03	1.31E+04	3.80E+04	1.11E+05	3.22E+05	**9.35E+05**	**2.72E+06**	7.91E+06
0.2	2.09E+02	7.35E+02	2.58E+03	9.06E+03	3.18E+04	1.12E+05	3.92E+05	1.38E+06	4.83E+06	1.70E+07
0.3	1.72E+02	6.49E+02	2.44E+03	9.18E+03	3.45E+04	1.30E+05	4.89E+05	1.84E+06	6.91E+06	2.60E+07
0.4	1.28E+02	5.28E+02	2.18E+03	8.97E+03	3.70E+04	1.53E+05	6.29E+05	2.59E+06	1.07E+07	4.41E+07
0.5	1.28E+02	5.28E+02	2.18E+03	8.97E+03	3.70E+04	1.53E+05	**6.29E+05**	2.59E+06	1.07E+07	4.41E+07
0.6	9.96E+01	4.31E+02	1.87E+03	8.08E+03	**3.50E+04**	**1.51E+05**	6.55E+05	2.84E+06	1.23E+07	5.32E+07
0.7	9.14E+01	4.07E+02	1.81E+03	8.04E+03	3.58E+04	1.59E+05	7.07E+05	3.15E+06	1.40E+07	6.22E+07
0.8	8.46E+01	3.85E+02	1.75E+03	7.99E+03	3.64E+04	1.66E+05	7.55E+05	3.44E+06	1.57E+07	7.13E+07
0.9	7.87E+01	3.66E+02	1.70E+03	7.93E+03	3.69E+04	1.72E+05	7.98E+05	3.71E+06	1.73E+07	8.03E+07
1	**6.81E+01**	**3.26E+02**	**1.56E+03**	**7.45E+03**	3.57E+04	1.71E+05	8.16E+05	3.90E+06	1.87E+07	8.94E+07

表3.3 资源产量冲击下通过社会损失函数以选择最优储蓄份额的分析

χ	0.1	0.2	0.3	0.4	0.5	0.6	0.7	0.8	0.9	1
0	5.70E+12	8.06E+11	1.14E+11	1.61E+10	2.28E+09	3.23E+08	4.57E+07	6.47E+06	9.15E+05	1.29E+05
0.1	5.21E+02	1.50E+03	4.31E+03	1.24E+04	3.57E+04	1.03E+05	2.96E+05	8.52E+05	2.45E+06	7.06E+06
0.2	2.03E+02	7.02E+02	2.42E+03	8.37E+03	2.89E+04	9.98E+04	3.45E+05	1.19E+06	4.11E+06	1.42E+07
0.3	1.67E+02	6.17E+02	2.28E+03	8.41E+03	3.10E+04	1.15E+05	4.23E+05	1.56E+06	5.77E+06	2.13E+07
0.4	1.24E+02	5.00E+02	2.02E+03	8.16E+03	3.30E+04	1.33E+05	5.39E+05	2.18E+06	8.80E+06	3.56E+07
0.5	1.24E+02	5.00E+02	2.02E+03	8.16E+03	3.30E+04	1.33E+05	5.39E+05	2.18E+06	8.80E+06	3.56E+07
0.6	9.62E+01	4.08E+02	1.73E+03	7.34E+03	3.11E+04	1.32E+05	5.60E+05	2.37E+06	1.01E+07	4.27E+07
0.7	8.83E+01	3.85E+02	1.67E+03	7.30E+03	3.18E+04	1.38E+05	6.03E+05	2.63E+06	1.14E+07	4.98E+07
0.8	8.16E+01	3.64E+02	1.62E+03	7.24E+03	3.23E+04	1.44E+05	6.42E+05	2.86E+06	1.28E+07	5.70E+07
0.9	7.60E+01	3.46E+02	1.58E+03	7.18E+03	3.27E+04	1.49E+05	6.78E+05	3.09E+06	1.41E+07	6.41E+07
1	6.57E+01	3.08E+02	1.44E+03	6.75E+03	3.16E+04	1.48E+05	6.93E+05	3.25E+06	1.52E+07	7.12E+07

维护消费的稳定性前提下允许较高水平政府支出。由表 3.4 与表 3.5 可以看出，当 φ_1 由 0.05 改变为 0.06 时，假定中国吸收能力变弱时，最优的资源收益配置规则的储蓄份额明显下降，可以允许更多的政府支出与投资。

资本在不同部门之间存在固有的流动限制，即资本流入各个部门或在部门间重新配置需要缓冲时间，且成本昂贵。资本总量方面存在减值现象，且短期内在部门间的配置也存在资本减值流失。但从长远来看，实物资本的流通没有成本。总的来看，长期通常被认为部门间的流动性是完美的，短期内，部门之间具有资本要素专用性，资本流动相对受到限制，相对不完美。如果资本在可贸易部门与不可贸易部门之间的替代弹性变低，资本流动限制变大，大宗商品的价格与产量冲击的传导将会减弱，消费的波动性也会降低，非资源部门的波动性也会较小，因而会允许支出份额相对变大，即最优配置模式中的储蓄份额相对减少，由表 3.6 与表 3.7 可以验证。

发展中国家除了资本积累薄弱、基础设施建设不足之外，还存在诸多问题，人均收入低水平、政府治理能力不足、腐败与冲突不断，政府支出中，投资之外的剩余需求同样旺盛，因此相比假定政府支出完全用于投资，"支出倾向投资"更贴近于发展中国家的现实。由此，将基准模型中政府支出中用于投资的比率扩大，将 v^G 由原本的 0.151 扩大至 0.8，更高的公共投资会引致更多的公共资本存量累积，缓解了将对价格和消费的波动性，于是可以允许更高水平的政府支出份额，从而最优配置模式下的储蓄份额会降低，由表 3.8 与表 3.9 可以验证。

综上所述，本书构建了三部门的动态随机一般均衡模型（DSGE）来研究资源价格与产量冲击在中国不同财政规则下（完全支出模式和完全储蓄模式）的传导路径，研究能够综合满足消费稳定与财政可持续这两个政策目标的最优配置模式，通过社会损失函数来选择最优配置模式的储蓄份额，并进行敏感性测试，此外，利用中国相关数据对参数进行校准。研究发现，在完全支出规则下，资源价格上涨会加剧资源部门挤出效应，促进不可贸易部门的繁荣而挤出可贸易部门发展，从而伤害了长期经济增长活力，不利于财政可持续发展，但很大程度上可促进居民消费福祉。在完全储蓄规则下，资源价格上涨可有效缓解资源部门挤出效应，助力可贸易部门的发展，抑制不可贸易部门的无序扩张，缓解其对经济的长期不利影响，维持

表 3.4　资源价格冲击下通过社会损失函数以选择最优储蓄份额的分析 (φ_1 为 0.05→0.06)

χ	0.1	0.2	0.3	0.4	0.5	0.6	0.7	0.8	0.9	1
0	5.90E+12	8.46E+11	1.21E+11	1.74E+10	2.50E+09	3.59E+08	5.15E+07	7.39E+06	1.06E+06	1.52E+05
0.1	5.32E+02	1.55E+03	4.50E+03	1.31E+04	3.80E+04	1.11E+05	3.22E+05	9.35E+05	2.72E+06	7.91E+06
0.2	2.09E+02	7.35E+02	2.58E+03	9.06E+03	3.18E+04	1.12E+05	3.92E+05	1.38E+06	4.83E+06	1.70E+07
0.3	1.72E+02	6.49E+02	2.44E+03	9.18E+03	3.45E+04	1.30E+05	4.89E+05	1.84E+06	6.91E+06	2.60E+07
0.4	1.28E+02	5.28E+02	2.18E+03	8.97E+03	3.70E+04	1.53E+05	6.29E+05	2.59E+06	1.07E+07	4.41E+07
0.5	1.28E+02	5.28E+02	2.18E+03	8.97E+03	3.70E+04	1.53E+05	6.29E+05	2.59E+06	1.07E+07	4.41E+07
0.6	9.96E+01	4.31E+02	1.87E+03	8.08E+03	3.50E+04	1.51E+05	6.55E+05	2.84E+06	1.23E+07	5.32E+07
0.7	9.14E+01	4.07E+02	1.81E+03	8.04E+03	3.58E+04	1.59E+05	7.07E+05	3.15E+06	1.40E+07	6.22E+07
0.8	8.46E+01	3.85E+02	1.75E+03	7.99E+03	3.64E+04	1.66E+05	7.55E+05	3.44E+06	1.57E+07	7.13E+07
0.9	7.87E+01	3.66E+02	1.70E+03	7.93E+03	3.69E+04	1.72E+05	7.98E+05	3.71E+06	1.73E+07	8.03E+07
1	6.81E+01	3.26E+02	1.56E+03	7.45E+03	3.57E+04	1.71E+05	8.16E+05	3.90E+06	1.87E+07	8.94E+07

表 3.5　资源产量冲击下通过社会损失函数以选择最优储备额份额的分析（φ_1 为 0.05→0.06）

χ	0.1	0.2	0.3	0.4	0.5	0.6	0.7	0.8	0.9	1
0	5.63E+12	7.97E+11	1.13E+11	1.60E+10	2.26E+09	3.20E+08	4.53E+07	6.42E+06	9.09E+05	1.29E+05
0.1	5.21E+02	1.50E+03	4.31E+03	1.24E+04	3.57E+04	1.03E+05	2.96E+05	8.52E+05	2.45E+06	7.06E+06
0.2	2.03E+02	7.02E+02	2.42E+03	8.37E+03	2.89E+04	9.98E+04	3.45E+05	1.19E+06	4.11E+06	1.42E+07
0.3	1.67E+02	6.17E+02	2.28E+03	8.41E+03	3.10E+04	1.15E+05	4.23E+05	1.56E+06	5.77E+06	2.13E+07
0.4	1.24E+02	5.00E+02	2.02E+03	8.16E+03	3.30E+04	1.33E+05	5.39E+05	2.18E+06	8.80E+06	3.56E+07
0.5	1.24E+02	5.00E+02	2.02E+03	8.16E+03	3.30E+04	1.33E+05	5.39E+05	2.18E+06	8.80E+06	3.56E+07
0.6	9.62E+01	4.08E+02	1.73E+03	7.34E+03	3.11E+04	1.32E+05	5.60E+05	2.37E+06	1.01E+07	4.27E+07
0.7	8.83E+01	3.85E+02	1.67E+03	7.30E+03	3.18E+04	1.38E+05	6.03E+05	2.63E+06	1.14E+07	4.98E+07
0.8	8.16E+01	3.64E+02	1.62E+03	7.24E+03	3.23E+04	1.44E+05	6.42E+05	2.86E+06	1.28E+07	5.70E+07
0.9	7.60E+01	3.46E+02	1.58E+03	7.18E+03	3.27E+04	1.49E+05	6.78E+05	3.09E+06	1.41E+07	6.41E+07
1	6.57E+01	3.08E+02	1.44E+03	6.75E+03	3.16E+04	1.48E+05	6.93E+05	3.25E+06	1.52E+07	7.12E+07

表 3.6 资源价格冲击下通过社会损失函数以选择最优储蓄份额的分析（η_K 为 $0.5 \to 0.4$）

χ	0.1	0.2	0.3	0.4	0.5	0.6	0.7	0.8	0.9	1
0	5.99E−03	3.99E−02	2.65E−01	1.76E+00	1.17E+01	7.81E+01	5.20E+02	3.46E+03	2.30E+04	1.53E+05
0.1	5.14E+02	1.45E+03	4.10E+03	1.16E+04	3.27E+04	9.24E+04	2.61E+05	7.37E+05	2.08E+06	5.88E+06
0.2	3.02E+02	1.02E+03	3.46E+03	1.17E+04	3.97E+04	1.34E+05	4.55E+05	1.54E+06	5.21E+06	1.76E+07
0.3	2.22E+02	8.08E+02	2.94E+03	1.07E+04	3.90E+04	1.42E+05	5.17E+05	1.88E+06	6.85E+06	2.50E+07
0.4	1.77E+02	6.79E+02	2.61E+03	1.00E+04	3.84E+04	1.47E+05	5.66E+05	2.17E+06	8.33E+06	3.20E+07
0.5	1.48E+02	5.93E+02	2.37E+03	9.49E+03	3.80E+04	1.52E+05	6.08E+05	2.43E+06	9.72E+06	3.89E+07
0.6	1.12E+02	4.72E+02	1.98E+03	8.32E+03	3.50E+04	1.47E+05	6.17E+05	2.59E+06	1.09E+07	4.57E+07
0.7	1.01E+02	4.36E+02	1.88E+03	8.12E+03	3.51E+04	1.51E+05	6.53E+05	2.82E+06	1.22E+07	5.26E+07
0.8	9.19E+01	4.06E+02	1.80E+03	7.95E+03	3.51E+04	1.55E+05	6.87E+05	3.04E+06	1.34E+07	5.94E+07
0.9	8.34E+01	4.12E+02	2.03E+03	1.00E+04	4.96E+04	2.45E+05	1.21E+06	5.96E+06	2.94E+07	1.45E+08
1	6.52E+01	3.00E+02	1.38E+03	6.38E+03	2.94E+04	1.36E+05	6.25E+05	2.88E+06	1.33E+07	6.13E+07

表 3.7 资源产量冲击下通过社会损失函数以选择最优储量份额的分析（η_K 为 0.5→0.4）

x	0.1	0.2	0.3	0.4	0.5	0.6	0.7	0.8	0.9	1
0	5.72E－03	3.75E－02	2.46E－01	1.62E＋00	1.06E＋01	6.97E＋01	4.57E＋02	3.00E＋03	1.97E＋04	1.29E＋05
0.1	5.05E＋02	1.42E＋03	3.99E＋03	1.12E＋04	3.15E＋04	8.85E＋04	2.49E＋05	6.99E＋05	1.96E＋06	5.52E＋06
0.2	2.94E＋02	9.83E＋02	3.28E＋03	1.10E＋04	3.66E＋04	1.22E＋05	4.08E＋05	1.36E＋06	4.55E＋06	1.52E＋07
0.3	2.16E＋02	7.74E＋02	2.78E＋03	9.96E＋03	3.57E＋04	1.28E＋05	4.60E＋05	1.65E＋06	5.93E＋06	2.13E＋07
0.4	1.72E＋02	6.50E＋02	2.46E＋03	9.29E＋03	3.51E＋04	1.33E＋05	5.02E＋05	1.90E＋06	7.17E＋06	2.71E＋07
0.5	1.44E＋02	5.67E＋02	2.23E＋03	8.80E＋03	3.46E＋04	1.36E＋05	5.37E＋05	2.12E＋06	8.33E＋06	3.28E＋07
0.6	1.09E＋02	4.50E＋02	1.86E＋03	7.70E＋03	3.18E＋04	1.32E＋05	5.45E＋05	2.25E＋06	9.31E＋06	3.85E＋07
0.7	9.80E＋01	4.16E＋02	1.77E＋03	7.51E＋03	3.19E＋04	1.36E＋05	5.76E＋05	2.45E＋06	1.04E＋07	4.41E＋07
0.8	8.92E＋01	3.88E＋02	1.69E＋03	7.34E＋03	3.19E＋04	1.39E＋05	6.05E＋05	2.63E＋06	1.14E＋07	4.98E＋07
0.9	8.11E＋01	3.95E＋02	1.92E＋03	9.35E＋03	4.55E＋04	2.21E＋05	1.08E＋06	5.25E＋06	2.55E＋07	1.24E＋08
1	6.32E＋01	2.87E＋02	1.30E＋03	5.90E＋03	2.68E＋04	1.21E＋05	5.50E＋05	2.50E＋06	1.13E＋07	5.13E＋07

表 3.8　资源价格冲击下通过社会损失函数以选择最优储备额的分析（v^G 为 0.151→0.8）

χ	0.1	0.2	0.3	0.4	0.5	0.6	0.7	0.8	0.9	1
0	4.02E+13	5.89E+12	8.63E+11	1.27E+11	1.86E+10	2.72E+09	3.99E+08	5.85E+07	8.57E+06	1.26E+06
0.1	5.63E+02	1.74E+03	5.36E+03	1.65E+04	5.10E+04	1.57E+05	4.86E+05	1.50E+06	4.63E+06	1.43E+07
0.2	2.22E+02	8.27E+02	3.08E+03	1.15E+04	4.27E+04	1.59E+05	5.92E+05	2.21E+06	8.22E+06	3.06E+07
0.3	1.83E+02	7.29E+02	2.91E+03	1.16E+04	4.64E+04	1.85E+05	7.39E+05	2.95E+06	1.18E+07	4.70E+07
0.4	1.55E+02	6.53E+02	2.74E+03	1.15E+04	4.84E+04	2.03E+05	8.54E+05	3.59E+06	1.51E+07	6.33E+07
0.5	1.36E+02	5.93E+02	2.60E+03	1.14E+04	4.97E+04	2.17E+05	9.51E+05	4.16E+06	1.82E+07	7.96E+07
0.6	1.06E+02	4.85E+02	2.23E+03	1.02E+04	4.70E+04	2.16E+05	9.91E+05	4.55E+06	2.09E+07	9.60E+07
0.7	9.69E+01	4.57E+02	2.16E+03	1.02E+04	4.80E+04	2.27E+05	1.07E+06	5.05E+06	2.38E+07	1.12E+08
0.8	8.97E+01	4.33E+02	2.09E+03	1.01E+04	4.89E+04	2.36E+05	1.14E+06	5.51E+06	2.66E+07	1.29E+08
0.9	8.35E+01	4.12E+02	2.03E+03	1.00E+04	4.95E+04	2.44E+05	1.21E+06	5.95E+06	2.94E+07	1.45E+08
1	7.21E+01	3.66E+02	1.86E+03	9.43E+03	4.79E+04	2.43E+05	1.23E+06	6.26E+06	3.18E+07	1.61E+08

表 3.9　资源产量冲击下通过社会损失函数以选择最优储蓄份额的分析（v^G 为 0.151→0.8）

χ	0.1	0.2	0.3	0.4	0.5	0.6	0.7	0.8	0.9	1
0	4.38E+13	6.29E+12	9.03E+11	1.30E+11	1.86E+10	2.67E+09	3.84E+08	5.51E+07	7.91E+06	1.14E+06
0.1	5.55E+02	1.71E+03	5.24E+03	1.61E+04	4.96E+04	1.53E+05	4.69E+05	1.44E+06	4.44E+06	1.36E+07
0.2	2.17E+02	8.00E+02	2.95E+03	1.09E+04	4.01E+04	1.48E+05	5.46E+05	2.02E+06	7.43E+06	2.74E+07
0.3	1.78E+02	7.03E+02	2.77E+03	1.09E+04	4.31E+04	1.70E+05	6.71E+05	2.65E+06	1.04E+07	4.12E+07
0.4	1.51E+02	6.28E+02	2.60E+03	1.08E+04	4.48E+04	1.86E+05	7.71E+05	3.20E+06	1.33E+07	5.50E+07
0.5	1.32E+02	5.70E+02	2.46E+03	1.06E+04	4.58E+04	1.98E+05	8.54E+05	3.69E+06	1.59E+07	6.88E+07
0.6	1.03E+02	4.65E+02	2.11E+03	9.55E+03	4.32E+04	1.96E+05	8.88E+05	4.02E+06	1.82E+07	8.25E+07
0.7	9.42E+01	4.38E+02	2.04E+03	9.49E+03	4.42E+04	2.05E+05	9.56E+05	4.45E+06	2.07E+07	9.63E+07
0.8	8.71E+01	4.15E+02	1.98E+03	9.42E+03	4.49E+04	2.14E+05	1.02E+06	4.85E+06	2.31E+07	1.10E+08
0.9	8.11E+01	3.95E+02	1.92E+03	9.34E+03	4.54E+04	2.21E+05	1.08E+06	5.23E+06	2.55E+07	1.24E+08
1	7.01E+01	3.51E+02	1.75E+03	8.78E+03	4.39E+04	2.20E+05	1.10E+06	5.50E+06	2.75E+07	1.38E+08

财政盈余与政府债务可持续发展，但不利于居民消费福利的提升。此外，资源产量冲击的传导路径类似。通过社会损失函数发现，当政府对于消费稳定与财政可持续这两个政策目标同等重视时，其一，当资源价格冲击发生时，60%的资源收益储蓄到主权财富基金中是最优资源收益配置方案，随着政府对居民消费的重视程度相对提升，储蓄份额可适当降低，增加政府支出份额。其二，当资源产量冲击发生时，30%的资源收益储蓄到主权财富基金中为最优资源配置方案。敏感性测试发现，当经济的吸收能力受限、跨部门资本流动受限、政府支出更倾向投资时，最优配置方案中可允许政府的支出份额适当扩大，降低政府资源收益的储蓄份额。

第四章 资源开采地政府矿产资源收益财政制度设计

第一节 我国矿产资源财政制度的实践

一、矿产资源收益制度

矿产资源为国家所有，开采地政府从中获得的资源收益具体表现为国家作为所有者的权益。我国现已建立了有偿取得和有偿开采相结合的矿产资源有偿使用制度，矿产资源开采地政府可以通过资源税费、国有股权分红等获得部分矿产资源收益。具体的收益来源涉及一般性的增值税、企业所得税等税收收入和对矿产资源单独课征的资源税、矿业权出让收益、矿业权占用费等税费收入，还包括国有资本经营收入中的利润上缴和股利、股息等收益。

（一）矿产资源开征的一般税费

增值税是我国的主体税种之一，对矿产品在生产、流通、销售等多个环节中产生的增值额进行征税。根据 2019 年 4 月起实施的最新增值税税率表，销售矿产品税率进一步由 16% 降低到 13%。增值税的应纳税额为当期销项税额抵扣当期进项税额后的余额，但是矿产品多是初级产品，为直接生产矿产品而购进及消耗的原材料很少，只有少量的进项税额可以抵扣，因而矿产资源产出的绝大部分都要作为增值部分缴纳增值税。

矿产资源开采和运营过程中企业取得的经营所得和其他所得需要按照一定的比例缴纳企业所得税，企业所得税是以净所得为计税依据，通常与资源项目盈利能力密切相关。按照《中华人民共和国企业所得税法》的规定，在计算应纳税所得额时，与取得资源收益有关的合理的成本、费用和损失等支出准予扣除。根据最新企业所得税率，当前我国矿业企业普遍适用25%的所得税率。

（二）矿产资源开征的专门税费

我国在矿产开采环节组织并实施资源税。资源税是对我国开采或生产应税矿产品的单位和个人，就其销售额征收的一种税。我国矿产资源的开发主要以大型国有企业为主，这些企业为资源税的主要纳税人。《中华人民共和国资源税法》通过法律的形式，规定对矿产资源普遍实行从价计征。从价计征方式下应纳税额按照应税资源产品的销售额乘以具体适用税率计算，征税对象为原矿或者选矿的，应当分别确定具体适用税率。矿产资源税率由省级政府统筹考虑确定，报同级人民代表大会常务委员会决定，并报全国人民代表大会常务委员会和国务院备案。

矿业权出让收益是国家基于自然资源所有权，将探矿权、采矿权（以下简称矿业权）出让给探矿权人、采矿权人（以下简称矿业权人）而依法收取的国有资源有偿使用收入，矿业权出让收益包括探矿权出让收益和采矿权出让收益。《矿业权出让收益征收管理暂行办法》中规定，可以通过招标、拍卖、挂牌等竞争方式出让矿业权，矿业权出让收益按招标、拍卖、挂牌的结果确定。按照协议方式出让矿业权的，收益按照市场基准价就高确定。矿业权出让收益在出让时一次性确定，原则上以货币资金方式支付。

矿业权占用费是指国家将矿产资源矿业权出让给矿业权人，并按规定向矿业权人收取的使用费。《国务院关于印发矿产资源权益金制度改革方案的通知》中规定，在矿业权占有环节，将探矿权采矿权使用费整合为矿业权占用费。将现行主要依据占地面积、单位面积按年定额征收的探矿权采矿权使用费，整合为根据矿产品价格变动情况和经济发展需要实行动态调整的矿业权占用费。

石油特别收益金是在国产原油销售价格超过一定水平时，国家按一定比例从石油开采企业销售国产原油所获得的超额收入中按比例征收的特别收入。征收石油特别收益金的目的是调节石油超额收益，推动石油价格机制改革。《石油特别收益金征收管理办法》规定，针对国产原油超额收入实行5级超额累进从价定率计征，原油价格按美元/桶计价，起征点为40美元/桶。石油特别收益金按月计算，按季缴纳。

（三）国有资本经营收入

矿产资源属于国家所有，我国国有矿山企业是开采矿产资源的主体，需要按照一定的比例上缴税后净利润。由于大部分矿山企业都有国有控股或参股，国有资本经营收入还包括国有控股、参股的矿山企业国有股权（股份）获得的股利、股息收入，以及矿山企业国有产权转让收入和清算净收益中国家所得的部分。

二、政府间收益分享机制

矿产资源收益在不同层级政府之间的分享机制是我国财政制度的重要组成部分，也是影响资源富集型地方政府财政收入的重要因素。我国实行分税制财政管理体制，矿产资源收益依法在中央和省级政府之间分配，省级政府在不违背中央大政方针的前提下，自主决定省级以下政府间的分配方式。1994年分税制改革对中央与地方间的事权和支出责任进行了划分，也进一步划分了中央与地方的收入，从制度层面规范了中央与地方的关系。在中央与地方分权的框架下，矿产资源收益分配成为稳定资源开采地政府财政收入的重要手段和工具。从矿产资源项目中获得的收益按照一定的比例在中央政府与地方政府之间分配，收益的分享主要采取"自下而上"的方式进行，以比例分享为主。表4.1总结了中央与地方政府矿产资源收益分享比例及政策依据。

表4.1　　　　　　　　　　中央与地方矿产资源收益分享

收益项目	归属	政策依据
增值税	中央与地方5：5分成	《全面推开营改增试点后调整中央与地方增值税收入划分过渡方案》
企业所得税	中央与地方6：4分成	《国务院关于明确中央与地方所得税收入分享比例的通知》
资源税	地方政府（海洋石油归属中央）	《中华人民共和国资源税法》
矿业权出让收益	中央与地方4：6分成	《国务院关于印发矿产资源权益金制度改革方案的通知》
矿业权占用费	中央与地方2：8分成	《国务院关于印发矿产资源权益金制度改革方案的通知》
石油特别收益金	中央政府	《石油特别收益金征收管理办法》
国有资本经营收入	所有权归属政府层级	《中华人民共和国资源税法》

从矿产资源收益分享比例来看，矿产资源收益更多地流入了地方政府，为资源开采地政府的支出提供了一定的财政空间，但也对资源收益的配套管理制度提出了更高的要求。我国目前没有专门适用于矿产资源收益的管理制度，资源开采地政府将资源收益和其他财政收入统筹管理。尽管中央政府拥有对矿产资源的所有权，但是通常其并不直接对矿产资源的开发进行管理，资源开采地政府依法负责矿产资源的管理和监督，地方政府在矿产资源开采活动的整个过程中承担较多的责任。由于地方政府被赋予了关键的事权和支出责任，在支出时往往对资源收益进行当期支出，造成地方财政在当前以及今后的一段时期内都处于紧平衡状态，影响了地方经济的可持续性。

三、资源收益预算管理

预算管理制度是现代财政制度的基础，也是落实财政制度的途径和保障。自党的十八届三中全会以来，以改进预算管理制度为代表的现代财政制度改革不断推进，特别是2015年新《预算法》实施以来，我国在预算管理等方面取得了重大突破和创新。党的十九届五中全会也明确提出，要深化预算管理制度改革，强化对预算编制的宏观指导。深化预算管理制度改革，就是要建立全面规范透明、标准科学、约束有力的预算制度，全面实施绩效管理。

我国实行全口径的预算管理，资源开采地政府获得的全部资源收益，以及公共支出都应当纳入预算管理。资源收益主要来源于各项税收收入和非税收入，属于一般公共预算收入，国有资本经营收入纳入国有资本经营预算收入。矿产资源收益主要用于保障和改善民生、推动经济社会发展、维护国家安全、维持国家机构正常运转等方面的支出。资源开采地政府在进行预算编制的时候，应该考虑到年度经济社会发展目标、国家宏观调控总体要求和跨年度预算平衡的需要，与经济社会发展水平和财政政策相衔接，对本年度资源收益和支出进行预测，按照规定程序进行编制。在我国现有预算管理体制下，资源收益统一纳入预算安排公共支出，对资源收益用途的不明确一定程度上削弱了预算的约束能力，容易造成资金的使用效率低下。

第二节　资源富集国家财政制度：国际经验

一、财政制度的目标

在设计财政制度时，需要考虑财政制度的目标。财政制度的目标在于解决资源收益波动性和可耗竭性带来的宏观经济问题、代际财富分配问题、长期财政可持续性问题和财政支出的吸收问题。因此，财政制度的目标不仅要充分考虑到地区特定的经济和体制情况，如资源收益依赖程度、资源储量水平和经济发展需求，还需要为易受资源收益高度波动和不确定性影响的地区提供足够的预防性缓冲。财政制度的目标具体包括四个方面：确保短期宏观经济和财政稳定；解决代际财富分配问题，即资源收益在满足当代发展需求的同时，为后代留足储蓄；实现财政的长期可持续，充分积累预防性储蓄；扩大促进经济增长的支出，逐步解决可能限制扩大支出质量和有效性的吸收能力的问题。

由于不同资源型区域的矿产资源储量、可开采年限以及对资源收益的依赖程度有所差异，财政制度目标的选择一方面要考虑资源收益可持续流入的时限，其阈值一般设定为30～35年（约一代），另一方面要考虑资本的稀缺程度，因为资本稀缺的地区更需要短期内利用资源收益进行国内投资。这些地区在面临资源枯竭时，要将资源收益转化为生产性投资，为后代储蓄部分资源收益；资源收益持久时，要在国内和国外进行投资，逐渐提高吸收能力和资本存量，维持经济的稳定发展状态。表4.2总结了不同条件下财政制度目标的选择。

表4.2 不同条件下财政制度目标的选择

资源收益	资本	财政制度目标
暂时性资源收益	资本充足	为后代积累足够的财政储蓄
	资本稀缺	平衡后代储蓄和国内投资
永久性资源收益	资本充足	管理资源收益波动性和实现宏观财政稳定
	资本稀缺	保持宏观经济稳定和提高支出的吸收能力

二、长期财政可持续性

考虑到资源收益的可耗竭性，在资源富集国家设计财政制度要以长期可持续性为指导，评估政府能否在不影响其偿债能力的情况下长期维持当前支出水平。财政可持续性分析通常依赖于永续收入假说，标准永续收入假说方法把非资源财政结余限制在所有未来资源收益的现值内，就可以达到跨期预算平衡。非资源财政结余定义为：$NRPB_t = NRT_t - E_t$，其中，NRT_t是非资源收益、E_t是主要支出。应用这种方法，永续收入假说为无限期融资的非资源财政结余提供了基准。如果可以预测未来的资源收益，基于永续收入假说的基准就能对可持续的财政支出水平进行估计，达到跨期预算平衡。但是这种方法没有区分消费和投资，忽略了那些资本稀缺、信贷受限国家的长期发展需求。而在资源丰富的低收入国家，将矿产资源收益投资于国内可以缓解资本短缺、弥补财政赤字。

由于上述问题的出现，需要对基准的永续收入假说进行改进，修正后的永续收入假说是一种更全面的财政可持续性分析方法，它关注政府支出与经济增长之间的相互作用，特别是政府支出对非资源收益增长的影响，以及考虑扩大公共投资支出。在这种情况下，由于生产性公共投资被扩大，且政府能够实现经济的额外增长，修正后的非资源财政结余将低于基准的非资源财政结余。这一方法可以推导出与跨期预算一致的非恒定且可持续的非资源财政结余，但对数据和分析方面的要求较高。这两种方法都反映了对非资源财政结余的长期预测，但预测周期越长，不确定性就越高，而围绕长期可持续发展的不确定性就更大。总而言之，使用基准的永续收入假说或修正后的永续收入假说来评估长期财政可持续性各有利弊，表4.3对此进行了比较。

表4.3 评估长期可持续性的基准比较

项目	基于永续收入假说的基准	修正的永续收入假说
优点	·如果可以获得长期资源财富的估计值，则易于应用 ·具有最优性（在限制性假设下） ·保存资源财富 ·为财政可持续性提供长期基准	·基于跨期预算约束 ·考虑到对增长的影响以及经常支出和重置成本 ·为财政可持续性提供长期基准
缺点	·不适用于低收入国家特征（资本稀缺、信贷约束） ·对于低收入国家来说，保护资源财富可能不是最佳选择 ·严格来说该框架基于消费理论，不适合评估投资	·应用更复杂，因为它需要估计与非资源收益增长的交互情况 ·更严格的数据要求和分析 ·要求对具体国家的最佳净财富水平进行评估

三、中短期财政规则

财政规则主要围绕财政指标制定，包括非资源财政结余、总结余等指标。非资源财政结余是资源依赖型国家的关键财政指标，它等于财政总结余减去资源收益，可以用非资源GDP的比率来衡量。因为资源GDP具有很大的波动性，特别是在资源GDP占GDP总量很大的国家，用非资源GDP有助于将财政政策与资源收益的波动性脱钩。总结余在没有矿产资源的国家很常见，可以用来限制政府融资需求或者评估财政政策。在资源富集的国家，总结余指标可能具有顺周期性，随着资源收益的增加，财政支出可能也随之扩大。

财政规则是对政府收支的一种永久性量化约束，可以很好地处理短期到中期的资源收益波动和公共支出需求。国际上越来越多的国家开始采用财政规则来管理它们的资源财富，智利、秘鲁和挪威等国家已经通过制定财政规则在管理资源收益方面取得成功。国际货币基金组织将财政规则分为四类：债务规则、预算结余规则、支出规则和收入规则。资源富集国家的财政规则可以采取非资源结余规则或基于资源价格规则的形式，具体包括非资源财政结余规则、价格规则和支出规则等，表4.4总结了不同条件下对财政规则的选择。

表4.4　　　　　　　　不同条件下中短期财政规则的选择

项目	资本稀缺	非资本稀缺
持久资源收益	·非资源财政结余规则和支出增长上限 ·价格规则（总结余）和支出增长上限	·非资源财政结余规则 ·价格规则（总结余）和支出增长上限
暂时资源收益	·非资源财政结余规则和支出增长上限 ·修正的非资源财政结余规则	·非资源财政结余规则

基于永续收入假说的非资源财政结余规则可以很好地反映资源储备期限较短的资源型区域的财政状况。虽然标准的永续收入假说不适用于低收入国家，但是可以通过对永续收入假说的修正和改进来适应支出规模的扩大。修正的永续收入假说规则对政府的非资源结余或支出路径有不同的影响，允许前期支出更多的资源收益，可能会被未来更低的支出所抵消。同时，修正的永续收入假说需要一个透明的程序来批准扩大投资支出，虽然支出路径不再平滑，但财政支出将保持在资源收益长期可持续的范围内。

价格规则将支出与资源价格波动脱钩，让标准的总体财政结余规则随资源收益的波动而变化，但是忽略了资源可耗竭性问题以及资源生产和财政制度的变化。基于资源价格的规则主要是短期考虑，可以采取与非资源结余类似的方法，考虑长期可持续问题。根据支出的吸收能力，在财政规则内提高目标上限，作为资源储备期限较长的资源型区域财政状况的重要补充指标。为了实现财政可持续性，可以制定总体结余的下限。但该规则的使用不如非资源财政结余普遍，在平滑财政支出的同时应该设定相关的事后财政目标来支出额外的资源收益。

支出增长规则可以限制政府支出的名义或实际增长率，以及支出占非资源 GDP 的百分比的增长率。当经济存在吸收限制，以及需要建立预防性储蓄来应对资源收益的波动时，这种规则可以合理地引导政府增加公共投资。其优点是它具有直观性，并且与经济的吸收能力相关联。通过吸收能力的分析对支出增长上限进行调整，为了适应对投资支出的偏好，资本支出的增长限度可以设定得比经常支出的增长限度高。支出增长限额作为独立的指标，可以与其他财政规则结合使用，以限制短期内支出增长规模超过政府的吸收能力，以及在收入波动和不确定的情况下建立缓冲。

此外，财政规则的设计应考虑资源价格和生产的波动性和不确定性，对资源收益依赖程度越高，政府就越应该建立预防性储蓄来保护其支出计划免受收入波动的影响。这意味着，应该保存资源收益的一部分，在资源"萧条"期间采用。考虑到建立预防性储蓄的需要，可以对财政规则进行细化，扩大基于价格或结构性规则的财政目标；可以采用更保守的支出路径和总体财政盈余，或者在基于永续收入假说的框架中加入审慎因素；还可以提高总体结余下限以节省财政开支。

四、财政制度的其他机制

除了中短期财政规则和长期可持续性分析，矿产资源财政制度的设计还包括一些其他机制。首先，资源收益是一个变量，具有很大的不确定性。政府如果无法对资源收益规模进行合理预测，仅仅作为"收益的接受者"，很难真正了解它们在未来可以获得多少收益。国际上通过建立矿产资源收益预测模板，从项目层面和国家层面估计资源财富。其次，MTEFs 将中期发展规划与年度预算联系起来，可以增强开采地政府应对收益波动风险的能力。国际上实施 MTEFs 的进展也各不相同，很多国家都建立了 MTFF，但建立 MTBF 和 MTPF 的国家相对较少。最后，资源基金也被很多国家所采用，以应对资源收益给财政政策和资产管理带来的挑战和复杂性。在这些国家中，资源基金是主权财富基金（SWFs）的一部分，被视为补充性政策工具，用于特定的优先事项支出。

第三节 资源开采地政府财政制度设计方案

一、预测资源收益

预测资源收益不仅是政府编制预算的基础，也为跨年度预算提供了数据资料。在进行资源收益预测时，不仅要对矿产资源收益的来源、规模、现金流量进行预计和测算，还要了解资源的数量和质量、全球资源市场的价格以及矿产资源的生产和经营成本等。国际货币基金组织发布的 FARI 方法和资源富集国家财政战略设计方法，分别从项目层面和政府层面对资源收益进行预测，为我国资源开采地政府提供了预测资源收益的模板。资源开采地政府可以分别借鉴这两种方法，根据现有的收益制度、资源开采情况等构建收益预测模板，测算未来矿产资源收益规模。

FARI 方法由一个详细的、基于 Excel 的贴现现金流（DCF）模型组成。在我国现有的矿产资源制度下，开采地政府可以结合资源开采现状，借鉴 FARI 中使用的主要内容和方法，从项目层面建立标准化的矿产资源收益模板。FARI 包括数据输入、计算和结果输出三个方面，资源开采地政府先要在模板中输入资源收益的制度设定（如税基、税率等），生产周期内产量和成本的预计，以及价格、通货膨胀率、贴现率等经济假设和融资安排。模板中特定的单元格已经包含了公式，数据输入后可以直接得出现金流、政府收益等计算结果。利用这种方法，资源开采地政府可以预测出一个生产周期内不同收益项目的金额和资源收益的总量，还可以对财政制度的相关指标进行经济分析。

资源富集国家财政战略可以从政府层面对资源收益进行中长期预测。首先，资源开采地政府通过 FARI 对资源财富的估计设定长期财政目标，并输入对其他宏观经济变量的预测。其次，设计过渡路径来适应财政策略的调整，并对财政框架进行压力测试，模拟资源收益冲击对关键宏观经济和财政变量的影响。最后，该模板将基线下的财政战略和波动性压力测试与替代情景进行比较，可视化不同情境下收益波动的影响并评估它们对基本宏观经济假设的敏感性，以此来选择最合适的财政战略。

FARI 和资源富集国家财政战略这两种方法从不同的角度对资源收益进行预测，资源开采地政府可以根据经济发展水平和资源实际开采状况对这两种模板进行修正和调整，从不同角度来估计资源财富。通过预测资源收益，开采地政府可以有效应对资源收益的波动性和可耗竭性，并进一步规划其储蓄或借贷，合理安排经济中长期发展规划。

二、制定中短期财政规则

解决资源收益中短期波动问题是开采地政府设计财政制度的关键，而财政规则可以有效地管理资源收益。财政规则是对政府收支的一种永久性量化约束，对一些关键的财政指标设置数字上限或目标。财政规则作为一种中间形式的约束，其严格程度介于政府政策和市场规则之间，对于开采地政府来说有相对的自主性。在面对波动的资源收益时，财政规则可以降低财政政策的顺周期性、增加储蓄并促进财政的可持续性。资源开采地政府在制定中短期财政规则时，应围绕财政指标来进行，可以采取单一的指标，也可以采取两个或更多指标，使财政规则更具灵活性。

制定财政规则需要考虑资源收益的持久性和资本的稀缺性。我国作为一个发展中国家，相对于发达国家具有更高的资本稀缺性。由于大部分资源型城市资本是稀缺的，制定财政规则主要考虑矿产资源收益的持久性。2013 年，国务院印发了《全国资源型城市可持续发展规划（2013～2020年）》，将 262 个资源型城市划分为成长型、成熟型、衰退型和再生型。在这些资源型城市中，成熟型和衰退型占比较高。对于资源衰退型城市，资源收益是暂时的，设计财政规则的主要目标是积累财政储蓄、将资源收益进行投资，以促进非资源收益的增长，可以选择非资源财政结余和支出增长上限或者修正的非资源财政结余规则。对于其他类型的资源型城市，资源收益相对更加长久，财政规则目标更倾向于在保持宏观经济稳定的同时将投入投资于国内、逐步扩大支出规模，选择非资源财政结余或价格规则，并与支出增长上限结合使用。

财政规则可以用来评估开采地政府的财政状况。对于我国依赖资源收益的地方政府来说，资源收益对 GDP 总额的影响很大，用非资源 GDP 来衡量财政更加稳定。因此，非资源财政结余是我国资源型区域主要选择的财政规则。非资源财政结余规则克服了支出的顺周期性，将中短期与长期可持续性基准直接联系起来，有助于将政策与资源收益的波动性脱钩。同时，非资源财政结余除了使财政政策免受资源收益波动的影响外，还有助于制定中期支出计划。将非资源结余（或赤字上限）与中期资源收益的保守估计联系起来，可以确保更好地控制公共支出，同时为投资留出空间。

资源开采地政府在制定中短期财政规则时，还要综合考虑地方的经济形势和投资需要，以增强财政规则应对价格波动和意外事件的稳定性。使财政规则更加具有灵活性，可以从以下四个方面考虑：首先，在短期内设定目标，并根据中长期重新评估后定期调整；其次，可以允许暂时偏离目标，并制定及时返回目标的程序；再次，引入修订条款，允许目标在一定条件下进行修改；最后，可以使用滚动目标。建立更加灵活的财政规则以保证中长期的经济平稳运行，同时也保证地区重点投资和建设项目资金的稳定性。

三、建立 MTEFs

MTEFs 是一种跨年度财政收支安排，将未来发展计划与年度预算联系起来，对收入和支出进行排序和分配。MTEFs 有三种主要形式：最简单的 MTEFs 是 MTFF，它需要说明财政政策目标、宏观财政战略、中期宏观经济预测，以及财政风险和可持续性分析；其次是 MTBF，它需要自下而上确定支出需求，优化内部资金配置；最后是 MTPF，重点关注绩效的衡量和评估，不仅包括部门目标和战略，还包括具体的计划产出或成果目标。2018年修订的《中华人民共和国预算法》提出了各级政府应当建立跨年度预算平衡机制的具体规定，而中期财政规划是跨年度预算平衡机制的重要内容。我国也初步进行了中期财政规划的试点工作，财政部积极组织各省级政府试编地方财政发展三年滚动计划，尽管试点工作时间不长，但是通过这"一省一市一县"，也为我国引入中期财政规划打下了实践基础。

MTEFs 的实施是一种循序渐进的过程，要与能力相匹配。目前，我国正处于 MTEFs 的初步建立时期，在我国资源型地区应该先广泛建立和实施 MTFF，通过预算编制的中期宏观财政框架改善年度预算的编制质量。然后逐步引入 MTBF 和 MTPF，运作良好的 MTBF 是实现 MTPF 乃至成熟的 MTFF 的前提。这三个框架都要结合年度预算和财政经济发展情况进行滚动和不断更新，将年度预算平衡的顺周期调控转向跨年度预算平衡的逆周期调控。资源开采地政府建立 MTEFs 主要包括六个步骤，如表 4.5 所示。

表 4.5　　　　　　　　　建立 MTEFs 的步骤

步骤	主要内容
制定宏观经济发展框架	·预测多年期收入和支出 ·确定财政和货币政策的战略性框架
制定部门计划	·就部门目标、产出和活动达成一致 ·审查和制定计划 ·对计划进行成本估算
制定部门支出框架	·权衡各政府部门和部门间支出分配 ·对资源分配达成共识
确定部门资源分配	·设定中期部门预算上限或赤字限额 ·确定政府战略优先性和部门间资源再分配
编制部门预算	·基于预算上限的中期部门预算
预算批准	·提交预算内容并批准

资源开采地政府在制定 MTEFs 时，要特别考虑矿产资源项目的收入能力，不仅将其视为中期规划的一部分，还要将本地公民、企业等利益相关者联系起来参与本地决策，做好部门预算，合理分配资源收益。在短期内，我国应对政府行政运行等行政性开支严格设置支出上限，保障行政性支出零增长，并逐步压缩规模，在一定周期内设定年度降幅目标。中长期来看，我国各级政府应建立 MTEFs，逐步实现中期支出上限，基于多年度对支出项目进行排序和分配，预先明确未来预算的支出重点，避免无计划临时性支出导致的支出过度膨胀。MTEFs 的发展应循序渐进，一方面，可以先从

中期财政框架到中期预算框架，再到中期绩效框架；另一方面，可以先从部门项目上限法，再到固定部门支出上限法，最后过渡到固定总额上限法。

四、促进财政长期可持续

矿产资源的可耗竭性会引起重要的代际财富分配问题，需要将中期规划扩展到长期。资源开采地政府必须考虑如何将有限的资源分配给当代和后代，这取决于在资源生产期间消费和储蓄的多少。在资源富集国家进行财政可持续分析的实践是基于永续收入假说，但我国资源开采地的长期发展需求面临资本稀缺、信贷受限。在这种情况下，我国资源地政府可以采取长期永续收入假说财政可持续性框架的修正版本。通过扩大公共投资，缓解资本短缺，提高潜在的非资源收益增长，并增加开采地政府的财政收入。

制定详细、全面的长期发展规划对我国资源型地区也非常重要。从长远来看，财政支出具有刚性，地方政府需要投资于基础设施、教育等社会服务和工业。在整个矿产资源生命周期内，生产和运营阶段可能会占据很长时间并产生大量收入。但随着资源的枯竭，矿产资源进入衰退期，不仅要承担场地清理和环境恢复等成本，而且失去了相应的矿产资源收益。依赖资源收益的地方政府被迫削减公共服务和投资支出，也会带来失业等社会问题。为了实现财政长期可持续，应建立相应的长期发展规划。而制定长期发展规划，首先要明确发展目标，确定具体项目建设和实施的优先顺序，并根据现实经济情况对发展规划定期修订，将长期的目标转化为预算活动，来保证发展计划和年度预算的一致性。

五、设立资源基金

基金在资源开采地政府的全面宏观财政管理中发挥着重要的作用。资源基金来源于收益盈余，开采地政府设立资源基金的目标主要有：实现财政和宏观经济稳定；建立储蓄，使后代从当前资源收益获益；国家发展和投资组合管理。根据不同的目标，资源基金包括稳定基金、储蓄基金和投资基金。稳定基金主要应对资源价格的波动性带给资源收益的影响，利用资源高价时的超额收益弥补资源低价时的损失，以保证矿产资源产业和宏观经济的稳定运行。稳定基金将资源收益的波动性和不确定性转移给基金，可以减少不稳定的资源收益对预算和经济的短期影响。储蓄基金具有"蓄水池"的作用，其资金来源于经济繁荣时期开采地政府的收入盈余，要求将特定份额的资源收益或总收入存入基金。资源跨代基金是储蓄基金的一种，通过将部分资源收益储蓄起来留给后代使用，实现代际公平。与上述基金相比，投资基金是为公共基础设施建设与社会亟需领域提供资金，优先投资于经济效益和社会效益较高的项目。

不同类型的资源基金适用于不同的经济目标和情形，资源地政府要根据资源开采的实际状况和长远发展需要，灵活选择适合本地区经济发展的资源基金来管理矿产资源收益。此外，要将资源基金纳入财政预算中去。一方面，为了预决算报告中呈现规范信息，基金数据需要与其他政府收支信息合并，有关基金运作的详细账目和其他信息也应包含在预算文件中，以提高财政透明度。另一方面，应该使用预算系统来建立基金收支的分类、会计、报告、控制和审计等程序。资源基金不仅可以调节预算收支避免大幅度波动，而且有利于促进预算的跨年度平衡，实现地区经济平稳运行。

六、监督资源开采地政府财政制度的执行

监督资源开采地政府财政制度的执行是设计方案的最后一个关键环节，可以从以下四个方面进行。首先是通过立法完善矿产资源财政制度体系，建立制度的约束，从法律上规范资源地政府的行为；其次是提升财政透明度，为公众及相关群体提供可以全面理解政府行为的基础性数据，据以正确评价政府的履职能力与持续性；再次是对政府执行情况进行监督检查，地方各级人民代表大会和审计部门对收支安排及执行情况进行审查，尤其是重点支出和重大投资项目，同时建立相应的问责机制，明确法律责任；最后是提高公众参与度，确保群众的知情权和监督权，提升财政管理水平，源头上预防治理腐败。

第五章　资源开采地政府矿产资源收益统计制度设计

第一节　资源开采地政府矿产资源收益统计的国际现状

一、政府财政统计的演变

1953 年，联合国发布了《国民账户体系及其辅助表》（SNA1953），标志着国民经济核算体系（the system of national accounts, SNA）的正式建立。1993 年和 2008 年两次对 SNA 进行更新，解决了实践中出现的一些问题。联合国统计委员会（UNSC）采用的国民账户国际统计标准的最新版本是《2008 年国民账户体系》（SNA2008）。SNA 是国民经济核算领域的权威指南，也是各国核算其国民收入的重要指南。目前世界上大多数国家在借鉴 SNA2008 的基础上建立了本国的国民经济核算体系，编制了符合本国国情的国民经济核算指南。政府财政统计核算体系（a system of government finance statistics, GFS），是从经济角度反映一个政府治理国家、管理经济活动运行情况的多功能体系。1974 年 6 月，国际货币基金组织编制了《政府财政统计手册：草稿》，标志着经济核算体系的创立。1977 年国际货币基金组织出版了第一本《政府财政统计年鉴》，汇集了很多国家对 GFS 进行广泛实践的经验和成果。此后，这一年鉴每年出版发行。1985 年，国际货币基金组织的统计专家根据10年的实践经验教训对GFS进行了修订，并于1986年出版了修订版——《1986年政府财政统计手册》（GFSM1986）。该修订版涉及政府行为统计的汇编，主要是统计适合分析、规划和政策确定的数据，选择和统计有关政府财政的数据，有助于分析政府运作及对整个经济的影响。1990~1992年，国际货币基金组织在积极参加SNA修订的同时，密切配合，进一步修订了GFS，不仅使GFS更为完善，而且在与SNA的分工协调方面取得非常有效的进展。1993年版SNA出版后不久，1993年版GFS也面世。《2001年政府财政统计手册》（GFSM2001）更新了1986年GFSM制定的财务分析所需统计资料的国际公认指南，描述了一个综合政府财政统计（GFS）系统，该系统尽可能与1993年国民账户体系协调一致，尽可能与国际公认的其他宏观经济统计准则的相应标准相协调，符合支持财政分析的目标。《2014年政府财政统计手册》（GFSM2014）更新了2001年GF-SM建立的财务分析所需统计数据的国际公认指南，确立了财政分析的最新宏观经济统计框架。这些手册和指南考虑近年来重要的国际经济发展，并涉及对各种类型事件记录和处理方法的改进。

二、政府自然资源收益统计实践

政府自然资源收入占政府财政收入的很大一部分，对宏观经济发展至关重要，国际货币基金组织对政府自然资源收入的统计进行了深入的研究。根据《2001年政府财政统计手册》（GFSM2001）的收入分类，提出了收集政府自然资源收入数据的标准模板。该模板提供了自然资源收入的实际定义，按照相似的格式收集各国政府自然资源收入数据，从而使跨国比较成为可能。模板允许对（GFSM2001）每一类别下自然资源收入报告的数据与每一相应类别总收入报告的数据进行一一对应。博恩斯加德等（Baunsgaard et al.，2017）总结了收集政府自然资源收入数据标准模板的新情况，对标准模板进行了实地测试，证实了该模板的可行性，并基于国际社会协商和实地测试结果更新了标准模板。由于自然资源产品定义的改进需要额外的信息，且不易获得，标准模板中没有包含对采矿业自然资源产品定义的任何更改，标准模板的类别和子类别提供的详细程度足以满足分析需求。开发标准模板是为了促进自然资源富集经济体的财政政策制定和分析，该模板还支持基金组织的监督工作，因为它提供了获取数据的途径，有助于更详细地评估资源富集经济体的财政状况。各个国家自然资源收入的定义有差别，需要根据各国实际进行调整，以充分反映不同的法律和体制安排，从而全面完整地统计政府自然资源收入数据。

三、自然资源收益统计国际应用

2017 年国际货币基金组织工作小组编写的蒙古国技术援助报告显示，代表团 2016 年 9 月 5 日至 2016 年 9 月 9 日执行了一项技术援助任务，以支持蒙古国国家统计局在国民账户统计中改进自然资源的计量和决策。就蒙古国而言，自然资源产业是经济的关键驱动力，因而确保数据准确和详细是非常重要的。国际货币基金组织自然资源产业模板草案适用于蒙古国的情况，并提供了重要信息。该模板在一个标准框架中汇集了一系列指标，显示了一系列经济变量，包括生产、出口、就业、投资和融资以及它们之间的联系，从而有利于决策者作出更加有用的决策。如果能获得更多国家的数据，就有可能与其他国家进行比较。代表团与蒙古国企业通过协商进行了改进，并提供相关指导，确保各种数据来源与自然资源交易的一致性，深入了解各种不同的合同安排和会计做法，比较不同数据来源提高数据质量，与最大的企业进行面对面访问，以提高参与度、提高数据质量和准确性，并与蒙古国海关、银行和财政部进行了讨论，提出建议改善这些利益相关方之间的协调。访问团发现，该模板在蒙古国是可行的，实地测试表明能系统地展示资源开采行业的数据。可靠的国民账户统计为经济分析和决策提供了信息，还为私营部门、外国投资者、评级机构和一般公众提供了重要的决策依据，同时为基金组织的监督和国内政策提供信息。

第二节　我国资源开采地政府矿产资源收益统计现状及改进

一、我国财政收入统计实践

我国政府财政统计工作由财政部门负责，地方各级政府部门负责编制本级政府财政统计报表，财政部负责中央政府财政状况的统计和全国财政状况的统计汇总。在财政部内部，主要是综合部门、预算部门、国库部门分工协作，进行基础数据的收集、分类、整理，根据政策需要提供各式统计报告。我国计划经济时期的财政统计制度是在借鉴苏联经验的基础上形成的（刘立佳等，2022），后来，随着市场经济的发展逐渐转变为 GFS（1986）体系。为适应财政管理和实践中的新情况又经过了多次改进，2007 年开始实行政府收支分类的全面改革。2014 年起按照全口径预算管理，分列四类预算收支科目，分别为公共财政预算收支科目、政府性基金预算收支科目、国有资本经营预算收支科目、社会保险基金预算收支科目。根据财政部《关于印发〈2022 年政府收支分类科目〉的通知》，一般公共预算科目包括税收收入和非税收入等。其中税收收入包括增值税、消费税、企业所得税、个人所得税、资源税、城市维护建设税、房产税、印花税、城镇土地使用税、车船税、关税、耕地占用税、环境保护税和其他税收收入等，非税收入包括罚没收入、国有资本经营收入、国有资源（资产）有偿使用收入、捐赠收入和其他收入等。学术界对建立我国宏观经济统计体系进行了深入研究，已经建立起与社会主义市场经济体制相适应的国民经济核算体系。但在整个宏观经济统计体系中，对政府财政统计的研究还相对薄弱，各个项目类别比较繁杂零散，给我国财政收入统计带来阻碍。

二、我国资源开采地政府矿产资源收益统计改进

矿产资源收益在我国财政收入中占据一定份额，对资源开采地政府尤

为重要。我国目前资源开采地政府的矿产资源收益统计混合在财政收益统计里，资源开采地政府无法对矿产资源收益进行进一步分析，再加上财政收入统计本身存在数据繁杂等问题，严重影响了资源开采地政府对矿产资源收益的优化配置。我国矿产资源收益统计存在的问题主要体现在：(1) 矿产资源企业各项税收和非税收没有同其他企业区分，没有单独的矿产资源企业统计模板，有些税目没有列出或界定不明，没有进行全面统计；(2) 仅依靠财政收入统计不能很直观地反映资源开采地政府矿产资源收益的状况，不利于政府作出高效的矿产资源收益分配决策；(3) 基层统计基础不够健全，统计人员专业素养有待提升，上报数据没有翔实的依据，从而影响矿产资源收益统计结果的质量，最终影响资源开采地政府决策的科学性；(4) 各资源开采地没有一致的统计规范，无法进行资源开采地政府矿产资源收益的相互比较，矿产资源收益统计与国际标准存在差距，也无法比较。统计信息的准确性已经成为社会各界广为关注的问题，资源开采地政府矿产资源收益的公开信息有限，一方面不利于公众监督，给数据核查带来阻碍；另一方面风险信息滞后，无法及时提示风险，不利于资源开采地政府依据这些信息作出决策，从而影响资源收益配置效率。

三、我国资源开采地政府矿产资源收益统计改进

我国几乎没有资源开采地政府矿产资源收益统计的相关研究，为了更好地与世界各国进行比较，全面了解我国政府矿产资源收益和其他国家的差异，十分有必要制定一致的统计模板。EITI 收入模板是经过不断探索得到的，适用于政府统计采矿业向政府支付的款项，较好地满足了政府自然资源收益统计的需求。因此，我国可借鉴该模板对资源开采地政府矿产资源收益进行统计。目前，不同的国家矿产资源有偿使用制度存在差异。例如，一些国家只对矿业开发企业征收所得税和采掘税，另一些国家只对矿业开发企业征收所得税，我国对矿业既征收增值税和所得税，又征收资源税。EITI 模板中部分项目和国际上的定义有些差异，本书结合我国对税收和非税收的定义，通过与（GFSM2001）相关收入类别进行对比，找到与

国际相同或相近的定义，对每一个与 EITI 收入模板相对应的类别进行梳理和比较，并在 EITI 模板基础上进行统计，以符合国际公认准则的格式汇总，更好地呈现资源开采地政府矿产资源收益信息，发挥统计功能。通过改进可有效地将资源开采地政府矿产资源收入与其他政府收入分开，便于各资源开采地政府间矿产资源收益的比较以及资源开采地政府矿产资源收益的国际比较，有利于资源开采地政府矿产资源收益的合理分配。

第三节　资源开采地政府矿产资源收入统计数据的收集模板与策略

一、资源开采地政府矿产资源收入统计数据的收集模板

《2001 年政府财政统计手册》描述了一个综合统计系统，涵盖了概念、定义、分类和会计规则，并提供了一个全面的分析框架，在此框架内，可以对统计数据进行总结，并以适合分析、规划和政策确定的形式呈现。EITI 收入模板适用于资源开采地政府统计当地采掘业（定义为石油、天然气和采矿部门）向政府支付的款项，包括自然资源企业要报告的详细收入类别及特定代码，能够将各种详细类别与单个自然资源企业报告的数据联系起来。本书基于《2001 年政府财政统计手册》，整理我国现行税收制度及相关办法，通过对比国际和国内各项类别的定义，将我国资源开采地政府矿产资源收益记录到模板相应的类别中。资源开采地政府部门的收入主要有四种来源：政府部门征收的税收和其他强制转让的收入、资产所有权产生的财产收入、商品和服务的销售以及从其他单位收到的自愿转让。矿产资源属于国家所有，资源开采地政府矿产资源收益主要通过征收税收或者非税收入来获得。税收收入是政府收入的主要部分，它是由向政府部门的强制转移形成的。非税收入由所有其他类型的收入合并而成。社会贡献是雇主代表员工或员工、个体、非就业者代表本人实际或估算的收入，以确保缴款人、受抚养人或遗属享有社会福利。赠款是政府部门从其他政府部门或

国际组织收到的非有偿转让。可能收到的其他类型的非税收入是罚款、惩罚、没收、司法程序产生的和解、赠款以外的自愿转让和现有货物的销售收入。

（一）税收

根据《2001 年政府财政统计手册》，税收主要分为收入、利润和资本利得税，工资税和劳动力税，财产税，商品和服务税，国际贸易和交易税，其他税收六个部分。其中，财产税主要包括不动产经常税，净财富经常税，遗产、继承和赠与税，金融和资本交易税，其他非经常性财产税，以及其他财产税。商品和服务税主要包括商品和服务的一般税、消费税、财政垄断利润、特定服务税、商品使用/使用商品或进行活动许可的税、其他商品和服务税。国际贸易和交易税主要包括海关和其他进口关税、出口税、进出口垄断利润、交易利润、交易税收、国际贸易和交易的其他税收。其他税收主要包括根据上述税目所述的税基以外的一个或多个税基征收的税收收入。

国际与国内相对比，我国矿产资源企业依法缴纳的企业所得税和石油特别收益金归于收入、利润和资本利得税这一项目，企业所得税记录的金额是 EITI 收入模板类别收入、利润和资本利得普通税（1112E1）的一部分。石油特别收益金记录的金额是 EITI 收入模板类别收入、利润和资本利得特别税（1112E2）的一部分。耕地占用税、城镇土地使用税和房产税归于财产税这一项目，记录的金额是 EITI 收入模板类别财产税（113E）的一部分。增值税、资源税、车船税和环境保护税归于商品和服务税这一项目。其中，增值税记录的金额是 EITI 收入模板类别商品和服务的一般税（增值税、销售税、流转税）（1141E）的一部分。资源税记录的金额是 EITI 收入模板类别执照费（114521E）的一部分。车船税记录的金额是 EITI 收入模板类别机动车税（11451E）的一部分。环境保护税记录的金额是 EITI 收入模板类别排放和污染税（114522E）的一部分。进口税和出口税归于国际贸易和交易税这一项目。进口税记录的金额是 EITI 收入模板类别关税和其他进口税（1151E）的一部分。出口税记录的金额是 EITI 收入模板类别出口税（1152E）的一部分。印花税、教育费附加和城市维护建设税归于其他税收这一项目，记录的金额是 EITI 收入模板类别自然资源公司应缴纳的其他税款（116E）的一部分。

（二）社会贡献

根据《2001 年政府财政统计手册》，社会贡献分为社会保障贡献或其他社会保障贡献。

（三）赠款

EITI 模板中没有列此项目。

（四）其他收入

根据《2001 年政府财政统计手册》，收入还包括财产收入、商品和服务的销售以及其他各种收入。财产收入主要包括利息、分红、准公司收入的提款、归属于投保人的财产收入或租金。商品和服务的销售主要包括市场设施的销售、行政费用、非市场设施的附带销售、估算的商品和服务的销售。

国际与国内相对比，我国矿产资源企业给政府的股息、矿业权出让收益、矿业权占用费和水资源费归于财产收入这一项目。股息记录的金额是 EITI 收入模板类别来自国有企业（1412E1）的一部分。矿业权出让收益和矿业权占用费记录的金额是 EITI 收入模板类别许可税（1415E1）的一部分。水资源费记录的金额是 EITI 收入模板类别其他租金支付（1415E5）的一部分。土地复垦费、水土保持补偿费、森林植被恢复费和行政费用归于商品和服务的销售这一项目。其中，土地复垦费、水土保持补偿费和森林植被恢复费记录的金额是 EITI 收入模板类别政府部门销售商品和服务（1421E）的一部分。需要缴纳政府服务行政费用记录的金额是 EITI 收入模板类别政府服务行政费用（1422E）的一部分。罚款或罚金归于罚款、处罚和没收这一项目，记录的金额是 EITI 收入模板类别罚款、罚金和没收（143E）的一部分。馈赠和自愿捐赠归于赠款以外的自愿转移这一项目，记录的金额是 EITI 收入模板类别向政府自愿转移（捐赠）（144E1）的一部分。EITI 模板与我国矿产资源收益的对应关系如表 5.1 所示。

表5.1　EITI模板与我国矿产资源收益的对应关系

EITI收入模板类别	我国矿产资源收入类别	时间	相关文件	征收和管理部门
1. 税收				
（1）收入、利润和资本利得税				
收入、利润和资本利得普通税	企业所得税	2008年	《中华人民共和国企业所得税法》	税务局
收入、利润和资本利得特别税	石油特别收益金	2006年	《国务院关于开征石油特别收益金的决定》	财政部
（2）工资税和劳动力税	无对应内容			
	耕地占用税	2016年	《耕地占用税管理规程（试行）》	税务局
（3）财产税	城镇土地使用税	2019年	《中华人民共和国城镇土地使用税暂行条例》	税务局
	房产税	1986年	《中华人民共和国房产税暂行条例》	房产所在地税务局
（4）商品和服务税				
商品和服务的一般税（增值税、销售税、流转税）	增值税	2008年	《中华人民共和国增值税暂行条例》	税务局
消费税	无对应内容			
商品使用税/使用商品或开展活动的许可				
执照费	资源税	2017年	《矿产资源权益金制度改革方案》	开采地或者生产地的税务局
	资源税	2019年	《中华人民共和国资源税法》	
排放和污染税	环境保护税	2016年	《中华人民共和国环境保护税法》	税务局
	环境保护税	2017年	《中华人民共和国环境保护税法实施条例》	

续表

EITI收入模板类别	我国矿产资源收入类别	文件		征收和管理部门
		时间	相关文件	
机动车税	车船税	2006 年	《中华人民共和国车船税暂行条例》	税务局
(5) 国际贸易和交易税				
关税和其他进口税	进口税	2003 年	《中华人民共和国进出口关税条例》	海关
	出口税			
自资源出口垄断的利润	无对应内容			
自然资源公司应缴纳的其他税款	印花税	2021 年	《中华人民共和国印花税法》	税务局
	城市维护建设税	2020 年	《中华人民共和国城市维护建设税法》	税务局
	教育费附加	2010 年	《国务院关于统一内外资企业和个人城市维护建设税和教育费附加制度的通知》	税务局
2. 社会贡献				
社会保障雇主贡献	无对应内容			
3. 其他收入				
(1) 财产收入				
分红	股息	2007 年	《关于试行国有资本经营预算的意见》	各级财政部门
来自国有企业				
来自政府参与（权益）	无对应内容			
从准公司收入中提款	无对应内容			
租金				

续表

EITI 收入模板类别	我国矿产资源收入类别	文件		征收和管理部门
		时间	相关文件	
许可税	矿业权出让收益金和矿业权占用费	2017 年	《矿产资源权益金制度改革方案》	矿产资源主管部门
奖金	无对应内容			
生产权利金（实物或现金支付）				
直接支付/支付给政府	无对应内容			
支付/支付给国有企业	无对应内容			
向政府强制性转移（基础设施和其他）	无对应内容			
其他租金支付	水资源费	2006 年	《取水许可和水资源费征收管理条例》	取水审批机关
		2017 年	《国务院关于修改和废止部分行政法规的决定》（修订）	
（2）商品和服务销售				
政府单位商品和服务的销售	土地复垦费	2012 年	《土地复垦条例实施办法》	国土资源主管部门
	水土保持补偿费	2014 年	《水土保持补偿费征收使用管理办法》	水行政主管部门
	森林植被恢复费	2003 年	《森林植被恢复费征收使用管理暂行办法》	林业主管部门
政府服务行政费用	行政费用			行政机构
（3）罚款、罚金和没收	罚款、罚金和没收			
（4）向政府的自愿转移（捐赠）	馈赠和自愿捐赠			

注：只能为第一列 EITI 收入模板类别中斜体项目输入数据。

二、资源开采地政府矿产资源收入统计数据的采集策略

当前，资源开采地政府矿产资源收益数据统计制度有待完善，为规范矿产资源收益统计秩序，加强管理，提供可靠的数据支撑，政府需积极尝试并利用各种途径和方法提高矿产资源收益分配效率。

第一，资源开采地政府应当明确矿产资源收益各级部门的权责定位，做好资源开采地政府税务部门、财政部门及统计部门之间的协调，便于数据收集和统计。根据 2016 年修正的《中华人民共和国税收征收管理法》规定，资源开采地政府应当依法加强对本行政区域内税收征收管理工作的领导或协调，各级税务部门应当建立、健全内部制约和监督管理制度。

第二，资源开采地政府数据收集相关部门应每年为资源开采地政府部门收集关于矿产资源收入的数据，要涵盖政府从矿产资源企业获得的大部分收入，侧重于直接来自生产矿产资源产品企业的收入。资源开采地政府相关部门首先可以根据税务登记确定具体矿产企业及该企业所属行业，做好相关开采产品的分类；其次根据税务部门对相关矿产企业征收的收入，深入了解各企业不同的合同安排和会计做法，并与相应企业的生产和利润数据进行比较来提高收入的准确性；最后运用模板将资源开采地政府矿产资源收入分类划分，并按照相应类别进行统计，以便更好地衡量资源开采地政府矿产资源的收益。

第三，为了避免有些机构不了解矿产资源企业相关经营的税费缴纳情况，资源开采地政府可以让熟悉财政业务的部门（财政部门或统计部门）负责编制模板，而让其他政府部门负责监督这些实体企业。

第四，资源开采地政府数据收集相关部门应做好矿产资源收益数据的核对工作，比较不同的数据来源以提高数据质量；加强对相关统计人员的培训，提升基层人员专业能力；加强资源开采地政府各级部门税收征收管理信息系统的现代化建设，以便统计人员采用现代化手法对数据进行整理，使其更加清晰具体。

第五，矿产资源富集地区政府可以选择一个合适的县级区域进行试点，通过运用统计模板实施采集策略，发现存在的不足之处，并在试点基础上解决面临的重点问题，同时结合当地实际情况，制定相适应的资源开采地政府矿产资源收益统计制度。

第六章　资源开采地政府矿产资源收益透明度制度设计

第一节　我国矿产资源透明度制度的实践

一、资源开采地政府财政透明度实践

我国现阶段并没有有效的政策法规要求单独对采掘业领域的信息进行公开，大多是笼统地公开财政信息，因而使公众较难深入了解到采掘业领域的相关信息。

在早期的计划经济时期，我国实行免费使用的矿产资源的模式，信息仅限于向政府内部公开，并没有面向社会公布，因此，相应的开采地政府资源收益透明度制度并不存在。自 21 世纪开始，我国逐步探索建立财政透明度制度。目前，我国主要通过法律规范政府信息公开的行为，对财政信息公开程序进行规范的法律法规主要有《中华人民共和国宪法》（以下简称《宪法》）、《中华人民共和国政府信息公开条例》（以下简称《政府信息公开条例》）、《中华人民共和国预算法》（以下简称《预算法》）等。1999 年，财政部依据国务院指示启动了部门预算编制改革，要求各部门统一实行新的预算编制方法，编制独立完整的部门预算，这大大加快了政府信息公开的程度。2008 年，我国颁布了《政府信息公开条例》，对信息公开的主体和

范围作出了法律规定，财政部和自然资源部结合实际工作，分别印发了《财政部政府信息公开实施办法》和《自然资源部政府信息公开工作规范》，依法对采掘业的财政信息和矿业开采信息进行公开。2014 年，修订的新《预算法》明确要求公开全口径的财政信息，我国财政信息公开进入一个新的时期。

我国采掘业信息公开程度的简况如下。

（一）生产和勘探

《中华人民共和国矿产资源法》（以下简称《矿产资源法》）明确规定了矿产资源属于国家，国务院代为行使所有权，地质矿产部门负责审批并颁发登记许可证，且由该部门主管全国矿产资源开采和勘探的监督管理工作。关于勘探和开采以及持有勘查许可证、采矿许可证的矿业权人的信息记录于由自然资源部主办的全国矿业权人勘查开采信息公示系统，该网站可以浏览、查询并打印完整的资源勘查开采年度信息，以标准化、规范化、科学化的形式实现对探矿权年度信息的公开。

（二）收入和支付

2019 年修订的《政府信息公开条例》明确要求政府公开部分信息。为了提高政府工作的透明度，财政部需要主动公开国有企业的重大支付款项、采掘业相关国有企业的经济和社会发展规划、专项规划、区域规划及相关政策、财政预算、决算信息以及行政事业和重大建设项目如基础设施建设及其依据、标准。随着互联网的发展，财政部依法建立健全采掘业信息公开的机制，将需要主动公开的信息通过政府公报如财政年鉴、财政部门户网站或者其他互联网平台上的政府工作媒体、新闻发布会、信息公告栏、广播以及电视报刊等途径发布。同时，各级人民政府在图书馆、国家档案馆等公共场所设立政府信息检索系统，方便公民查阅、检索和下载政府相关的采掘业收支等采掘业信息。

（三）收入分配

虽然《矿产资源法》明确规定了矿产资源属于国家，但并不能直接对其进行管理，因此，开采地政府负责矿产资源的开采和后续工作。法律明确规定了收入如何在中央与地方之间进行分配。矿产资源收益由中央和地方政府按比例分配，地方政府享有部分矿产资源税收益。《国务院关于明确中央与地方所得税收入分享比例的通知》规定，中央政府获得所得税收入的60%，地方政府获得剩余的40%。《国务院关于印发矿产资源权益金制度改革方案的通知》规定，中央政府获得出让矿业权收入的40%，其余60%由地方政府获得；矿业权占用费中央与地方分享比例确定为2∶8。《全面推开营改增试点后调整中央与地方增值税收入划分过渡方案》规定，增值税收益由中央与地方5∶5分成。公众能够通过电视台、报纸刊物、新闻发布会、公告、统计年鉴、财政年鉴等方式了解计算分成结果，确保了公众的知情权。

（四）社会和经济支出

当开采地政府对矿产资源的开采进一步加剧时，极大可能会对社会环境产生深远影响，影响社会经济的发展，环境会计的披露作为遏制严峻环境形势的有效手段就显得尤为重要。

2021年6月，《公开发行证券的公司信息披露内容与格式准则第2号——年度报告的内容与格式》完成修订，第四十一条规定由环境保护部门公布的重点排污企业必须披露排污信息、防治污染设施的建设和运行情况、建设项目环境影响评价及其他环境保护行政许可情况、突发环境事件应急预案、环境自行监测方案、报告期内因环境问题受到行政处罚的情况等主要环境信息；同时，第四十二条规定鼓励其他企业主动披露积极履行社会责任的工作情况。2021年12月，生态环境部为深化环境信息依法披露制度改革，制定了《企业环境信息依法披露格式准则》，规范了企业年度环境信息依法披露报告和临时环境信息依法披露报告的编制内容和格式。因此，公众能够通过生态环境局网站、企业网站、电视台等方式了解披露结果，了解采掘业项目对社会和环境的影响。

二、资源开采地政府收益透明度存在的问题

我国自21世纪初开始探索透明度制度，经过资源开采地政府和国有企

业近 20 年的不断努力，资源开采地政府收益透明度制度建设已经取得了明显的成效。我国现行的财政透明度制度与国外通行的旨在提高采掘业透明度的 EITI 计划有部分相似之处，例如，《矿产资源法》规定了矿产资源勘探和开采的流程，《政府信息公开条例》规定了信息公开的主体与范围，但在具体的制度设计上与国际上存在着一定的差距。

我国现行资源开采地政府收益透明度制度不够完善，没有考虑到矿产资源开采活动对于经济社会发展的特殊性，对采掘业信息公开仅涵盖于财政范围内，这在一定程度上限制了透明度很好地发挥其作用。现行透明度制度公开内容和公开载体均不完善，仍有待提高。

（一）法治建设不全面

完善立法是提高我国资源开采地政府矿产资源收益透明度制度的必然要求，政府应当依据法律法规对采掘业信息公开行为作出规范。《政府信息公开条例》明确通过法律对预算行为作出规定，政府开始重视财务信息的公开，这一法律极大地推进了我国资源开采地政府财政透明度的发展。但《政府信息公开条例》内容简单，且属于行政法规，约束力较弱；2014 年修订的《预算法》进行信息公开的范围也仅局限于预算体系，公开内容较少、范围较小。此外，以上均被要求服从《中华人民共和国保守国家秘密法》（以下简称《保密法》）的相关规定，需要在《保密法》允许范围内开展相关活动，但《保密法》未对不允许公开的财政信息有明确规定，阻碍了政府的信息公开活动。各项法律间关系不明晰，是造成我国现阶段资源开采地政府资源收益透明度水平较低的原因。

我国资源开采地对财政信息审议的监督机构同样薄弱。全国和各级人民代表大会会期不超过 15 天，在这期间需要完成财务报告和预算草案的审批，来自不同领域的人大代表很难在时间紧凑的情况下对采掘业相关信息进行审议，专业程度大大降低。这导致财务报告和预算草案的审议局限于形式，最终预算审议的有效性降低。采矿公司执行预算时，少有立法机构进行监督，最终导致资源开采地政府资源透明度制度不够完善。

（二）公开途径信息化建设不完善

随着信息时代的到来，政府公开信息的主要方式是报纸、网站、电视广播等便于公众知晓的途径。《采掘业透明度行动计划》要求政府以大众可接触、全面、易懂的方式，定期性向大众公布相关采掘业信息。

《政府信息公开条例》第二十三条规定，行政机关应当将主动公开的政府信息，通过政府公报、政府网站或者其他互联网政务媒体、新闻发布会以及报刊、广播、电视等方式公开。进入互联网时代以来，我国披露采掘业信息的方式大大增加，我国资源开采地政府通过财政部门户网站或者其他互联网平台上的政府工作账户主动披露财务信息，并发布财政年鉴，开通政务微信号同公众互动，同时，设立矿业权人勘查开采信息公示系统等门户网站来披露完整的勘查开采年度信息。各级人民政府在图书馆、国家档案馆等场所设立信息检索系统以查阅政府相关公务信息。

然而我国政务信息公开从传统方式向数字化转型的过程中仍存在不足，公众参与信息披露的热情较低、能力不足，导致政府公开信息的效率较低，进而导致透明度降低。例如，我国资源开采地政府利用财政部门户网站进行采掘业财政信息公开，该网站各行各业的信息内容相互堆叠，分类混杂，信息栏目众多，不同专栏内容之间存在许多重复的内容。"财政数据"等众多栏目内容冗长、分类复杂，采掘业财政信息同其他行业财政信息并没有进行区分，仅按照年份对信息进行简单排列，而查询信息的栏目又与网站的下载中心页面分离，造成了各类信息混淆，导致公众查询信息不易。虽然我国公民参与信息披露的意识逐渐提高，但进行信息披露的程序尚不足以满足公众的要求，需要提高公众参与程度。

（三）信息披露不全面

资源开采地政府对信息披露的数量和质量进行完善是提高透明度的关键，然而我国政府当前仅使用预算会计对财政收支进行披露。《2017 中国财政透明度评估报告：省级财政信息公开状况评估》表明，我国的预算公开方面评分较高，而政府资产负债信息公开情况和财政专户管理资金透明度评分较低，这是由于各部门并没有向公众披露资产负债表，这表明我国政府在采掘业财政信息的披露方面仍然处于起步阶段。

此外，清华大学公共管理学院公共经济、金融与治理研究中心为了评估地方政府的财政透明度水平，每年定期推出《中国市级政府财政透明度研究报告》。《2021 年中国市级政府财政透明度研究报告》对 290 个地级市政府和 4 个直辖市政府的财政透明度状况进行了研究，结果显示，不同市级政府的财政透明度评分差距较大，而资源富集地区的市政府评分普遍居于平均水平以下，表明资源开采地政府矿产资源收益透明度水平较低。2014 年修改的《预算法》颁布标志着我国信息公开建设步入了新的台阶，要求政府公开转移支付、政府债务、政府机构经营费用等信息，并要求政府实行全口径预算管理，将政府的全部收入和支出归类于 "四本预算"，分别为一般公共预算、政府性基金预算、国有资本经营预算、社会保险基金预算。然而，2014 年修改的《预算法》过于注重政府部门的预算信息，并未关注市场主体、社会主体需要的信息，例如，财政部门在编写财政信息公开报告时缺乏财政数据明细的支撑，数据的真实性有待考察。此外，报告使用了大量专业术语，部分公众看不懂，导致公众参与信息披露的程度有所下降。另外，全国多数地级市政务网站没有专门设立 PPP 项目专栏，公开力度较弱。因此，我国的信息公开内容和体系并不完善。

（四）对环境保护和生态恢复的考虑尚不充分

对矿产资源勘探和开采会对生态环境造成不可逆转的危害，因此，国外透明度实践重视对环境会计的披露。我国虽然已经颁布了《中华人民共和国环境保护法》《企业环境信息依法披露格式准则》等法律法规，但还不够健全。《企业环境信息依法披露格式准则》仅要求由环境保护部门公布的环境污染严重的企业披露一些环境信息，但并非所有采掘业公司均处于环境保护部门要求披露环境信息的名单中，剩余采掘企业则自愿进行披露，自觉性较差，需要进一步强化、优化环境会计的披露内容。此外，我国目前审计的对象主要是企业的财务报表，企业的环境会计信息披露总体上缺乏鉴证和审核，导致企业在公开环境会计信息时可能存在掩盖真实环境会计信息、欺骗利益相关者、"搭便车" 等现象，致使公众不能辨别环境会计信息的真假，因此，需要进一步完善和优化环境会计的披露。

综上所述，现行我国资源开采地政府资源收益透明度存在信息公开途径建设不完全、信息披露内容不完善、法治建设不规范以及对环境保护和生态恢复的考虑不充分等不足。

第二节 资源富集国家透明度框架：国际经验

政府向采掘业公司征税等信息缺少公开披露及后续问责，产生了寻租腐败行为和"资源诅咒"现象，为了提高透明度，国际社会付出了巨大的努力。资源开采地政府矿产资源收益透明度制度经历了长时间的演化和发展，形成了一套成熟的制度体系。以 2008 年爆发的金融危机为分界线，国际财政透明度的改革经历了两个时期。从 20 世纪 90 年代中期至 2007 年，财政透明度更加侧重于对信息的供应方（政府）进行行为规范，其规制的范围也集中于中央政府。2008 年，金融危机爆发，早期的财政透明度显示出根本性弱点。国际社会由此不仅重视对政府披露信息的行为制定标准，而且开始对信息的需求方（立法机构和公民）作出行为规范，提高了公众参与程度，并逐步重视预算透明度和问责制，且逐步开始涵盖地方政府的财政范畴。

具体来说，国际货币基金组织于 2001 年发布了修订版本的《政府财政统计手册》，规定政府所编制的财务报告需要使用权责发生制。同年，经济合作组织（OECD）通过《预算透明度最佳实践》，强调预算透明度的重要性。次年，国际会计师联合会（IFAC）发布的《国际公共部门会计准则》规定，中央和地方政府公共部门需要使用核心会计准则。2006 年，国际预算合作组织（IBP）通过开放预算调查强调立法监督与公众参与对于提高透明度的重要性。经济合作组织于 2015 年发布《预算治理原则》，强调关于预算、执行、审计、绩效、风险、透明度、公众参与等的十条原则。

2002 年，出于进一步健全采掘业透明度与问责制的目的，英国前首相布莱尔提出《采掘业透明度行动计划》，倡议资源富集以及主要收入依赖于煤炭、石油、天然气等矿产资源的国家更大限度地提高采掘业透明度，向利益相关者公布采掘行业相关信息，并加强之后的责任追究制。截至 2020 年底，全球共有 54 个国家包括加拿大、澳大利亚、英国等资源富集的发达国家确认试点《采掘业透明度行动计划》，该计划已然成为一个全球采掘业信息公开披露的标准。同时，以上各组织的规范性透明度文件后续也会得到更新和修订。

目前，多数国家普遍采用国际组织规定的国际信息披露标准（如《采掘业透明度行动计划》等）同国家层面的法律相结合的方式提高透明度。2013 年，欧盟通过《会计和透明度指令》，强制要求欧盟的油气和矿业、林业公司进行信息披露。美国于 2015 年通过了《多德—弗兰克华尔街改革与消费者保护法案》，要求在证券交易委员会注册的，参与石油、天然气和矿产资源商业开发的采掘类公司披露向美国和外国政府支付资金的信息。加拿大联邦政府于 2015 年正式公布了一份新起草的《采掘业透明措施法案》，强制要求采掘类企业披露支付给本国及外国各级政府（包括原住民团体）的费用，再由政府向公众公开这些信息。

通过梳理各国的法律以及国际组织规定的国际信息披露标准等经验，主要可归结为五个方面披露采掘业信息，分别是国家管理采掘部门的方式（主要通过法律形式进行披露）、有关生产和勘探相关的信息、采掘业的公司支付和政府收入、与收入分配有关的信息，以及开采带来的社会、经济和环境影响情况。

一、法律和制度框架

政府需要确保公众能够了解如何授予团体或公司勘探及生产的权利、采掘业使用的合同规格和框架、国家机构的责任管理部门等信息。《采掘业透明度行动计划》要求一国政府公开采掘业相关的法律法规和财政制度，政府授予公司或个人勘探和开采矿产资源的任何合同、租赁、所有权、许可证或特许权，采矿公司间发生的所有采矿合同和许可证之间授予和转让的信息，采掘业公司的实益所有人和实益所有权，国有企业与国家之间的资金转移、留存收益、再投资和第三方融资的规则惯例，以及在本国运营的任何采掘公司中的所有权份额等。《国际货币基金组织财政透明度准则》规定了一个国家的法律框架，明确界定了自然资源开发各个阶段的权利、义务和责任，政府需要公开资源权利的配置程序、资源权利的公司控股情况，此外，财政制度的透明度应扩大到税收立法和具体财政条款的项目。政府应公布或披露具体开采矿产资源项目的合同、许可证和协议。

二、勘探和生产

为了确保公众了解采掘行业发展的潜力，国家需要披露与生产和勘探相关的信息。《采掘业透明度行动计划》要求一国政府公开任何重要的勘探活动的采掘信息、该次勘探活动中矿产资源的产量和价值以及矿产资源的出口数量和价值。《国际货币基金组织财政透明度准则》并未要求政府公开勘探和生产信息。

三、收入

国家全面披露采掘业的公司支付和政府收入，可以为公众提供相关采掘业治理的信息。

《采掘业透明度行动计划》要求一国政府全面并定期披露税收及经审计的财务报表，国家政府（或国家指定的代表其销售的第三方）销售矿产资源的数量和销售收入，从石油、天然气和矿产的运输中所获的收益，为换取石油、天然气或采矿勘探的商品协议而为他国提供的基础设施供应的信息，国有企业的重大支付款项和国有公司与其他政府机构间的财政转移，以及国有公司向地方政府支付的款项及这些款项的接收情况。

《国际货币基金组织财政透明度准则》要求一国政府提供的财务报告应定期报告并全面、可靠地反映政府财务状况和业绩，财务报告应包括公共资产、负债和净值的资产负债表，涵盖所有公共收入、支出和融资、资源企业向政府支付的款项。

四、收入分配

为了使公众能够了解采掘收益在中央和地方财政的用途，国家需要跟踪企业的社会支出并披露与收入分配有关的信息。

《采掘业透明度行动计划》要求一国政府区分每项采掘业收入是否列入国家预算，披露资源收益在国家与地方的收入分配公式和实际执行情况、资源收益的流向（如特定方案、地理区域等），以及国家预算和审计程序。

《国际货币基金组织财政透明度准则》要求政府提供其预算目标和政策意图的明确声明，政府多年投资项目的财务情况，预算编制和批准的时间表、预算文件的关键内容，后续预算的追加资金和预算调整，中央和地方政府的收入、预算外资金的收入，同时，政府应定期披露和管理税收支出的收入损失及审计程序。

五、社会和经济支出

国家需要进一步披露开采矿产资源带来的社会、经济和环境影响，这可以使公众评估开采资源带来的社会、经济和环境影响。

《采掘业透明度行动计划》要求一国政府必须公开公司履行的法定义务、按合同要求作出的社会贡献和国有企业的准财政支出，公司的重大社会支出或与环境有关的重大款项，与采掘业相关的环境管理和监测的法律规定及行政规则，并公开企业开采资源前进行的环境影响评估，开采资源后进行的定期环境监测程序、环境修复和补救方案。

《国际货币基金组织财政透明度准则》要求政府公开披露企业采掘项目的业务、社会和环境方面的情况，以及开采活动在生产地区产生的巨大社会和环境成本。政府和公司就上述披露的信息数据的存取、发布达成明确的公开数据政策，必须确保政府和公司披露的信息是可理解的、可公开获取的。同时，政府需要就如何有效利用资源收益组织公众展开讨论，确保上述信息的披露有助于更广泛的公众辩论，从而实现透明度水平的提高。

第三节　资源开采地政府透明度制度设计方案

一、明确采掘行业信息公开与披露的内容和范围

为提高我国采掘业透明度水平，资源开采地政府必须扩大信息披露的内容和范围，除已公开的财政信息外，还应涵盖《采掘业透明度行动计

划》要求的政府需要公开的采掘业相关信息，包括各级政府部门的预算决算报告、是否存在基础设施供应同矿产资源间的交易、运输收入、国有企业的重大支付款项、地方政府的支付情况、地方性的临时转移、采掘业公司的社会和环境支出、国有企业准财政支出以及采矿生产和出口数据等。与此同时，衡量资源开采地政府财政透明度的核心指标是资源开采地政府对预算与预算执行状况的公开情况，包括对公共财政、政府性基金、国有资本经营以及社保基金的公开，即"四本账"的公开情况。除"四本账"需要公开以外，资源开采地政府的债务、PPP项目、产业投资基金同样需要公开。因此，为了提高资源开采地政府的矿产资源透明度水平，资源开采地政府需要公开用于发展采掘业的"四本账"资金使用情况，给出较为完善的上一年度预算执行以及本年度预算报告，并公开基本细则，对财务报告内容进行细化，使公众了解到详尽的信息。同时资源开采地政府需要公开地方政府债务、产业投资基金和政府与社会资本合作等其他重要的采掘业财政信息。对于地方政府债务的公开，资源开采地政府不仅需要公开用于采掘业的地方政府专项债券的规模，而且需要披露债券的种类、利率、期限、用途等具体内容。同时产业投资基金相关的财政资金使用情况以及项目用途也需要公开。而对于政府投资的重大款项或者政府与社会资本合作项目，不仅要公开这一项目，而且应进一步公开资产负债这一财政信息，避免因资金重大而导致权力寻租和腐败等"灰色地带"。

二、制定和完善信息公开相关的法律法规

现阶段我国制定的信息公开法律法规较少，且没有明确制定披露采掘业信息的法律法规，为了提高资源开采地政府资源收益透明度制度，我国需要制定完善的法律法规，强有力的对政府行为进行有效约束。

为了改善法律关系不明晰的问题，我国需要建立清晰有效的法律框架。要通过法律法规明确规定采掘业需要进行信息公开的范围和内容，对采掘业财务报告的格式进行统一标准和规定，确保公开信息的可获得性。对《预算法》《政府信息公开条例》《保密法》相关规定进行补充，明确可能

同国家安全造成冲突的采掘业信息的范围和内容。法律法规需要规范公民申请进行信息公开的行为，确保公民知情权。同时，提高法律法规的约束力，充分发挥法律的强制性和约束性原则；存在违法违纪时，除行政处罚外，还应当给予适当的刑事处罚，做到有法必依。

在财务报告和预算工作审议方面，应当在人民代表大会召开至少两个月之前，提前将上一财年的财务报告和预算提案交给立法机构进行审议，确保人大有充足的审议时间。立法机构应当监督并审查采掘业国有公司执行的预算决议。此外，资源开采地审计机关应当进行适当和独立的审计。

三、提高公众在信息披露方面的参与程度

进入互联网时代以来，我国披露采掘业信息的方式大大增多，资源开采地政府采取多种渠道进行信息披露。然而，我国政务信息公开从传统方式向数字化转型的过程中仍存在缺陷，公众参与信息披露的热情较低，参与能力不足，导致政府公开信息的监管效率较低，进而削弱透明度。

我国资源开采地政府部门需要大力推进我国资源开采地矿产资源收益透明度制度的改革。为了进一步促进公众参与、加强对信息披露的监督，资源开采地财政部门和自然资源部门应建立公众参与的财政报告编制机制和预算监督执行机制；立法机构应当允许公众参与关于财政的听证会；资源开采地审计机关应当实行允许公众参与的审计机制。在技术层面，资源开采地政府需要建立单独披露采掘业相关信息的公开门户网站服务公众，同时改进现阶段的财政信息公开门户网站，对各类信息公开项目进行分门别类的整理，划分不同行业和不同栏目（如通知公告等体裁、财政数据、财经论坛、财务报告和财政文告等栏目），保证数据可下载，确保公众在主页面可以直接进入采掘行业的信息公开项目，并在信息公开页面下获得充分完整的采掘业财政信息。财务报告可遵循《国际货币基金组织财政透明度准则》制定的统一的格式与标准，实行季度报告并公布年度审计报告和财务报表。除此之外，政府需要更加注重互联网在信息披露层面所起的作

用，引入监控平台，使公众得以在信息公开网站或其他官方程序上查看所有细节并进行监督。在此基础上，如果公众存在疑虑，可以在互联网政务公开平台直接评论并发表自己的意见，或者拨打政府热线电话提出疑问，确保公众参与政府的信息披露程序，并利用大数据来提高我国资源开采地矿产资源收益透明度。

四、积极研讨环境会计披露问题

我国部分地区在开采资源过程中出现了地面坍塌、山体滑坡和泥石流等自然地质灾害，对生态环境造成了严重破坏。依据经济学原理，企业开采矿产资源所造成的负外部性成本应当并入完全成本中，损失由企业承担，以此对环境进行补救行为。

生态环境修复是环境污染的主要补救方式之一，为了缓解开采资源造成的环境问题，资源开采地政府可以对造成这类问题严重的企业收取一定的"环境修复基金"，这些款项专用于进行环境修复。同时，建议我国完善相关法律法规，对企业进行环境会计披露提出强制性要求，而不是仅要求高排污企业披露环境信息，并设置相应部门对企业环境信息披露报告进行监督；审计部门也要重视对环境信息的审查，设立专门的环境会计审计科室，培养环境审计人才，定期审计采掘业公司的环境会计报告并将结果公之于众。

这些政策有助于加强企业社会责任，促进采掘业持续健康发展，并进一步完善资源开采地矿产资源收益透明度制度。

五、长期不断优化并改进我国开采地矿产资源的透明度制度

自我国开始探索开采地矿产资源的透明度制度以来，其内容体系是一直不断变化发展的。虽然国际经验为设计采掘业透明度制度提供了一定的借鉴，我国市场经济也有财政透明度制度的实践，但单独的采掘业透明度制度仍然是未知领域。因此，建设资源开采地矿产资源收益透明度制度的

过程一定是长期且困难的。建设资源开采地矿产资源收益透明度制度需要有整体设计与战略思维，并审慎把握时机，逐步推进，动态优化。必要时政府可在某些省市试点设计好的资源开采地矿产资源收益透明度制度，权衡试点造成的风险与未进行改革积累的矛盾，从而积极并稳步地推进这一制度建设及创新，促进采掘业的健康发展。

第七章　资源开采地政府资源
收益配置案例分析

第一节　煤炭富集省份长期财政
可持续——以A省为例

一、A省财政状况概述①

A省作为煤炭资源富集型地区，地方政府资源收益颇丰。目前，A省正处于产业转型攻坚期，但是A省政府存在的财政支出同煤炭价格同方向变动的行为，不利于地方可持续发展。利用一定的财政规则进行资源收益配置有利于实现财政可持续，助力新兴战略产业集群的发展，提升A省综合竞争力，对经济可持续发展与产业转型具有重要指导意义。首先，A省是我国传统的产煤大省，对煤炭行业依赖度较高。2021年A省煤炭行业总产值占GDP的15%，煤炭产量占中国煤炭产品总产量的29%，2019年资源税收入占A省一般财政预算收入的16.31%。其次，A省目前处于关键转型攻坚期，A省政府开始尝试能源供给革命、引退过剩产能、培育新兴优势技术产业，产业转型升级收效逐渐显现。2021年前三季度，随着原煤需求旺盛，价格稳步上涨，A省煤炭工业增长11.3%，但是非煤工业增长更快，实现17.3%的年增长率。其中，装备制造业增长31.9%，高技术制造业增长

---

① 本节数据来源于1999~2022年《A省统计年鉴》。

44.1%，产业转型获得初步成效。最后，资源收益受资源价格波动的影响，A省政府存在顺周期支出行为，例如，2017年煤炭价格上涨40%，而2018年A省政府一般预算支出随之增加10%。

（一）A省对煤炭行业的依赖度

1995～2020年，A省煤炭产量基本保持稳步上升。如图7.1所示，根据A省统计年鉴的原煤年度产量数据可知，1995～1999年，原煤产量呈下降趋势，而在未来的近20年中基本保持原煤产量的高速增长。2015年，由于去产能政策导致原煤产量大幅下降，而在整改过程中大幅增加了开采效率，从而实现了之后4年5%以上的产量增长速度。2020年，在新冠肺炎疫情的影响下，煤炭需求旺盛，为了保证国内经济发展，A省加大了生产步伐，原煤产量增加超过9%。A省稳定增长的煤炭产出为我国经济增长和能源需求提供了重要的支持。

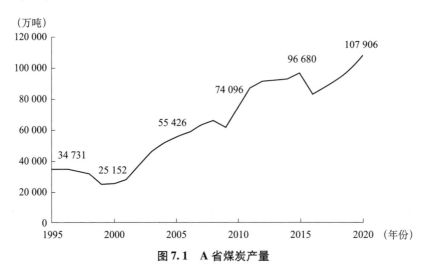

图7.1　A省煤炭产量

A省经济增长基本可以保持在全国平均水平。如图7.2所示，1995～2020年，A省经济增长速度具有逐渐放缓的趋势，与国内平均GDP增长相近。在25年中，A省有11年GDP增长速度低于国内经济增速，而大部分时间可以跑赢全国平均水平，这与煤炭行业和传统工业的表现有很强的关联性。在2015年去产能政策和商品价格下跌的双重压力下，A省GDP增速直线下降，经济下滑严重。同时，随着全国经济下行压力增加，A省经济也难以再次实现高速增长。而带动 A 省经济发展的仍然是第二产业，其中以采掘业和重工业为主。

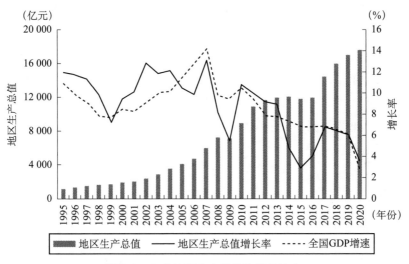

图7.2　A 省地区生产总值和增长速度

第二产业发展在 A 省经济中占据重要地位，煤炭产业经济增加值占比较高。在 GDP 组成结构上，重工业和采矿业仍然是经济发展支柱产业。如图 7.3 所示，1995～2020 年，第二产业占 GDP 的比重一直保持在 40% 以上，在 2011 年甚至达到 61.96%，2020 年有 43.48% 的地区生产总值来自第二产业。在 A 省地区生产总值的时间序列中，2002～2012 年，煤炭行业 10 年黄金期使得煤炭行业增加值占比快速上升，成为地区支柱产业，2011 年，煤炭开采和洗选行业的增加值占比达到峰值 33.84%，而在此之后占比快速下降，近年来趋于平缓。第二产业中，煤炭开采和洗选行业在 2006 年之前占第二产业增加值维持在 30% 以下，而在 2007～2014 年逐渐增长至 55%，2015 年后逐步下降。根据 A 省政府年度报告，在新冠肺炎疫情的影响下，2020 年第二产业同比增长 5.5%，煤炭工业增加值同比增长 8.4%，在工业部门中增长速度最快，为 A 省经济的增长速度提供了支撑。目前，A 省仍然主要以工业为支柱产业，煤炭工业仍然是核心产业，但是地位在逐渐下降。

部分研究认为，开采业的繁荣会导致地区生活成本上升，A 省煤炭行业的周期性变动也导致了食品类居民消费指数变动，但这一影响具有滞后性。如图 7.4 所示，在 2004 年之前，煤炭行业 GDP 的增长与食品类居民消费指

数的增长同向变动；而在 2005 年后，随着煤炭价格的不断上涨，煤炭行业
繁荣，推升了居民消费指数。当 2005 年煤炭工业增长率达到顶峰时，2008
年食品类居民消费指数达到 117.9；在 2009 年煤炭工业增长率的第二次高
峰后，2011 年食品类居民消费指数再次攀升达到 112。因此，煤炭行业的高
度繁荣对居民生活成本上升存在一定影响，尤其表现在食品消费成本上。
在煤炭行业繁荣过后的 2013～2016 年，行业衰退和食品类 CPI 下降同时发
生。2016 年，煤炭行业增加值大幅下降，食品类居民消费指数也下降到 98，
但是幅度远低于煤炭工业的下降幅度，在此后煤炭行业的短暂复苏也使得
指数大幅上升。

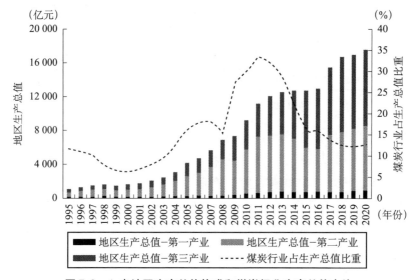

图 7.3　A 省地区生产总值构成和煤炭行业生产总值占比

（二）煤炭行业与 A 省财政状况

A 省财政收入对于中央转移支付的依赖程度呈波动上升趋势，自给水平
较为平稳。如图 7.5 所示，A 省财政收入近年来增长缓慢，而财政支出则稳
步上涨，财政自给率缓慢下降，但是仍然能够在 50% 左右徘徊。自 1995 年
以来，财政自给能力缓慢下降，财政自给率从 63.2% 下降到 2019 年的
49.84%，总体保持稳定。

根据前述分析可知，A 省地区生产总值与煤炭行业的经济效益密切相

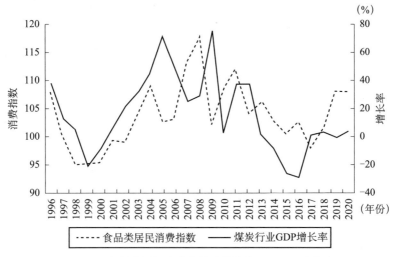

图7.4　食品类居民消费指数和煤炭行业 GDP 增长率

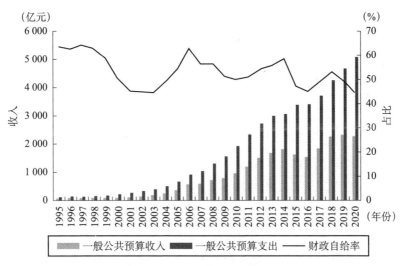

图7.5　A 省财政收支状况

关，此处根据财政收支和 GDP 的相关性分析发现，财政收支变动基本与
GDP 呈现正相关性。从图7.6 中可以看出，A 省地区生产总值与煤炭开采和
洗选业工业增加值基本上呈现同向变动的特征，A 省对于煤炭行业经济效益
的依赖度较强。一般公共预算收支的波动率高于 GDP 增长率，2002～2007
年，A 省一般公共预算收入加速上涨，GDP 增速下降，财政收入大幅提高。
A 省财政收支增长率与煤炭工业增加值增长率相关度很强；当煤炭行业繁荣

时，支出收入同时上升；在煤炭行业衰退时，财政收入增长率也随之下降。例如，2002～2005 年煤炭工业高速增长，2002 年财政收入和支出增长率分别为 13.6% 和 15.5%；2005 年煤炭工业增加值增长率为 70.9%，而财政收入和支出增长率分别为 43.7% 和 28.8%。1996～2020 年，煤炭工业经济增加值与省级一般公共预算收入和支出的相关系数分别为 67% 和 63%，煤炭工业经济表现与政府收支高度相关。由此，煤炭行业增加值的高波动性导致财政收支的不稳定性，表现为财政收支的"顺周期"特征。

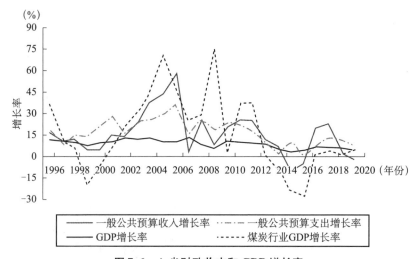

图7.6　A 省财政收支和 GDP 增长率

在收入和支出结构上，A 省一般公共预算收入中来自煤炭资源的收入占比较大，一般公共预算支出中科学技术支出占比较小，社会保障、就业和医疗卫生支出占比逐渐上升。表 7.1 展示了 A 省财政收入结构。根据公开数据分析得到，2007～2017 年来自煤炭开采和洗选行业的地税收入占地方税收收入的平均值为 25.71%，占一般公共预算收入的平均值为 18.05%，在 A 省财政收入中具有举足轻重的地位。通过估算得到的煤炭行业增值税收入占比波动较大，占增值税收入 10% 左右①。A 省资源税占比逐渐上升，占税收收入比重从 2007 年的 6.01% 上升到 2020 年的 22.06%，占一般公共预算收入比重从 4.33% 上升到 15.62%，成为 A 省第二大财政收入来源。在

___

① 由于来自具体行业的增值税额无法直接获得，使用当年企业应交增值税乘以地方分享比例得到。

非税收入中，专项收入占一般公共预算收入的比重下降，从 2007 年的 16.07% 下降到 2020 年的 6.81%；国有资源（资产）有偿使用收入占一般公共预算收入的比重从 2007 年的 0.88% 增长到 2020 年的 9.97%，成为第四大收入来源，仅次于企业所得税的 10.01%。表 7.2 展示了 A 省的财政支出结构。在支出结构上，一般公共服务支出占比从 2007 年的 20.01% 下降至 2020 年的 8.29%，近六年占比在 7%~9%；教育与科学技术支出有所下降，科学技术支出占比较低，2007~2020 年平均占比 1.32%；社会保障和就业支出占比呈现先下降后上升的变化特征，2012 年是近十年的低点，2012 年之后呈现缓慢上升趋势，在 2020 年上升成为 A 省第一大财政支出；债务付息和发行费用占呈现上升趋势，自 2015 年以来稳步上升，表明政府显性债务成本在逐渐增加。可见，A 省财政收入依赖于煤炭资源税收收入，其中以资源税为主，在非税收入上，依赖于国有资源（资产）有偿使用收入和专项收入；在一般公共预算支出上，近年来 A 省民生保障支出增长迅速，教育支出增长缓慢，科学支出占比低，增长率波动大，债务付息和发行成本占比提高，债务负担增加。

结合 IMF 提出的数据分析口径，A 省财政结余和非煤炭财政结余之差在煤炭繁荣时期扩大，资源 GDP 在煤炭繁荣阶段占比较高，且一定程度上带动了非资源 GDP 的增长。结合 IMF 的统计口径，使用地方政府财力和一般公共预算支出的差额来衡量总财政结余，其中地方政府财力等于地方一般公共预算收入加中央转移支付；非资源财政结余通过总财政结余减去煤炭行业税收总额表示，反映地区排除煤炭行业的财政状况。如图 7.7 所示，柱状图展示了 A 省非资源地区生产总值和地区生产总值的规模，折线图展示了财政结余占地区总产值的比率，财政结余率表示财政结合占非资源 GDP 的百分比。A 省非财政结余的下降速度要大于财政结余的下降速度，在 2003~2013 年尤为显著。这一期间 A 省迎来了煤炭行业的黄金十年，煤炭工业快速发展，对经济的贡献极大，财政收入的增长速度也极快。忽略煤炭行业的财政结余是逐渐恶化的，这反映出非资源部门增长乏力，而对煤炭行业的依赖程度较大。此外，煤炭收益对财政收入的贡献不仅表现在税收收入，还包含国有煤炭开采企业的利润分配和"两权"收入，真实的非资源财政结余会更低。根据前述的财政支出变动分析可以看出，在煤炭行

表 7.1　A 省财政收入结构

单位：%

一般公共预算收入结构		2007 年	2008 年	2009 年	2010 年	2011 年	2012 年	2013 年	2014 年	2015 年	2016 年	2017 年	2018 年	2019 年	2020 年
煤炭行业	占税收收入比重	26.26	24.40	29.46	29.43	29.16	30.37	26.62	18.88	20.92	18.47	28.86	-	-	-
	占一般公共预算收入比重	18.91	18.48	21.28	21.02	20.97	20.93	17.78	11.76	13.46	12.30	21.60	-	-	-
煤炭行业增值税（估算）	占税收收入比重	11.42	14.46	14.98	16.95	17.28	13.21	10.35	7.86	5.90	10.69	17.39	15.45	11.32	11.54
	占一般公共预算收入比重	8.22	10.95	10.81	12.11	12.43	9.10	6.91	4.90	3.80	7.12	13.02	11.09	8.60	8.17
资源税	占总税收收入比重	6.01	5.60	5.16	4.71	4.44	4.19	4.54	5.19	13.55	13.54	19.51	19.76	21.47	22.06
	占一般公共预算收入比重	4.33	4.24	3.73	3.37	3.19	2.89	3.04	3.23	8.72	9.01	14.61	14.18	16.31	15.62
专项收入	占税收收入比重	57.41	53.42	51.43	55.46	53.03	56.92	56.75	64.73	65.99	28.72	24.67	20.73	23.36	23.31
	占一般公共预算收入比重	16.07	12.96	14.29	15.84	14.88	17.69	18.83	24.40	23.54	9.60	6.21	5.85	5.61	6.81
国有资源（资产）有偿使用收入	占非税收入比重	3.15	4.17	2.88	3.74	5.63	4.36	5.69	4.98	9.11	38.73	37.61	51.54	40.28	34.16
	占一般公共预算收入比重	0.88	1.01	0.80	1.07	1.58	1.35	1.89	1.88	3.25	12.94	9.46	14.54	9.68	9.97

表 7.2　A 省财政支出结构

单位：%

一般公共预算支出结构		2007 年	2008 年	2009 年	2010 年	2011 年	2012 年	2013 年	2014 年	2015 年	2016 年	2017 年	2018 年	2019 年	2020 年
一般公共服务占比		20.01	16.99	15.88	11.17	10.64	9.95	9.38	7.71	7.17	7.77	8.36	8.46	8.31	8.29
教育和科学技术占比		18.76	19.21	18.93	18.05	18.99	21.43	19.95	18.20	18.71	18.71	17.86	16.97	16.01	15.64
其中	教育支出占比	17.26	17.87	17.81	17.01	17.84	20.22	17.90	16.44	17.61	17.70	16.52	15.59	14.78	14.35
	科学支出占比	1.50	1.34	1.13	1.04	1.15	1.21	2.05	1.76	1.09	1.01	1.34	1.38	1.23	1.29
	文化旅游体育与传播占比	2.55	2.07	1.79	1.62	2.04	2.18	2.20	2.07	2.13	2.12	1.91	2.17	2.38	2.20
	社会保障和就业占比	17.41	16.61	15.17	14.21	13.60	12.85	13.83	14.61	15.58	15.82	17.21	15.68	15.10	15.85
	医疗卫生支出占比	4.96	5.44	6.51	5.90	6.75	6.54	6.65	7.91	8.49	8.77	8.55	8.38	7.78	8.48
	资源勘探信息占比	-	-	-	1.87	1.90	1.73	1.96	1.61	1.59	1.77	1.94	2.09	1.85	1.90
债务付息和发行费用占比		-	-	0.08	0.15	0.13	0.15	0.17	0.30	0.50	0.90	1.14	1.30	1.45	1.56

业高速发展的 10 年中，A 省随着财政收入的增加相应地提升了财政支出，非资源行业取得了一定程度的增长，但是随着煤炭工业的衰落，A 省的 GDP 无法实现持续增长。近年来，A 省财政结余逐渐下降，债务水平不断增加，而对转移支付的依赖程度变化不大，可以归结于煤炭行业仍然是 A 省重要的经济支柱之一，煤炭收益在财政收入中占据重要地位。

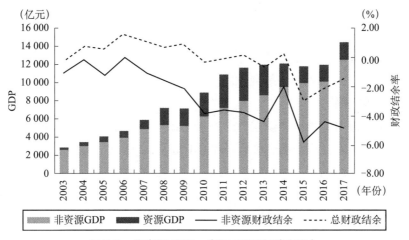

图 7.7　非资源 GDP、资源 GDP 和财政结余

二、长期财政可持续性框架

根据第四章介绍财政框架经验，本节通过持久性收入假说和"一鸟在手"理论为政府制定跨期预算约束，来实现长期财政可持续。主要流程如下：首先，需要合理预测长期经济发展和财政状况的变动路径，计算未来资源收益现金流。其次，通过持久性收入假说和"一鸟在手"策略计算财政结余（或赤字）的变动路径，并通过压力测试，比较不同财政策略下不同调整策略的财政状况，选择最合适的应对方式。最后，执行选择的财政策略。在确定合适的财政策略后，也可以通过改变基本经济预测和资源收益预测进行敏感性分析，比较不同经济预测下财政策略的执行结果，并以此制定其他替代方案以应对不同经济状况。

（一）参数假设

本书设定财政中期预测的时间为 10 年，超过 10 年的时间为稳定增长时期。中期预测数据需要逐年进行详细的估计，包括宏观经济预测、财政状况预测和政府财富预测；长期预测需要制定稳态经济增长参数，这些参数来源于现有文献和 A 省政府公布的发展规划，无法可靠获取的参数通过近 5 年指标的变动均值和波动率调整得到。

历史数据来源如下：A 省生产总值、GDP 指数、A 省人口总额、CPI 指数等数据来源于中经统计数据库；一般性收入（包括一般公共预算收入与中央转移支付）、一般性支出、资本性支出（预算内固定资产投资）、债务付息、A 省资源 GDP 数据来源于 A 省统计年鉴；A 省政府财政存款与 A 省政府债务余额（政府一般性债券与专项债券余额）数据来源于万得（WIND）数据库。

根据财政可持续框架设定以下三种参数：一是宏观经济参数，二是过渡路径参数，三是压力测试参数。预测时间从 2021 年开始（可以获得的最后历史数据年份的后一年开始），经济预测详细参数见表 7.3。

表 7.3 经济预测参数假设汇总

宏观经济参数		过渡路径参数	
GDP		过渡期间	5 年
2021～2025 年：实际 GDP 增长率	6%	短期经常性支出乘数	1.72
2025 年后：实际 GDP 增长率	5%	过渡路径资本支出乘数	
2030 年后：实际 GDP 增长率	3%	短期资本支出	1.72
人口		长期资本支出	2.71
人口增长率	1.6%	投资折旧率	10%
价格		压力测试参数	
通货膨胀率	3%	1. 流动资产	
利率		最小政府存款	1 亿元
实际利率	5%	可动用资源基金比率	10%
名义利率	8.2%	2. 支出调整对 GDP 的影响	
存款和负债水平		非资源 GDP 乘数	0.5
存款占 GDP 比率	2%	资源 GDP 乘数	0.85
最低负债占 GDP 比率	15%	3. 财政调整	
资源收入折价率		最大支出减少	2%
折价	25%	财政调整乘数	1.72

（1）宏观经济参数。宏观经济参数涉及地区生产总值增长率、人口增长率、GDP指数、利息率、政府存款和负债比率以及资源收益折价率。

在地区生产总值预测上，姚东旻、王东平和陈珏宇（2013）通过"十二五"规划预测GDP，认为2021～2025年年均增长6%，2026～2030年年均增长5%，2031～2035年均增长4%，2036～2040年均增长3%；刘伟和陈彦斌（2020）在基准增长和基准预测下得到2020～2025年增长6.11%，2026～2030增长5.43%，2031～2035增长4.28%；2021年《政府工作报告》明确提出，2022全年增长目标是5.5%左右；根据地区政府2035年目标纲要，A省份设定的2020～2025年地区生产总值增长大于8%。本书2021～2025年的地区生产总值增长速度选取全国年均增速5.5%，2026年后年均增速为5%。

在人口增长率预测上，李建新和刘瑞平（2020）对省级未来30年人口总和生育率进行了预测，本书选取中等方案预测人口增长代理变量，其中2030年之前生育增长率平均为1.5%，之后按1.6%计算。

在通货膨胀率预测上，彭方平等（2013）发现，当通货膨胀率小于约2.3%时，对投资进而对经济并未产生明显作用；当大于约5.0%时，会对投资进而对经济增长产生显著的负面影响，且通货膨胀率阈值为3.8%，本书选取通货膨胀率为3%。

（2）过渡路径参数。过渡路径需要设定过渡时间、支出调整比率以及政府支出乘数。

此处假设过渡路径持续时间为5年，允许的支出调整比率为每年基准预测的4%，资本性和经常性支出各变动2%。对于政府乘数而言，林桐和王文甫（2017）研究得到短期乘数为3.185，长期乘数为4.632；王燕武（2018）得到2003～2017年短期乘数为1.35，长期乘数为2.88；王志刚和朱慧（2021）估算出了2002～2017年全国的财政支出乘数在0.58～0.67。本书设定短期财政乘数为1.72，长期财政乘数为2.71，分别应用于短期政府投资和长期政府投资。

（3）压力测试参数。压力测试中需要设定资源价格变动、可使用的流动资产、支出乘数、资源GDP变动乘数和最大支出下降比率。本书假设政府最低存款额度为1亿元，在部分调整下面对价格下降允许减少的支出比率为2%，当年可动用资源基金的最大限额为10%。

（二）结果分析

1. 财富状况

目前 A 省财务状况总体上处于赤字状态，但地下未开采的煤炭财富储备丰裕。图 7.8（a）显示，A 省的政府债务赤字水平连年阶梯式上升，尤其是 2019 年大幅上涨。财政存款占比较少，2019 年前半年财政存款有所回升，在 2020 年在新冠疫情冲击下政府财政储蓄回落。从图 7.8（b）中可以看出，A 省地下未开采的煤炭资源相对于政府储蓄与债务而言仍然相当丰富，需要通过中长期财政预算管理框架进行整体规划来实现地区可持续发展。

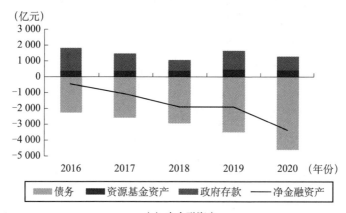

（a）净金融资产

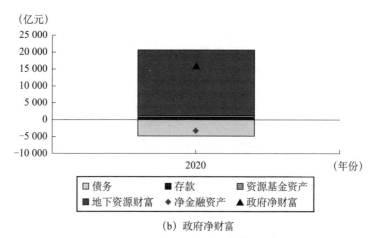

（b）政府净财富

图 7.8　地方政府财务状况及资源收益分析

2. 估计资源财富

图 7.9（a）展示了 A 省未来资源收益的预测数，假设 A 省的煤炭财政收入总体较为平缓，较长期内在 1000 亿～1500 亿元浮动变化，地下煤炭资源逐渐开采，转化为 A 省地方政府的资源收益，资源收益经历逐渐增加与最终耗竭的全过程。图 7.9（b）中资源收益占非资源 GDP 的百分比与地下未开采的资源占比都逐渐降低，资源收益逐渐下降是由于中长期非资源 GDP 逐渐上涨引起的，这体现了地区经济转型发展规划的成效。

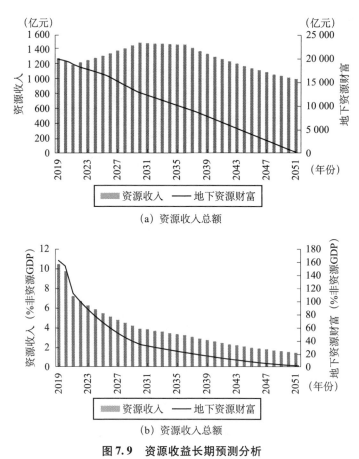

（a）资源收入总额

（b）资源收入总额

图 7.9 资源收益长期预测分析

3. 计算长期财政可持续锚

图 7.10 描述了财政结余状况和政府财富表现，从中可以得到如下结论。

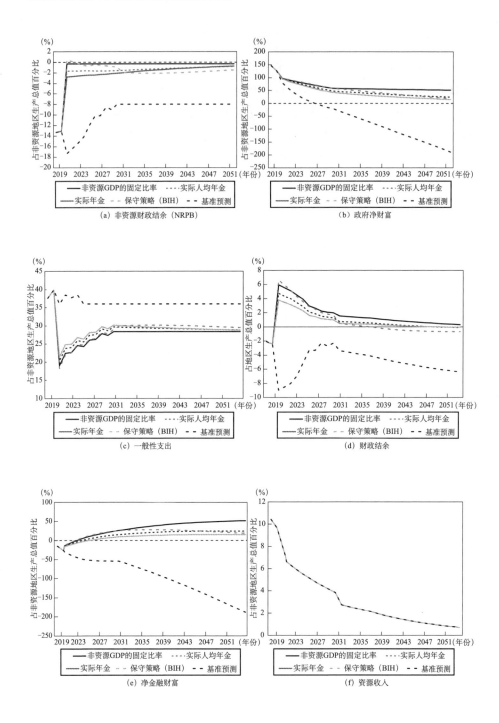

(a) 非资源财政结余（NRPB）

(b) 政府净财富

(c) 一般性支出

(d) 财政结余

(e) 净金融财富

(f) 资源收入

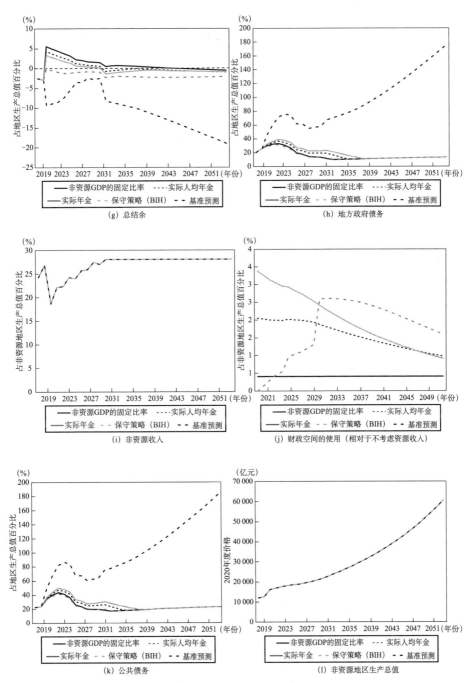

图 7.10　立即锚定政策

第一，基准预测下政府财富状况会持续恶化，在长期财政可持续锚下净财富总额在长期内表现稳定。当财政结余锚定在非资源 GDP 的固定比率时，相较于其他的锚定策略更能实现长期财政和经济的可持续发展，未来的福利水平实际上更高，通过储蓄资源财富、平滑长期支出实现代际均衡，具体表现为总净财富与总净金融财富在长期表现最优。第二，设定财政锚能够有效限制政府"花钱的手"，避免无序浪费资源。基准假设中财政支出长期处于高位，而在执行财政策略后支出更加平稳。四种策略下，执行锚定非资源 GDP 的固定比率策略下的支出占比最低，具体表现为一般支出先在 2021～2030 年缩减，随后维持在一定水平上。

在执行财政锚策略后，非资源财政结余长期维持在可接受范围内，在考虑资源收益后，呈现盈余状态，考虑利息收支后，总结余基本维持预算平衡状态。执行"一鸟在手"策略时，前期仅消费金融资产的利息收益，所以前期获得较高的非资源财政结余，但是资本投资不足；在执行锚定非资源 GDP 的固定比率策略时，可以最大程度地节约财政空间；执行锚定真实年金、真实人均年金时前期占用较多的财政空间，而执行"一鸟在手"策略时后期被迫占用大量财政空间。

综上所述，无论是从财政结余及财政空间的使用，还是从债务及支出水平来看，A 省地方政府锚定非资源财政结余为非资源 GDP 的固定比率时明显优于或不次于其他锚定方式下的财政及经济表现。

4. 过渡路径财政策略

传统的基于永续收入假说制定的财政策略更适合高资本存量的发达地区，而 A 省基础设施、人力资本、科技水平、医疗卫生和教育的发展空间较大，因而需要先行利用资源收益增加投资，并考虑财政乘数效应。模型基于锚定非资源 GDP 的固定比率的策略，研究如何在过渡期间增加投资、增强经济增长潜力。模拟结果如图 7.11 所示。

由图 7.11 可知，A 省 2021～2025 年获得的资源收益允许提前支出，储蓄 2025 年后获得的资源收益。在过渡期后，支出调整速度不宜过快，立刻缩减财政支出会冲击地方经济和社会稳定发展。经过过渡期扩大支出后，可以实现长期财政预算与政府总财富平衡。

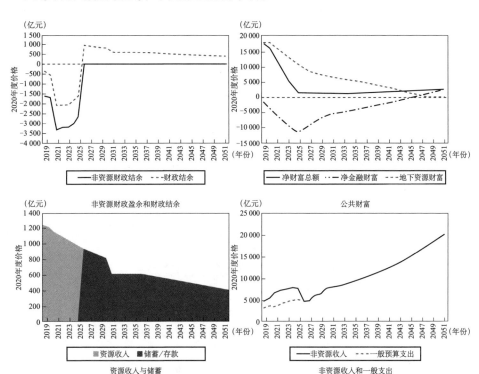

图7.11 财政过渡策略设计

图7.12比较了PIH和BIH在过渡路径后的财政和经济状况，可以看出，具有过渡期情景下的财政结余在长期明显优于立刻锚定的情景，非资源财政结余、财政结余、总盈余在两种情况下表现一致。相较于立刻锚定的情形，过渡路径后锚定策略的财政结余更充裕（考虑到预测的谨慎性，资源收益长期预测数据在基准预测的基础上乘以资源收入折价率，导致2031年财政结余减少）；此外，考虑乘数效应的情景可节约财政空间的使用，在长期中优于立刻锚定的情景。相比于图7.10的立即锚定情形，由于在过渡期增加一般预算支出，过渡后锚定情景的总财富略低于立刻锚定水平；政府债务略高于立刻锚定水平，但在2043年后逐渐趋同。在考虑财政乘数效应时，过渡后锚定的政府支出比率在长期内小于立刻锚定情形。

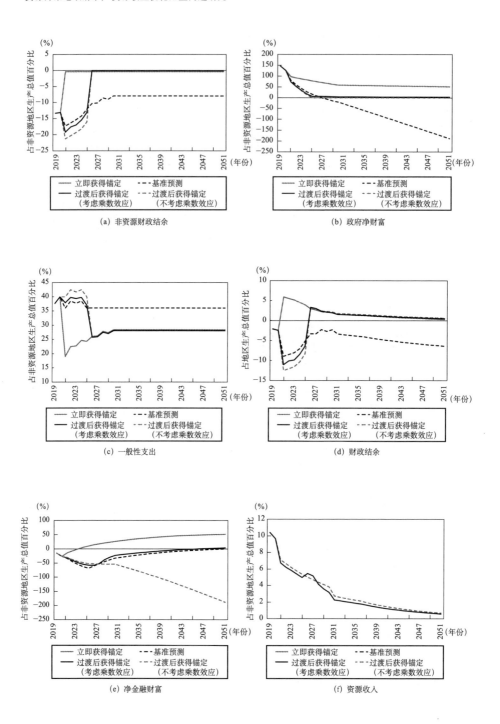

(a) 非资源财政结余

(b) 政府净财富

(c) 一般性支出

(d) 财政结余

(e) 净金融财富

(f) 资源收入

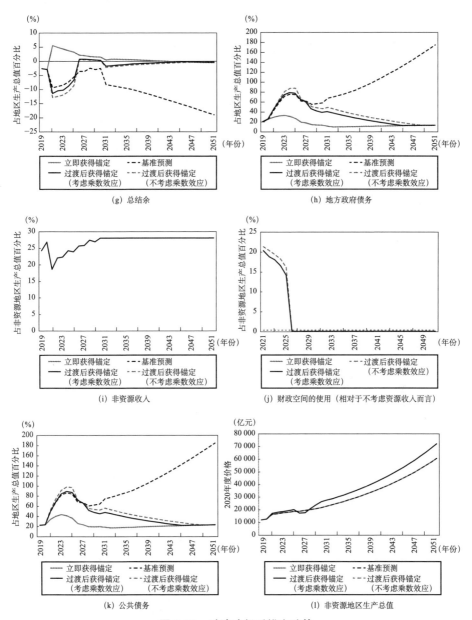

图 7.12　过渡路径后锚定政策

　　政策制定者可能更倾向于选择过渡路径后的锚定策略：有效的政府投资会对其他部门产生正向溢出效应，促当地经济发展；过渡后的财政和经济状况表现更优。

5. 压力测试

压力测试环节通过设定暂时与永久性价格冲击，分析比较在执行财政策略时不同价格变动下财政状况的表现差异，从而评判财政策略的稳定性。

图7.13（a）展示了两种不同冲击类型的价格变化路径：暂时性冲击下，2024年煤炭价格会短暂下降到900元/吨；永久性价格冲击下，2024年后煤炭价格保持700元/吨的价格。图7.13（b）展示了不同冲击类型下资源

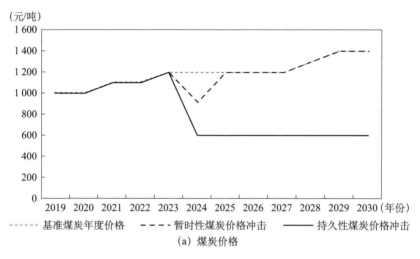

（a）煤炭价格

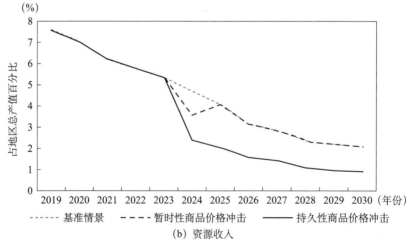

（b）资源收入

图7.13 假定煤炭价格冲击及其对资源收益的影响

收益水平占比的变化路径，由基准资源收益与价格冲击变动比率的乘积估算得到。暂时价格冲击下资源收益会暂时性的急剧下降，随后迅速反弹，而永久性价格冲击会使资源收益持久性地保持在较低水平。

资源价格下跌令资源收益出现缺口后，政府可以选择三种调整策略：一是不作调整策略，保持财政策略的支出水平，用流动性资产来弥补缺口，不足以弥补的部分用政府债务融资补足；二是完全调整策略，根据资源收益的减少相应地减少支出，不使用流动性资产和债务融资；三是部分调整策略，减少一部分支出，通过流动性资产弥补，不足部分用政府债务融资。

图 7.14 展示了暂时性冲击的压力测试结果，当面临暂时价格冲击时，采用不作调整的政策仍能维持原本财政锚下的可持续状况，流动性资产在三种支出调整情景下均维持充裕状态，足以弥补价格冲击造成的净金融资产缺口。在 2024 年发生价格冲击时，支出不作调整会降低非资源财政结余，完全调整下的非资源财政余相对较高，部分调整下的非资源财政结余介于两者之间，三者都会在次年恢复锚定状态，财政结余、总结余和净金融财富的表现与财政结余的表现相似。几种支出调整策略下地方政府债务与净债务水平相差无几，长期保持在 40% 负债率的水平，远低于 60% 的国际负债率警戒线，符合地方财政可持续目标。综上所述，地方财政面对暂时性冲击时不作调整足以吸收暂时冲击带来的影响，既不会给经济带来巨大的"阵痛"，还可维护财政政策的实施秩序。

图 7.15 展示了永久性冲击的压力测试结果，部分调整支出水平可缓解永久性冲击带来的政府债务压力，但财政可持续发展仍面临较大压力。若支出不作调整仍维持原有锚定水平，流动性资产将在 2025 年消耗殆尽，表明用于缓冲的流动性资产不够充裕，需要 A 省政府举债支撑财政支出。地方政府债务的表现从 2022 年后三种调整方式的差异逐渐显现，其中，部分调整情景下的地方政府债务负债率为 50%，低于《马斯特里赫特条约》规定的警戒负债率 60%；不作支出调整情景下的政府债务率会在 2025 年达到 87%，债台高筑带来高昂的利息费用，净金融财富持续恶化。永久性冲击

下，净金融财富先持续下降，后续缓慢恢复，部分调整下净金融财富表现介于不作调整情景与完全调整情景之间。部分调整情景下的财政结余较不作调整情景更高。不作调整情景下的非资源财政结余在长期基本实现平衡，仅依靠非资源收益难以支撑地方支出；完全调整情景下的非资源财政结余最为充裕；部分调整情景的财政结余介于两者之间。总体来看，部分支出调整策略可缓解政府债务压力，基本实现财政收支平衡，尽管完全缩减开支可以减少政府借债、储存较多财政结余与金融财富，但随着资源价格波动而采取"顺周期"策略会给本就疲软的经济带来巨大"阵痛"，也不利于财政规则的执行。

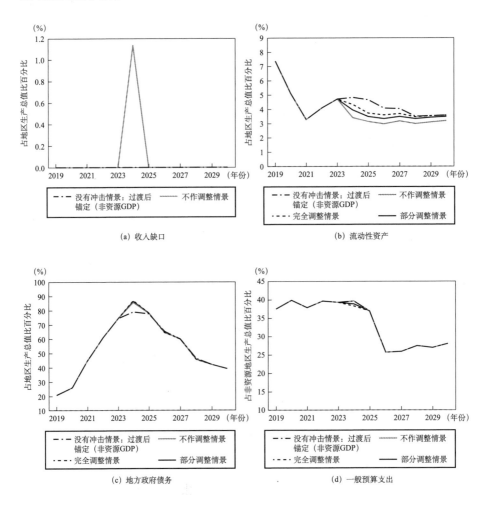

(a) 收入缺口

(b) 流动性资产

(c) 地方政府债务

(d) 一般预算支出

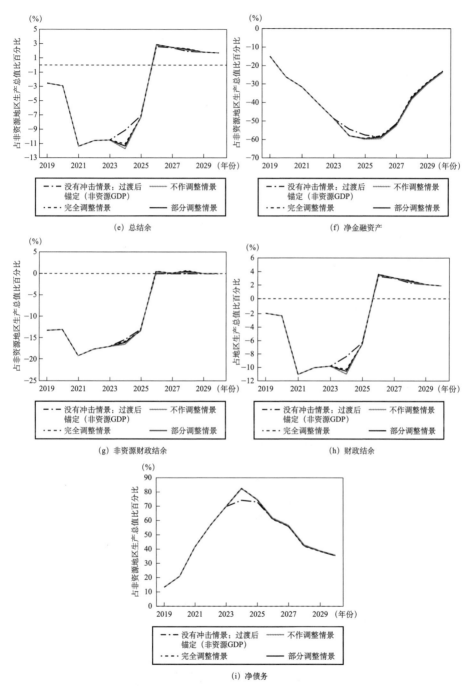

图 7.14　假定暂时价格冲击后的地方政府财务状况及经济指标分析

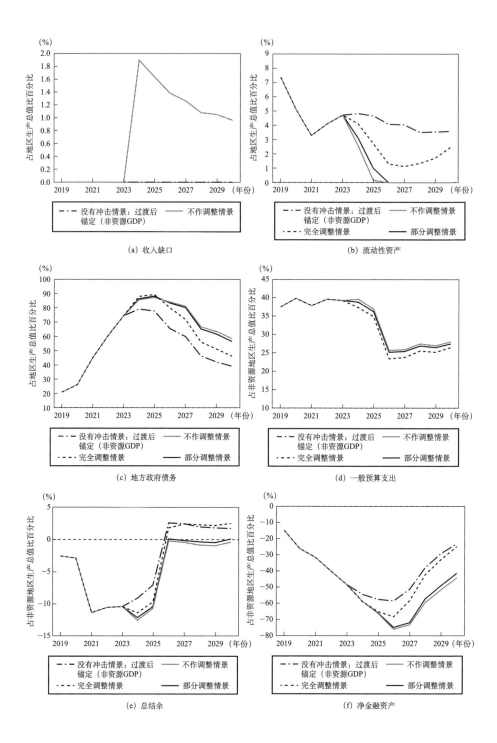

(a) 收入缺口

(b) 流动性资产

(c) 地方政府债务

(d) 一般预算支出

(e) 总结余

(f) 净金融资产

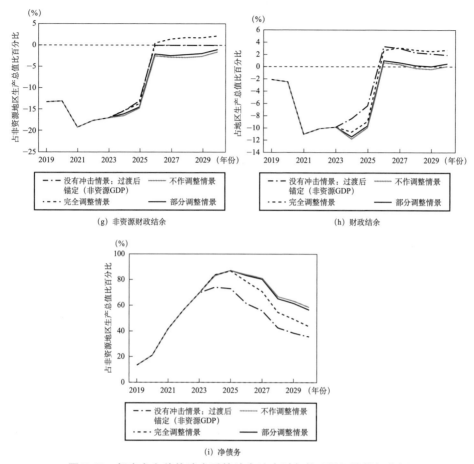

图 7.15　假定永久价格冲击后的地方政府财务状况及经济指标分析

　　在永久性冲击下，资源地政府仍面临较大的债务压力，需要提升缓冲流动性资产并适当缩减开支，从而需要对财政策略参数进行修改。假设可以动用资源基金的20%弥补收入缺口，允许一般预算支出缩减额度为不超过原支出的4%，模拟结果如图7.16所示。在此方案下，流动性资产基本可以弥补资源收益的亏损，改善政府债务条件。直到2029年，部分调整情景下的流动性资产仍足以应对冲击导致的资源收益缺口。地方债务水平在长期贴近完全调整情景，有效缓解地方政府的偿债压力。为了实现"防患于未然"，部分降低支出并提升缓冲流动性资产的额度对于 A 省来说更为适当。

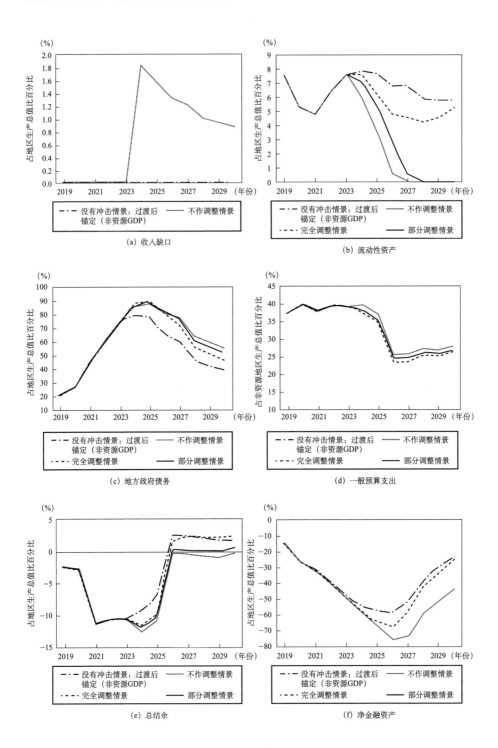

(a) 收入缺口

(b) 流动性资产

(c) 地方政府债务

(d) 一般预算支出

(e) 总结余

(f) 净金融资产

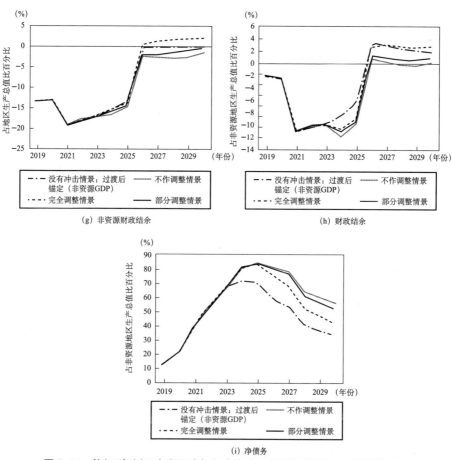

图 7.16 修订财政规则后面对永久价格冲击的财务状况及经济指标分析

第二节 石油富集省份长期财政可持续
——以 B 省为例

一、B 省财政状况概述①

B 省自然资源丰富，其中石油资源的开采曾给 B 省带来经济的腾飞，带

---

① 本节数据来源于 1999～2021 年的《B 省统计年鉴》和 2004～2018 年的《中国税务年鉴》。

动重工业的蓬勃发展，而随着石油产量的下降和重工业的衰退，经济增长乏力，财政自给能力也随之降低。B 省富含丰富的矿产资源，截至 2015 年底，B 省共发现各类矿产 135 种（含亚矿种），已查明资源储量的矿产有 84 种（含亚矿种），占全国 2013 年度已查明 229 种矿产（含亚矿种）资源储量的 36.68%。[①] 2020 年 B 省石油产量为 3110 万吨，仍是我国第二大产油省份，占全国石油产量的 16.28%。根据中国石油发布的消息，截至 2021 年 12 月底，B 省累计原油产量已经达到了 24.63 亿吨，占中国陆上同期石油产量的近 40%，为端稳端好中国能源饭碗作出巨大贡献。

B 省直接从资源行业获得的收入较少，但是转移支付数额巨大。按照现行财政体制的规定，国有中石油、中海油等总分支机构所缴纳的企业所得税为中央收入，全额上缴中央国库，所以 B 省直接从石油行业获得的收入主要是增值税和资源税。中国石油天然气股份有限公司在 B 省设立地区分公司执行石油开采，所得税全额上缴中央财政，从而使得 B 省的资源收入大部分上缴中央国库，之后中央国库执行央地收入之间的再分配功能，将资源收益间接地分配到地方。由于 B 省经济发展乏力，地区转型发展困难，公共服务和保障性支出不断增加，收入难以支撑支出增长，因此，B 省对于转移支付的依赖程度逐渐提高。这样一来，以石油开采加工为支柱产业的 B 省与以煤炭开采加工为支柱产业的 A 省对中央转移支付的依赖程度不同，石油省份更加依赖中央政府转移支付，应该更重视对转移支付的管理，以及央地权责的划分。

（一）B 省对石油行业的依赖度

如图 7.17 所示，B 省近 20 年的石油产量呈现下降趋势，近 5 年来下降最快。B 省原油年生产量从 1995 年的 5601.49 万吨下降到 2020 年的 3110 万吨，在 2009 年到 2015 年维持了稳定的产出水平。由此可见，B 省的石油储备和开采量在逐渐下降，石油资源作为 B 省支柱产业的地位在逐渐下降。

自改革开放以来，B 省为我国贡献了大量的原油，然而 B 省经济地位却在不断下降。1995 年 B 省以 1790.2 亿元的地区生产总值位于全国第 14[②]，

---

① B 省人民政府网。
② 本书选取国家统计局修订后的数据。

而在 2020 年以 13698.5 亿元排名第 25。近年来 B 省地区生产总值的增长率维持在 1% 上下，经济增长较为缓慢。如图 7.18 所示，在 2013 年之前，B 省 GDP 与全国 GDP 增速相近，2009~2013 年甚至连续高于全国 GDP 增速，但是自 2013 年以来，B 省 GDP 增速持续低于全国 GDP 增速。这一问题可能源自 B 省对于资源型经济和重工业的过分依赖，随着资源型产业和重工业的增长放缓，经济发展较为粗放，经济结构不平衡等问题逐渐凸显。

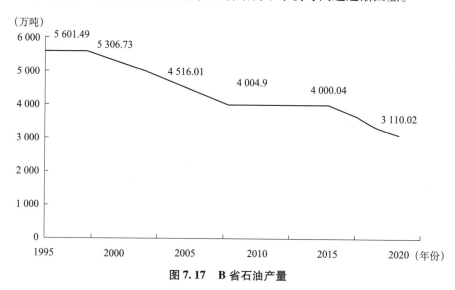

图 7.17　B 省石油产量

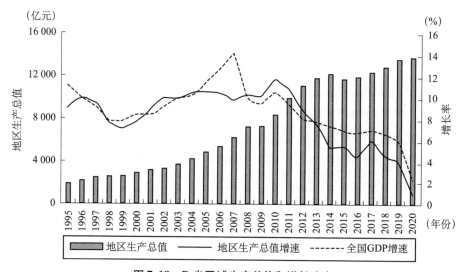

图 7.18　B 省区域生产总值和增长速度

石油工业在 B 省经济中的重要性逐渐下降，第三产业发展迅速，但是总体经济增长乏力。图 7.19 展示了石油天然气工业增加值、第二产业增加值和地区生产总值之间的关系，折线展示了石油天然气工业占地区生产总值的占比①。从 1995 年到 2009 年，第二产业对于 B 省总产值的贡献基本在 50% 以上，其中 2009 年之前石油天然气工业产值基本占第二产业的 1/2。对于 B 省 GDP 而言，石油天然气行业产值占比从 1995 年快速上升，从 1999 年到 2008 年一直保持在 20% 以上。在 2009 年后，石油天然气在区域生产总值的重要程度逐渐下降，逐步下降到 2017 年的 7.67%。可见从 2009 年开始，B 省已经在逐步实现产业转型，第三产业占比不断增加。

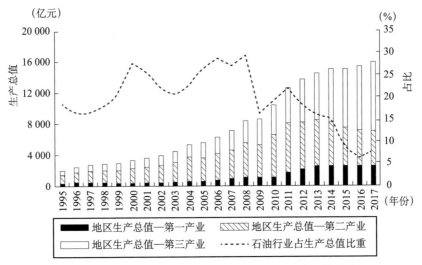

图 7.19　B 省地区生产总值构成和煤炭行业生产总值占比

石油行业的周期性变动与居民价格指数的变动长期中没有显著关系，但在某一特定时间内存在相关性。如图 7.20 所示，长期中石油价格与食品消费指数的相关性极弱，仅有 0.06%，在 2007 年之前，石油价格的增长与食品类居民消费指数的增长变动方向相反（相关系数为 - 39.98%），但是当使用滞后一年的数据时得到相关系数为正，但是相关性较弱（相关系数为 32.23%）。在 2007 年后，两者之间总体上存在正相关关系（相关系数为

①　数据主要来源于 1999 ~ 2018 年的《B 省统计年鉴》《中国工业经济统计年鉴》和国家统计局官网；由于数据可得性问题，2007 年之后的石油天然气工业增加值通过生产总值代理。

50.33%），尤其是 2008~2012 年的 5 年中，相关系数达到 95.20%。可见，石油价格的变动与生活必需品价格之间的关系并不如煤炭密集地区显著，存在弱相关性。因此，可以得出，资源行业的周期变动对居民食品消费价格指数变动具有一定的解释能力，但是不如煤炭密集省份的解释能力强。

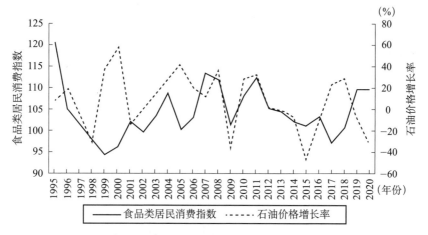

图 7.20　食品类居民消费指数和石油行业 GDP 增长率

资料来源：国家统计局官网和 EPS 数据库。

（二）石油行业与 B 省财政状况

B 省财政对于中央转移支付的依赖程度在不断增大，这体现在财政缺口的不断增加。如图 7.21 所示，B 省一般公共财政支出增加速度比收入增加速度更快，一般财政收入却在近几年趋于停滞，难以支撑逐渐增加的财政支出。从 1995 年开始，财政自给率呈现逐渐下降的趋势，反映了 B 省财政需要依赖中央转移支付以维持财政可持续的态势，逐渐增加的财政缺口需要中央政府兜底。2019 年，B 省财政自给率仅为 25.2%，2020 年，由于新冠肺炎疫情的影响进一步下降至 21.1%。

B 省石油行业的周期性变动主要受到石油价格变动的影响，归属于地方财政的资源收益主要由资源税、增值税构成，而其他收益较少。如图 7.22 所示，B 省政府受益于资源税和增值税的改革，来自资源的税收收入逐渐增加。首先，来自资源税的改革一定程度上增加了 B 省财政收入。此处用销售额来反映总体石油行业的变动情况，得到石油开采行业的销售额与石油价格同向变动，价格变化影响了石油行业的景气度。2010 年的从价改革让

B省得到了更多的资源税收入，也使得其变动方向与石油天然气开采企业的销售额变动方向相同，让更多的收入保留在地方。其次，来自石油的资源税占比最大。由图 7.22 的折线可以看出，来自石油行业的税收收入总额与资源税变动方向基本一致，因此，资源税的最大税源来自石油开采行业。根据 2018 年公布的数据，B省来自石油的资源税收入占资源税总额的 80%，据以上分析可以推断出，以前年度的资源税应该大部分来自石油行业。资源税改革导致资源税年度波动变得更加剧烈，波动率的提高导致了资源收益的不可预测性增强，对资源税的预算难度也随之增加。

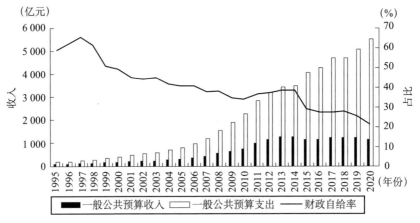

图 7.21　B省财政收支状况

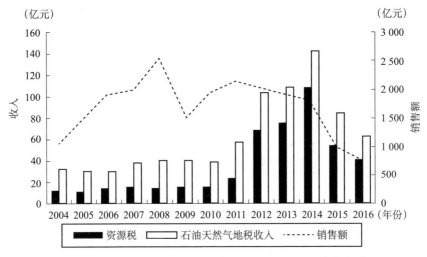

图 7.22　资源税、石油天然气地税收入和石油行业周期变动

从 2003~2017 年的地方和国税数据来看，石油天然气资源的地税收入远低于国税收入，平均占比 12% （如图 7.23 所示）。地方从石油开采和加工得到的税收大部分上缴中央，一定程度上导致了财力不足的问题。虽然大部分来自石油行业的税收缴纳给中央国库，归属于地方的税收仍然具有较高的比率，这些收入主要来自石油行业的增值税收入，这些收入占据一般公共财政收入的平均值为 7.89%，近年来呈现逐渐下降的趋势，这一定程度上反映了来自石油行业的税收收入受到了资源价格波动的影响。综上所述，B 省从石油资源直接获得的收入不如 A 省获得的资源收入占比高，直接编入预算的财政收入更加依赖地区其他行业的发展，即使中央政府将全部的税收收入转移给 B 省也不足以弥补巨额的财政缺口，因此，B 省政府一方面应该合理规划支出结构，另一方面要做好转移支付管理。

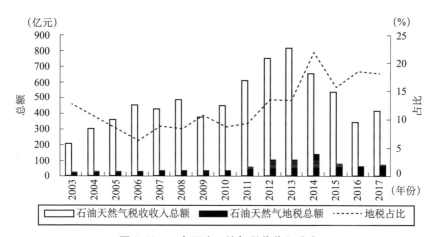

图 7.23 B 省石油天然气税收收入分享

由于 B 省经济受到石油价格变动的影响，B 省财政收支也与石油价格变动相关。B 省财政预算收支与石油价格表现出同向变动的特点，具有一定的顺周期性。如图 7.24 所示，B 省财政预算支出中除了个别年份财政收支出现与原油价格相反的变动外，大部分年份都会随着原油价格的变动而变动，体现顺周期现象。国有石油开采企业所得税收归中央，一定程度上缓解了地方政府的顺周期预算，但是经济波动带来的财政收入波动仍然要求地方政府提高收支管理水平。B 省一般公共预算收入增长率与价格增长率的相关系数为 63.52%，而一般公共预算支出增长率和价格增长率的相关系数仅为 18.01%，体现出石油富集地区政府的收入受到资源价格波动的影响较大，而支出不会轻易受到价格的影响。从图 7.24 中可以看出，在原油价格增长率大幅下跌的年份，财政支出的增长率高于财政收入。根据前述对于资源价格和地区生产总值的分析得到，资源富集区域经济具有高波动性，经济波动会导致没有财政规则的政府收支呈现顺周期特征，而波动的政府支出对经济发展的促进作用较低。虽然 B 省支出对于资源价格的波动不敏感，但是收入的频繁波动也不利于预算的编制和执行，容易造成财政结余资金的频繁波动，不利于财政资金的有效管理。

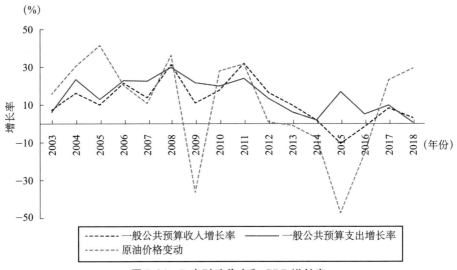

图 7.24　B 省财政收支和 GDP 增长率

在财政收支结构上，B 省一般公共预算收入中石油行业总税收和国有资产（资源）经营收入占比较大，一般公共预算支出中科学技术支出占比较低，社会保障、就业和医疗卫生支出占比具有上升趋势。表 7.4 显示，2007～2017 年来自石油行业的税收收入占 B 省税收收入的平均值为 9.89%，占一般公共预算收入的平均值为 7.25%。资源税在一般公共预算收入中占比分布在 2%－9% 之间，平均占比为 4.27%。在非税收入中，专项收入占一般公共预算收入的比例从 2016 年开始呈现下降态势，从 5.75% 下降到 2020 年的 4.85%。国有资源（资产）有偿使用收入已经成为 B 省重要的财政收入来源，2020 年占一般公共预算收入的 10.48%，仅次于增值税收入的 24.31%，排名第二。表 7.5 显示，在支出结构上，一般公共服务支出占比波动下降，从 2007 年的 14.15% 下降到 2020 年的 5.89%。教育和科学技术

表 7.4 B省财政收入结构

单位:%

一般公共预算收入结构		2007年	2008年	2009年	2010年	2011年	2012年	2013年	2014年	2015年	2016年	2017年	2018年	2019年	2020年
石油行业税收收入	占税收收入比重	11.25	9.56	9.03	6.94	7.71	12.33	11.94	14.52	9.55	7.59	8.43	-	-	-
	占一般公共预算收入比重	8.55	6.95	6.25	5.11	5.74	8.88	8.53	10.91	7.21	5.47	6.11	-	-	-
资源税	占税收收入比重	4.59	3.34	3.45	2.75	3.20	8.17	8.25	11.08	6.11	4.92	5.94	6.79	7.02	5.91
	占一般公共预算收入比重	3.49	2.43	2.39	2.03	2.38	5.89	5.89	8.32	4.61	3.55	4.31	5.19	5.14	4.16
专项收入	占税收收入比重	31.96	52.02	25.30	18.37	17.81	15.34	20.19	14.79	26.75	20.59	19.26	22.34	18.32	16.41
	占一般公共预算收入比重	7.65	14.22	7.78	4.83	4.56	4.29	5.76	3.68	6.55	5.75	5.29	5.26	4.91	4.85
国有资产（资源）经营收入	占非税收入比重	-	-	12.57	18.43	14.31	22.26	26.03	30.92	24.76	29.99	33.33	34.45	35.45	35.45
	占一般公共预算收入比重	-	-	3.87	4.84	3.67	6.23	7.43	7.70	6.06	8.37	9.15	8.11	9.50	10.48

表 7.5 B省财政支出结构

单位:%

一般公共预算支出结构		2007年	2008年	2009年	2010年	2011年	2012年	2013年	2014年	2015年	2016年	2017年	2018年	2019年	2020年
一般公共服务占比		14.15	15.59	12.21	9.88	9.18	8.55	8.27	7.46	6.04	6.31	6.01	6.58	6.01	5.89
教育和科学技术占比		18.30	17.94	15.26	14.50	14.57	18.36	16.02	15.88	14.47	14.28	13.36	12.49	11.92	11.11
其中	教育支出占比	16.82	16.64	14.20	13.28	13.38	17.18	14.88	14.73	13.67	13.22	12.35	11.64	11.08	10.32
	科学支出占比	1.47	1.30	1.06	1.23	1.19	1.19	1.15	1.15	1.07	1.06	1.01	0.85	0.84	0.79
文化旅游体育与传播占比		1.71	1.55	1.78	1.75	1.61	1.49	1.55	1.33	1.32	1.26	1.15	0.99	1.09	1.07
社会保障和就业占比		18.28	14.82	18.09	13.58	14.03	14.45	16.10	17.55	18.12	17.33	20.01	21.90	22.21	24.79
医疗卫生占比		4.85	4.65	7.22	6.00	6.11	5.47	5.65	6.85	6.81	6.64	6.40	6.44	6.27	7.36
资源勘探信息占比		-	-	3.98	3.25	3.89	2.99	2.82	2.66	2.65	1.94	1.52	1.93	1.85	1.90
债务付息和发行费用占比		-	-	-	0.06	0.11	0.17	0.25	0.38	0.46	0.86	1.20	1.38	2.07	2.28

支出呈下降趋势，从 2008 年的 18.3% 降至 2020 年的 11.11%，其中科学技术支出占比较低，平均占比 1.1%。社会保障和就业是 B 省第一大支出项目，从 2016 年开始占比稳步增长，从 17.33% 增长到 24.79%。此外，债务付息和发行费用占比不断增加，表明显性债务的成本逐渐增加，2015 年以来在支出中占比稳步上升。综上，B 省一般公共预算收入对于石油开采的税收收入依赖较低，资源收入的主要来源是资源税；在非税收入上，B 省依赖于国有资源（资产）有偿使用收入。在一般公共预算支出上，2016 年来民生保障支出占比稳步提升，教育和科学占比却在逐渐下降，其中科学支出占比较低；债务付息和发行成本占比提高，债务负担逐渐增加。

结合 IMF 提出的数据分析口径，B 省财政结余和非石油财政结余之差在逐渐下降，非资源 GDP 占比逐渐升高，总体经济增长乏力。B 省财政结余和非石油财政结余逐渐趋同，非石油行业带来的地区生产总值占比逐渐扩大。如图 7.25 所示，B 省的财政总盈余和非石油财政结余在 2006 年的差距大约在 10%，而之后的十多年中，两个财政结余指标逐渐趋同。2003 ~ 2006 年，B 省基本可以保持收支平衡，其中石油收益功不可没。非石油财政结余扣除了来自石油的资源收益，且分母为扣除石油开采行业的 GDP，比率远小于总财政结余，因此，如果排除石油收益，B 省财政存在巨大的风险。在 2014 年之前，财政总盈余与非石油财政结余的变动关系不大，而在 2014 年之后，两者基本同向变动且差距逐渐缩小，这是因为石油价格和产量的同时下降导致了石油行业增加值和财政收入的下降。近年来，B 省财政

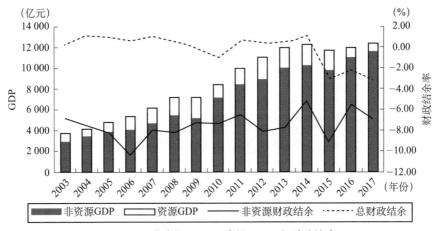

图 7.25　非资源 GDP、资源 GDP 和财政结余

结余逐渐下降，债务水平不断增加，对转移支付的依赖极大，可以归结于石油行业逐渐衰退，森林资源、传统重工业和第一产业无法支撑财政支出。在石油行业繁荣期间，B 省并没有将石油收益进行长期规划，这不仅体现了地方政府在财力规划方面的不足，也体现中央政府从 B 省获得的资源红利并未能有效转换为该省的经济发展动力，跨期预算在以前年份没有得到足够的重视，还积累了寻租和腐败等问题。

二、长期财政可持续性框架

（一）参数假设

对 B 省的预测仍然将中短期财政预测时间设为 10 年，超过 10 年的时间为长期预测。B 省的历史数据来源如下：名义 GDP、GDP 指数、人口数和 CPI 指数来源于国家统计局。资源 GDP、公共预算收入、公共预算支出、资本性支出、利息费用、地方政府债务余额和地方政府存款来源于《中国财政统计年鉴》《B 省统计年鉴》。"非资源 GDP"表示为地区名义 GDP 扣除石油行业工业总产值[1]；地方公共预算收入等于地方一般公共预算收入加中央向地方的转移支付；资本性支出使用预算内固定资产投资作为代理；利息支出使用国债还本付息以及债务付息表示；地方政府债务余额等于政府一般性债券加专项债券余额；政府性存款不计利息，暂定利息收入为 0。资源收益来源于《中国税务年鉴》，将来自石油行业的税收收入作为代理变量。

根据财政可持续框架设定以下三种参数：一是宏观经济参数，二是过渡路径参数，三是压力测试参数。预测时间从 2021 年开始（可以获得的最后历史数据年份的后一年开始），详细经济预测参数见表 7.6。

表 7.6	经济预测参数假设汇总		
宏观经济参数		过渡路径参数	
GDP		过渡期间	5 年
2021~2025：实际 GDP 增长率	5.5%	短期经常性支出	0.92

---

[1]　由于 B 省统计年鉴未披露 2007 年后石油工业的增加值，鉴于以往年度石油开采行业增加值和总产值的差距较小，使用石油开采行业总产值作为增加值的代理变量。

续表

宏观经济参数		过渡路径参数	
2025 年后：实际 GDP 增长率	5%	过渡路径资本支出乘数	
2030 年后：实际 GDP 增长率	5%	短期资本支出	0.92
人口		长期资本支出	2.19
人口增长率	1%	投资折旧率	10%
价格		压力测试参数	
通货膨胀率	3%	1. 流动资产	
利率		最小政府存款	1 亿元
实际利率	5.5%	可动用资源基金比率	10%
名义利率	8.7%	2. 支出调整对 GDP 的影响	
存款和负债水平		非资源 GDP 乘数	0.5
存款占 GDP 比率	5%	资源 GDP 乘数	0.85
最低负债占 GDP 比率	15%	3. 财政调整	
资源收入折价率		最大支出减少	5%
折价	10%	财政调整乘数	0.92

其一，宏观经济参数。宏观经济参数设定地区生产总值增长率、人口增长率、GDP 指数、利息率、政府存款和负债比率以及资源收益折价率。

在地区生产总值预测上，根据前述采用的文献预测数据（姚东旻等，2013；刘伟和陈彦斌，2020），再结合 B 省 2035 年目标纲要提出的 2020～2025 年均经济增加值 5.5% 的目标，本书选取 2021～2025 年均 5.5%，2026年后年均 5% 的增速。在人口增长率预测上，同样选取李建新和刘瑞平（2020）对 B 省未来 30 年的人口预测数据，选取中等方案预测为人口增长代理变量，2030 年生育增长率平均为 0.8，之后按 1% 计算。在通货膨胀率预测上，与 A 省预测一致，选取适合发展的通货膨胀率 3%（彭方平，2013）。

其二，过渡路径参数。过渡路径需要设定过渡时间、支出调整比率以及政府支出乘数。假设过渡路径持续时间为 5 年，支出调整比率为每年增加基准预测的 4%，增加资本性和经常性支出各 2%。对于政府乘数而言，林桐和王文甫（2017）研究得到 B 省短期乘数为 0.897，长期乘数为 3.565；王燕武（2018）得到 B 省 2003～2017 年短期乘数为 1.23，长期乘数为 2.38；王志刚和朱慧（2021）估算出了 2002～2017 年全国的财政支出乘数在 0.58～0.67。本书设定 B 省短期财政乘数为 0.92，长期财政乘数为 2.19，分别应用于短期政府投资与长期政府投资，与 A 省存在的差异源自地区异质性。

其三，压力测试参数。压力测试中需要设定资源价格变动、可使用的流动资产、支出乘数、资源 GDP 变动乘数和最大支出下降比率，与 A 省假设参数一致。

（二）结果分析

1. 财富状况

B 省政府净金融资产较低，政府负债率较高，巨额政府财富来源于资源开采。图 7.26（a）显示，B 省政府债务发行规模较大，财政存款和政府基金无法完全支撑政府高昂的债务负担。图 7.26（b）中，资源财富对政府总财富的贡献巨大，在长期中应合理规划资源财富的使用来实现长期财政可持续。

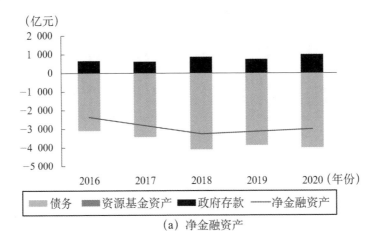

（a）净金融资产

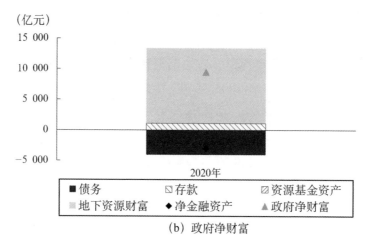

（b）政府净财富

图 7.26 地方财政财务状况及资源收益分析

2. 估计资源财富

图 7.27（a）展示了 B 省未来资源收益的预测数，假设 B 省的矿产资源收益受到原油价格和生产量的影响，维持在 500 亿元上下；石油资源逐渐开采，政府资源财富随着石油的开采逐渐减少。图 7.27（b）中，资源收益表现出随着非资源 GDP 的增长而减少的趋势，体现出 B 省的可持续发展政策。

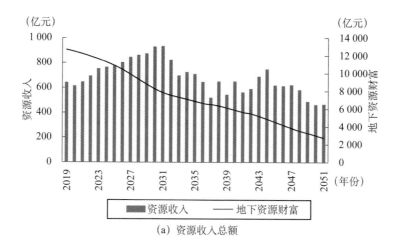

（a）资源收入总额

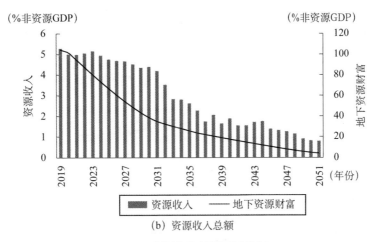

（b）资源收入总额

图 7.27　资源收益长期预测分析

3. 计算长期财政可持续锚

如图 7.28 所示，每一列分别描述了不同锚定策略下财政结余，政府资产与负债，以及政府收支与非资源 GDP 的动态路径。除非资源 GDP 用 2020 年价格表示外，其余使用非资源 GDP 或总 GDP 的比率表示，图 7.28 中基线预测用于对比分析。

在对 B 省财政策略的分析中，可以得到与 A 省相似的结论如下。基准预测下，政府盈余较低，赤字率较高，政府财富下降较快，债务比率长期内发散。根据财政结余变动路径可以看出，基准预测下非资源财政结余维持在 −7% 附近；一般财政结余受到资源收益的影响波动下降，从 −2% 下降到 2051 年的 −6%；由于政府债务的不断扩张，利息费用增加，导致总盈余长期持续下降。从第二列的政府财富中可以看出，基准预测下政府净财富和净金融财富均在长期中持续下降，地方政府债务和公共债务持续扩张。从第三列可以看出，基准预测下财政支出长期维持在 42% 比率不变，矿产收益占比下降，非矿产收益长期稳定在非资源 GDP 的 34%。在长期财政可持续锚后，政府财政盈余状况、政府财富状况、债务状况收敛，财政支出比率下降。非资源 GDP 固定比率策略下的财政盈余表现最好，长期中保留了更多的政府财富，短期内能控制债务比率的扩张。财政锚要求政府减少支出占比来控制财政赤字，在立即执行政策的情况下，财政支出立即下跌7%，在长期中低于基准预测大约5%，相较于煤炭行业支出下降幅度较低。"一鸟在手"策略前期获得较高的财政盈余，以及更低的政府债务比率，但是资本投入不足，长期中存在大量未使用的财政空间。

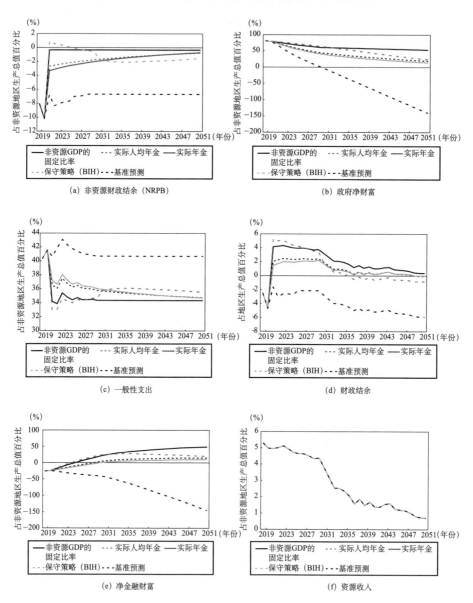

(a) 非资源财政结余（NRPB）

(b) 政府净财富

(c) 一般性支出

(d) 财政结余

(e) 净金融财富

(f) 资源收入

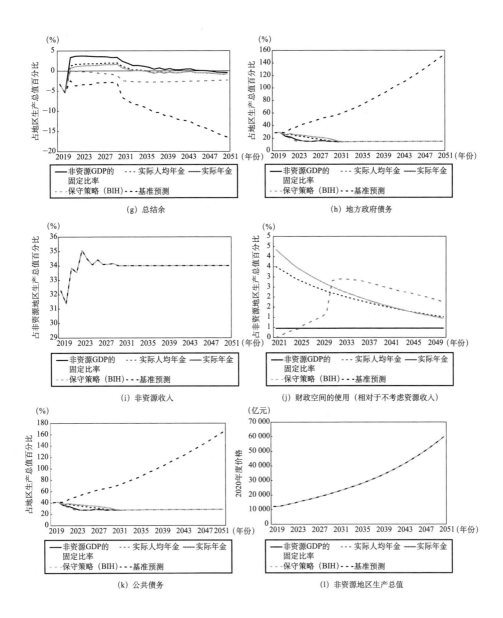

图 7.28 立即锚定政策

4. 过渡路径财政策略

考虑过渡路径的资源 GDP 固定比率策略下，财政和经济变动路径如图 7.29 所示。财政结余和政府财富在过渡期内大幅下降，资源收益完全用于政府投资支出；过渡期后，政府非财政结余实现平衡，政府财富逐渐恢复平衡，大部分资源收益储备应对未来收入的减少，非资源收益用于支撑政府财政支出。

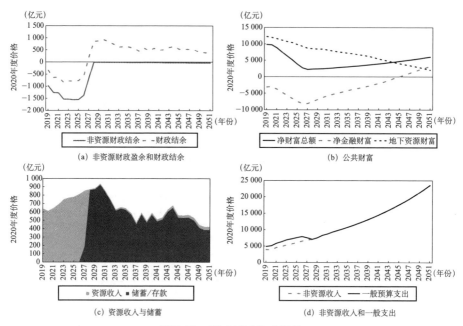

图7.29 财政过渡策略设计

图7.30再次描述了财政结余、政府财富、财政收支和经济状况的长期变化路径。在考虑了过渡路径和财政乘数后，可以实现非资源财政结余的完全平衡，总财政结余的基本平衡，效果好于立即锚定情形，财政空间运用更加充分。政府保留的财富相对于立即锚定而言更少，同时也不会呈现出基本预测的负财富问题，这样既能够实现政府财富有效利用，又不会导致政府财富耗尽的问题出现。在债务规模上，由于前期增加支出，政府债务比率增加，但是仍然在债务可持续标准内。相较于立即锚定政策下支出骤然下降的情形，过渡路径上政府增加支出解决了未来支出比率下降的问题，虽然从比率上看，长期减少了支出，但是支出绝对数上甚至超过了基准预测的支出规模。在考虑了财政乘数效应后，政府增加支出带动了GDP的增长，有利于长期经济发展。这些结论与煤炭密集省

份是相同的，政府需要一定的过渡期间来执行财政锚政策，以实现长期财政可持续。

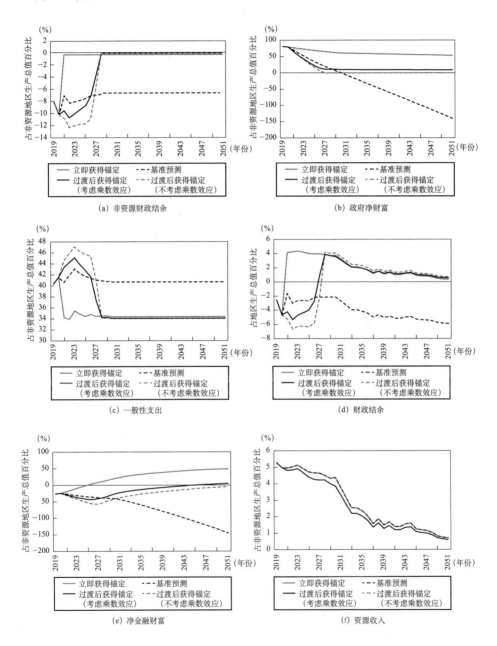

（a）非资源财政结余

（b）政府净财富

（c）一般性支出

（d）财政结余

（e）净金融财富

（f）资源收入

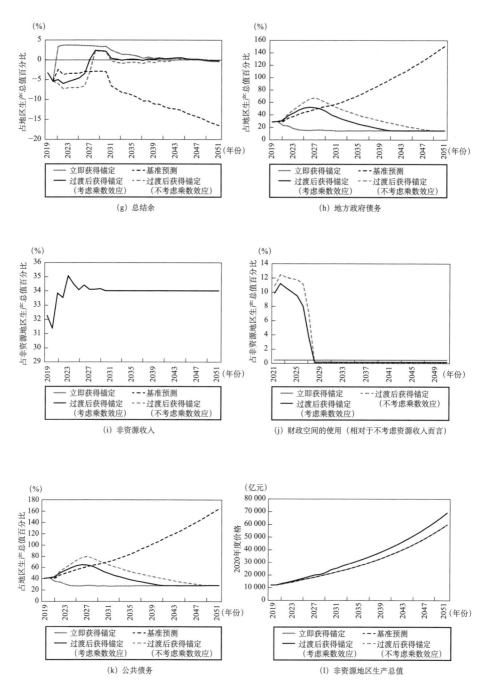

图 7.30　过渡路径后锚定政策

5. 压力测试

图 7.31（a）展示了两种不同冲击类型的价格变化路径：暂时性冲击下，2024 年石油价格会短暂下降到预测价格的一半；永久性价格冲击下，2021 年后煤炭价格长期保持在 250 元/单位价格水平上。图 7.31（b）展示了不同冲击类型下资源收益水平占比的变化路径，由基准资源收益与价格冲击变动比率的乘积估算得到。暂时价格冲击下资源收益会暂时性的急剧下降，随后迅速反弹，而永久性价格冲击会使资源收益持久性地保持在较低水平。

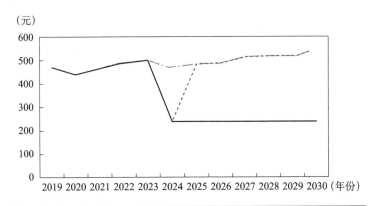

（a）石油价格

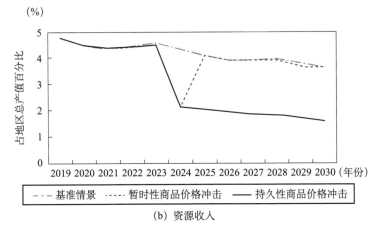

（b）资源收入

图 7.31 假定石油价格冲击及其对资源收益的影响

　　图7.32展示了暂时性冲击的压力测试结果，与A省结果相似，暂时价格冲击下采用不作调整的政策仍能维持原本财政锚下的可持续状况，流动性资产可以起到充分缓冲的作用，暂时性冲击的支出在受到冲击的年份短暂小幅度下降。在2024年发生价格冲击时，支出不作调整会降低非资源财政结余，而其他应对措施会提高非资源财政结余，而在冲击后一年均会调整回无冲击机状态。财政结余、总结余和净金融财富的表现与财政结余的表现相似。暂时性价格冲击对债务水平的影响相似，均会在过渡期上升，过渡期后回到安全水平。因此，财政策略可以抵御暂时性价格冲击给财政带来的影响。

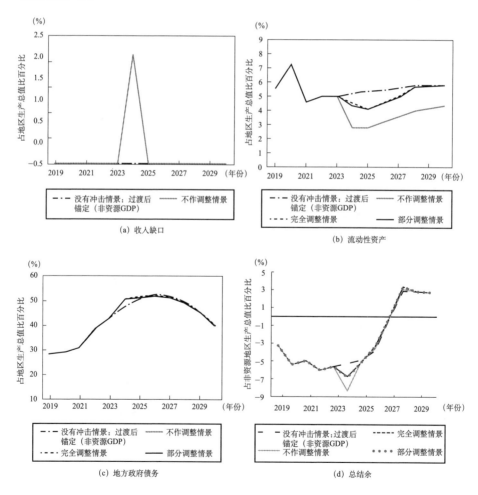

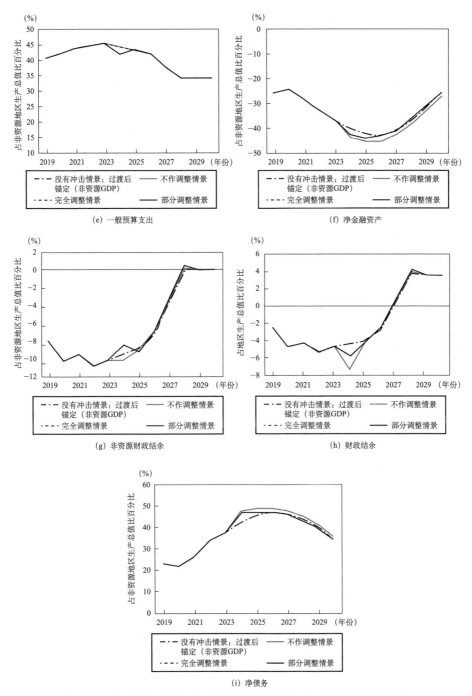

图 7.32　假定暂时价格冲击后的地方政府财务状况及经济指标分析

　　图7.33展示了永久性冲击的压力测试结果。面对价格永久性下跌，流动性资产会大幅下降，不作支出调整的措施会耗尽流动性资产并增加政府债务，部分和完全的支出调整措施会保存流动性资产，但会降低经济增长，导致债务比率在冲击出现的一段时间内快速上升，但是未来降低的速度更快。支出调整为政府带来了更高的相对财政结余水平，部分调整情景下的财政结余较不作调整情景更高。总体来看，部分支出调整策略可缓解政府债务压力，提高非资源财政结余水平，将财政总结余保持在无冲击水平，应对永久性冲击起到平滑财政收支的作用。

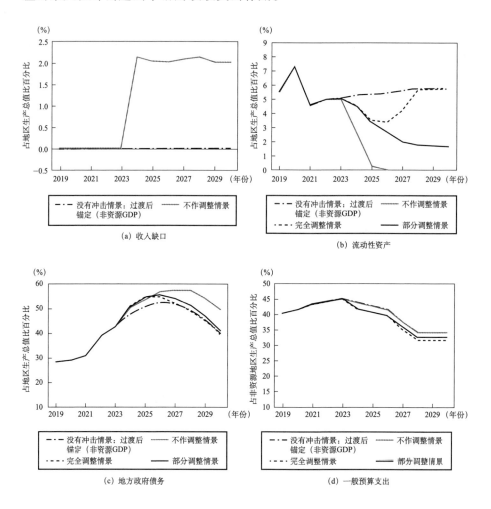

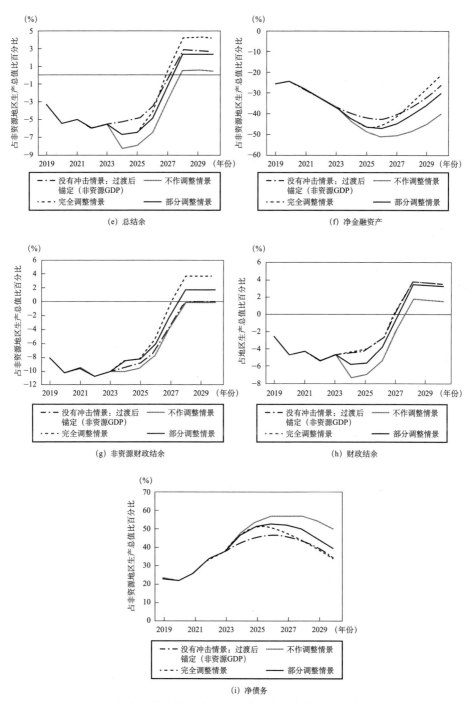

(e) 总结余

(f) 净金融资产

(g) 非资源财政结余

(h) 财政结余

(i) 净债务

图 7.33　假定永久价格冲击后的地方政府财务状况及经济指标分析

第三节　财政策略的确定与实施建议

一、不同资源富集省份比较分析

第一，A 省和 B 省资源产量呈现出不同的变化特征。A 省原煤产量具有逐渐上升的趋势，仍在不断创造产量新高，而 B 省在努力实现原油产量保供策略，在过去的 20 年中产量阶梯式下降，目前稳定在 3000 万吨。可见，A 省仍然可以依靠煤炭资源为经济增长提供动力，而 B 省则面临产量逐渐下降的现状，经济转型的需求更加迫切。不同的资源产量变动特征影响了两省的宏观经济和财政状况。

第二，A 省和 B 省的经济增长速度和经济结构存在差异。A 省经济的增长速度基本与全国平均水平相近，而 B 省近年来经济增速低于全国平均水平。在产业结构上，A 省对于煤炭行业的依赖相对更强。A 省的煤炭行业和石油开采行业生产总值曾一度超过地区生产总值的 30%，近年来，随着地方经济转型政策的实施，两省的资源部门经济占比下降，A 省仍能够保持在 10% 以上，而 B 省的资源部门增加值占比则在 2017 年就降到 10% 以下。在三次产业结构中，A 省第二产业占据了近半数的地区生产总值，而 B 省产业重心更早向第三产业转变。A 省第二产业仍然占据主导地位，且与煤炭行业波动高度相关，第二产业和第三产业基本上能够实现稳定增长，从而支撑了区域总体经济发展。B 省第三产业占比逐步扩大，但经济增长仍然乏力，这源于第二产业的萎缩，包含了石油行业和传统重工业的衰退。B 省第三产业和第一产业的发展虽然弥补了第二产业的衰退，但是不足以转变为经济增长动力，且高端制造业和高新技术等产业的发展刚刚起步，还不足以支撑短期的经济发展。因此，A 省依赖煤炭资源的发展路径仍然能够持续较长时间，而 B 省则面临石油资源产量下降的困境。两者长期中均面临经济不可持续发展的挑战，都应该合理规划使用资源收益，实现经济转型发展。

第三，A 省和 B 省的财政状况差异较为明显。从地方财政收支规模来看，A 省自分税制改革以来的财政自给能力变化不大，具有缓慢波动下降的趋势，而 B 省则一路下滑，对转移支付的依赖逐渐加强。从财政收支的年度变动情况来看，A 省财政收支具有较强的顺周期性，煤炭行业产值变动与财政收支变动基本同步，而 B 省石油价格变动对财政收入的影响较为明显，对财政支出的影响较小。收入结构上，A 省更加依赖于资源税，而 B 省资源税较占比较少；用税收衡量的资源收益在 A 省一般公共预算收入中占比较大，而在 B 省一般公共预算收入中占比较小。支出结构上，两者的社会保障和医疗卫生支出占一般财政支出的比重不断增加，教育和科技支出占比逐渐下降。从 IMF 建议的宏观经济指标和财政结余计算口径来看，两者非资源财政赤字均处于较高水平。A 省的非资源财政赤字逐渐增加，而 B 省在缓慢改善。综上所述，A 省的资源收益主要集中在地方政府手中，且规模较大，第二产业仍然具有较强的活力，从而财政状况表面上更好；而 B 省的石油开采和加工企业被大型央企垄断，大部分资源收益上交国家，且企业承担的石油资源税较少，再加上逐渐衰退的工业企业，导致对中央转移支付的依赖程度逐渐增加，财政自给状况呈现逐渐恶化的趋势。两者的财政收入均受到资源部门波动的影响，A 省财政自给率更高，带来了政府顺周期行为，而依赖于中央转移支付的 B 省的财政支出基本不具有顺周期特征。A 省和 B 省非资源财政赤字的差异来源于资源收益和非资源部门经济的发展，A 省资源收益和煤炭增加值占比较高，导致非资源财政赤字扩大，而 B 省经济对资源的依赖逐渐降低，非资源财政赤字和总财政赤字趋同。

第四，两省通过使用 IMF 给出的计算框架模拟财政策略实施得到的结果相似。首先，不同策略长期中均能实现财政可持续，这主要表现在长期财政平衡、负债率长期收敛和净金融财富稳定。永续收入资源收益配置规则可限制资源地政府"花钱的手"、促进收支平衡、稳定财富与改善债务水平。A、B 两省通过财政策略的使用得到相同的结果：锚定非资源财政结余占 GDP 比率恒定不变的财政结余及收支效率表现优于其他锚定方式。其次，过渡期内扩大投资后再遵循锚定规则，其经济发展、财政结余等指标表现优于直接锚定的状况。最后，面对暂时性价格冲击时，无须调整财政策略就可以维持政策稳定性；而面对永久性价格冲击时，需适当调整可动用的流动资产比率和支出比率以缓解负面冲击带来的财政压力。

综上所述，由于不同资源收益的分配方式不同，A 省更需要加强资源收益的管理，而 B 省则需要强化转移支付和财政结余的管理。根据以上分析，A 省获得的资源收益占省级一般财政收入的比率较大，省级政府在管理资源收益时有较大的自主权，而地方政府管理能力不足和短期政绩激励更容易导致财政顺周期行为。B 省获得的资源税收益占省级一般财政收入的比率较小，主要依靠中央转移支付实现财政预算支出目标，财政顺周期现象不明显。因此，在资源收益偏向于地方的省份，需要提高省级政府财政收入管理能力，将资源收益的不确定性加入地方政府预算编制，实现跨年度管理。在资源收益集中于中央的省份，资源收入的承担者实际上是中央政府，代替地方政府在总量上管理资源收益。因此，石油富裕省份需要提升地方政府转移支付的管理能力，注重转移支付绩效管理，同时提高结余资金管理。另外，中央需要调整和完善资源型地区转移支付制度，中央政府从地方获得的资源收益必须相应地设立更具有针对性的支出项目，完善中央地方财权事权和支出责任的划分。

二、财政策略的确定与实施建议

有效利用资源财富需要一套强有力的政策、机构、监管和法律框架以及政治承诺和健全的财政管理体制的支持。以下给出了一些政府为实现财政策略的一般性政策建议。

一是构建公共财政管理体系（PFM）。构建公共财政管理的要素包括以下几点。第一，强有力和可信的中期财政框架。中期财政框架的实施要求政府能够作出谨慎和可靠的预测，并进行宏观经济和财政风险的评估。第二，预算执行、现金和债务管理能力的提高，以及会计制度和政府报告体系的完善。第三，提高财政透明度和加强对财政风险的监测来提高公共资金的使用效率，制定审慎的财政政策。

二是制定财政规则。一旦建立了适当的 PFM 体系，就可以引入财政规则，以帮助实现财政战略中规定的财政路径。财政规则是对预算平衡、支出或债务数额的硬性限制，通过强化问责制和政府透明度来监督政府行为。需要再次强调的是，许多资源富集地区的政府很难完全遵守财政规则，财政规则有效性的一个重要先决条件是强大的 PFM 体系。

三是提高金融资产管理水平。应制定平衡风险、收益和流动性的资源基金投资策略。如果设立一个单独的资源基金项目，就需要完全与政府一般预算相结合，并建立完善的信息披露、控制方式和问责制度。资源基金应该是财政补充性工具，因为预算资金和资源基金之间的资金流动会导致财政不稳定性和不透明，不利于实施有效的财政政策管理。作为预防性资金的流动性金融资产应根据执行财政战略后产生的实际财政结余来确定。

四是税收政策的制定和管理。对于许多资源型地区政府而言，税收制度应该平滑地过渡到资源枯竭阶段。健全的中期收入框架有助于实现政策过渡，但也必须考虑到资源富集地区政府由于激励不足导致对非资源部门税收政策调整的动力不足问题。至于资源部门，财政政策必须在政府收入增加和吸引新投资之间取得适当的平衡，加强机构管理能力来确保政策的严格执行。

五是改善政府治理能力和整治腐败。较弱的治理能力会助长腐败，政府腐败反过来会增加公共服务和基础设施的成本，降低调动收入的能力。在自然资源部门，除国有企业的监督漏洞外，产权分配、采掘业收入的获取过程中也可能滋生腐败问题。因此，为了强化政府自身的治理能力，最好构建内部监督和外部监督两种渠道，强化问责制度和财政透明度。

六是完善转移支付改革，加强地方政府结余管理。第一，扩大一般转移支付，优化专项转移支付的制度体系，通过基层政府管理本地事务（贾康等，2017）。完善一般性转移支付制度框架，明确各项转移支付资金来源，进一步明确转移支付总额，减少资金分配的随意性。第二，归并专项转移支付重复项目，将地方事务划归一般转移支付，提高专项转移支付程序的公开透明，实现提前下达资金信息到地区层面，并完善绩效评估体系。第三，探索设立分类转移支付，满足地方发展需求（刘士义，2018）。将经费类、普惠性质的资金在分类转移支付中归集，用于基本公共服务，缓解地方在基本民生服务的压力，实现区域间基本服务均衡。第四，加强地方财政结余管理，将结余资金上缴国库，在财政收支波动时调整国库账户资金稳定政府支出。为了预防道德风险问题，需要对不同省份进行分账管理。

　　总体来说，我国应完善公共财政管理体系，允许资源富集地区制定财政规则，提升财政稳健性；提高地方政府制定税收政策的积极性，使资源富集地区能够间接地调节本地经济发展；完善内部审计和外部监督体制，提高政府透明度和问责机制，减少腐败事件，让财政更好地服务于本地经济发展；中央方面需要加快推进转移支付体制的改革。

第八章 研究结论与相关建议

矿产资源收益在资源富集型地区政府财政预算规划中扮演了重要的角色。资源开采的巨额利润通过资源税、企业所得税与增值税等税收形式与非税形式流入资源地政府预算收入中，有力地支撑起资源地财政支出预算。然而，由于资源收益具有可耗竭性与波动性，资源收益的优化配置对于资源地的经济发展与财政可持续发展具有不可忽视的重要意义。

第一，本书借助回归模型，从省级和市级两个层面检验了资源依赖度对经济增长具有显著的抑制作用，证实了省级和市级层面均存在"资源诅咒"现象；资源依赖对制造业存在挤出效应，均存在资源部门挤出效应；政府投资可有效缓解资源依赖对经济带来的负面影响；从对资源依赖影响经济增长的传导机制中分析得出，省级层面资源依赖对人力资本投入和科技投入存在挤出效应，市级层面资源依赖对物质资本投入和科技投入存在挤出效应。

第二，本书通过梳理资源收益优化配置的相关理论研究与传统方案、收集国内外资源收益的征收制度与配置经验，在此基础上构建动态随机一般均衡模型探索资源收益配置的最优路径。通过三部门的动态随机一般均衡模型分析发现，面对资源价格上涨冲击，当采用完全支出模式的财政规则时，很大程度上可以提升居民消费福祉，但是财政债务压力增大、资源部门挤出效应加剧；当采用完全储蓄模式的财政规则时，可以有效地缓解"资源诅咒"问题、降低政府财政赤字压力，但是对于居民消费福利的提升作用微弱。通过最优配置模式的财政规则储蓄部分资源收益，支出剩余资源收益可同时维持财政可持续性与保障居民福利，由此，最优配置模式为最优财政规则。

第三，本书以资源收益财政制度设计、资源收益统计制度设计、资源收益透明度制度设计这三种制度建设为支撑。首先，通过对我国矿产资源财政制度实践的分析，并借鉴国际上为资源富集国家构建的财政框架，提出了我国资源开采地政府财政制度的设计方案，不同资源型区域可以从中选择适合本地区发展的方案来管理资源收益以及促进财政长期可持续。其次，基于IMF（2014）矿产资源收益统计模板和EITI收入模板以及我国目前资源开采地政府矿产资源收益的主要项目，提出了资源开采地政府矿产资源收益统计模板，提出了资源开采地政府矿产资源收入数据的采集策略。最后，通过对国际上资源开采地政府自然资源透明度制度和实践的分析与借鉴，基于我国财政透明度和资源开采地透明度的问题，从披露内容、披露方式、披露信息的监督方等方面提出了针对性建议。

第四，本书以煤炭密集的A省、石油富集的B省为研究案例，动态模拟了资源收益的配置优化路径，得出以下结论。首先，不同资源类型的省份财政支出特征相似，地方财政状况的差异来源于资源收益的规模。不同资源富集省份中资源相关产业周期变动导致了地方经济波动，财政支出逐渐偏向于改善民生，在教育和科技的投入较少。地方财政状况受到中央地方收益分配差异的影响：煤炭富集的省份获得更多的资源收益，财政自给能力也更强，导致顺周期行为也更明显；石油富集省份对中央转移支付的依赖大，顺周期支出行为不明显。其次，通过模拟执行长期财政策略实施框架，资源富集地区可以实现财政长期可持续和稳定性。其中，基于永续收入假说的财政策略将非资源财政赤字保持在固定水平上，能够最大限度地实现代际财富均衡，而基于"一鸟在手"理论的策略给子孙后代留存的财富更多。此外，包含过渡路径的财政策略更有利于资源富集省份提振经济发展潜力，实现长期财政平衡。面对资源价格冲击时，暂时性负向冲击下无须对财政策略进行调整，而持久性价格冲击下选择部分调整策略减少支出，适当提高负债水平，以支撑地区财政支出。最后，不同资源富集地区的资源收益管理重点不同，需要考虑资源收益的分配方式和规模。煤炭富集省份可以更加明确地估计矿产资源收益，且对省级政府收入贡献显著，因此，需要加强省级政府对资源收益的管理能力；而石油富集省份直接计入一般财政收入的石油收益较少，地方转移支付在区分收入的不同来源时较为模糊，需加强转移支付和财政结余管理才是石油富集地区面临的更大挑战。

资源型地区作为我国重要的能源资源战略保障基地，是国民经济持续健康发展的重要支撑。促进资源型地区可持续发展，是加快转变经济发展方式、实现高质量发展的必然要求，也是促进区域协调发展、维护社会和谐稳定、建设生态文明的重要任务。

基于以上研究结论，本书提出如下针对性建议。

第一，在资源收益长期配置路径方面，应考虑代际平衡，不能仅关注当代人的消费福利而过度耗竭资源收益，同时也需要考虑到下一代人的福利，需要将资源收益储蓄到主权财富基金中，选择资源收益的最优储蓄份额以实现财政可持续发展与居民福利最大化。合理配置资源收益可以在一定程度上缓解"资源诅咒"问题，促进地方可持续发展与财政可持续发展、增强资源地经济发展韧性、提升资本积累、改善医疗设施状况与教育水平。

第二，在合理利用资源方面，各地区不能盲目地过度开发矿产资源，应充分重视自然资源与区域经济增长之间的协调关系，将矿产资源的开发由阻碍转变为促进，逐步减少或规避"资源诅咒"效应。要统筹规划区域产业布局，重视自然资源的长期效益，在合理开发与利用自然资源的同时，降低地区经济与产业发展对自然资源的过度依赖，注重生态效益、经济效益、社会效益的统一。

第三，在财政制度建设方面，资源枯竭型地区应该选择非资源财政结余和支出增长上限规则进行资源财富的积累；资源富集地区可以选择非资源财政结余或价格规则，以进行投资和扩大支出；此外，资源开采地政府要做好资源收入和支出的跨周期预算，保证宏观经济稳定，并做好财政制度的监督和执行工作。

第四，在统计制度建设方面，政府应明确矿产资源收益各级部门权责定位，协调税务部门、财政部门与国家统计部门之间的关系。财政业务数据收集相关机构应根据税务登记确定具体矿产企业及该企业所属行业，做好企业相关开采产品的分类，做好资源开采地政府矿产资源收益数据的核对工作，深入了解各企业不同的合同安排和会计做法，比较不同的数据来源以提高数据质量。矿产资源富集地区政府可以进行试点，结合当地的实际情况，制定相适应的矿产资源产业模板草案进行实地测试，发现需要注意的问题并进行改进及推广。

第五，在透明度制度建设方面，政府可参考借鉴 EITI 倡议制定和完善信息公开相关的法律法规，从五个方面披露采掘业信息，分别是国家以法律形式披露管理采掘部门的方式，有关生产和勘探相关的信息，采掘业的公司支付和政府收入，与收入分配有关的信息以及开采带来的社会、经济和环境影响情况；立法机构应当监督并审查采掘业国有公司执行的预算决议，国家审计机关应当进行适当和独立的审计；政府需要提高公众在信息披露方面的参与程度，建立专门用于公开采掘业信息的信息公开门户网站，对公开信息的项目进行分门别类的整理。

第六，在资源富集省份财政策略设计方面，需要跨年度预算机制规划资源收益的储蓄和支出，更多地投资于人力资本和制造业等提高经济增长潜力的部门，以支持未来财政收支。省政府更应关注扣除资源行业的地区生产总值，以及扣除资源收益的财政盈余，以应对未来的资源枯竭问题。不同资源富集省份具有不同的中央地方资源收益的分享特征，资源收益偏向于地方政府的省份财政分权更加明显，地方自主权较大，提高地方政府收入管理能力是主要问题；资源收益偏向于中央的省份应该注重转移支付绩效的评估和财政结余的管理。此外，中央需要完善转移支付体系，增强稳定性和可预见性。资源富集省份需要建立完善的公共财政管理框架，制定长期财政可持续战略目标，短中期通过明确的财政规则和中期财政框架来约束政府行为，以防止政府短期行为偏离长期目标。

参考文献

［1］鲍荣华，杨虎林．我国矿产资源税费征收存在的问题及改进措施［J］．地质技术经济管理，1998（4）：22－24＋73．

［2］曹俊斌．信息化技术在矿政管理中的应用与实践研究［J］．国土资源信息化，2016（5）：23－27＋38．

［3］陈梦根，尹德才．政府债务统计国际比较研究［J］．统计研究，2015，32（11）：79－87．

［4］陈梦根．财政统计准则更新的潜在影响及中国应对［J］．中国高校社会科学，2016（5）：116－125．

［5］陈曦．中国自然资源资产收益分配研究［J］．中央财经大学学报，2019（5）：109－120．

［6］陈运平，何珏，钟成林．"福音"还是"诅咒"：资源丰裕度对中国区域经济增长的非对称影响研究［J］．宏观经济研究，2018（11）：139－152．

［7］崔娜．共享发展理念下矿产资源开发收益分配机制研究［J］．中国矿业，2020，29（2）：46－51．

［8］崔学锋．"资源诅咒"论不成立［J］．经济问题探索，2013（5）：27－31．

［9］邓晓兰，陈宝东，鄢哲明．资源经济对地方财政收入影响的传导机制、障碍与对策——基于30个煤炭城市的面板数据实证分析［J］．经济经纬，2014，31（1）：136－141．

［10］董夏，李瑞民．采掘业透明度行动计划（EITI）与资源业可持续发展［J］．国际石油经济．2008（7）：36－41＋92．

［11］范立夫，杨仲山，刘昊．政府财政统计体系（GFS）的比较分析

[J]．财政研究，2010（7）：61 – 64．

[12] 方颖，纪珩，赵扬．中国是否存在"资源诅咒"[J]．世界经济，2011，34（4）：144 – 160．

[13] 房红，元亮，房秀华．我国政府财务报告改革研究——基于财政透明度视角 [J]．会计学，2011（9）：9 – 11．

[14] 冯宗宪，姜昕，赵驰．资源诅咒传导机制之"荷兰病"——理论模型与实证研究 [J]．当代经济科学，2010，32（4）：74 – 82．

[15] 盖丽萍．新时期统计工作面临的问题及发展对策 [J]．现代经济信息，2010（11）：98．

[16] 高萍．我国矿产资源开发收益分配实践与改革建议 [J]．中国矿业，2009，18（7）：36 – 38．

[17] 葛守中．政府财政统计核算体系（GFS）研究 [J]．统计研究，1997（4）：30 – 35．

[18] 葛守中．中国政府财政统计指标体系改革研究 [J]．兰州商学院学报，2012，28（5）：1 – 5．

[19] 谷成，于杨．现代国家治理框架下促进税收遵从的路径选择 [J]．经济研究参考，2018（60）：17 – 20．

[20] 侯思捷，汪德华．"十四五"时期推进现代财政制度建设展望 [J]．学习与探索，2021（4）：94 – 103 + 178．

[21] 胡援成，肖德勇．经济发展门槛与自然资源诅咒——基于我国省际层面的面板数据实证研究 [J]．管理世界，2007（4）：15 – 23．

[22] 黄爱宝．透明政府构建与政府环境信息公开 [J]．学海，2009（5）：90 – 95．

[23] 黄建欢，杨晓光，成刚，等．生态效率视角下的资源诅咒：资源开发型和资源利用型区域的对比 [J]．中国管理科学，2015，23（1）：34 – 42．

[24] 贾康，刘薇，孙维．深化中国财税体制改革的战略取向与要领 [M]．广州：广东经济出版社，2017．

[25] 蒋子瑄．采掘业上市公司社会责任报告披露问题研究 [J]．科教文汇（下旬刊），2019（12）：190 – 192．

[26] 景普秋．基于矿产开发特殊性的收益分配机制研究 [J]．中国工

业经济，2010（9）：15－25.

［27］克拉玛依市国税局课题组．中央石油石化企业"税收转移"问题分析：以新疆克拉玛依市为例［J］．经济研究参考，2015（69）：3－10.

［28］李爱华，崔雅楠．上市公司环境会计信息披露问题与完善措施［J］．现代企业，2022（11）：175－177.

［29］李国平，宋文飞．区域矿产资源开发模式、生态足迹效率及其驱动因素——对"资源诅咒"学说的另一种解读［J］．财经科学，2011（6）：101－109.

［30］李恒炜，杨佩刚．矿产资源有偿使用的国际经验借鉴与税费改革走势［J］．改革，2013（7）：136－143.

［31］李天籽．自然资源丰裕度对中国地区经济增长的影响及其传导机制研究［J］．经济科学，2007（6）：66－76.

［32］李婉红，李娜．自然资源禀赋、市场化配置与产业结构转型——来自116个资源型城市的经验证据［J］．现代经济探讨，2021（8）：52－63.

［33］李晓莉，张宇，肖劲奔，樊春辉．我国矿产资源收益制度现状分析与对策建议［J］．中国矿业，2013，22（10）：44－47.

［34］李学．数据质量、大数据执行机制与财政信息公开制度建设［J］．学术研究，2019（3）：61－68.

［35］刘灿，吴垠．分权理论及其在自然资源产权制度改革中的应用［J］．经济理论与经济管理，2008（11）：5－11.

［36］刘立佳，富立友，李明．环境因素、利益主体与财政统计体制改革的实证考察［J］．统计与决策，2021，37（10）：170－174.

［37］刘立佳，刘博敏，刘小兵．IMF2001版政府财政统计是否有利于财政风险管理——一项基于世界经验的实证分析［J］．财贸经济，2015（8）：25－37.

［38］刘立佳，王靖杨．财政统计制度的发展脉络研究：一个文献综述［J］．财会通讯，2020（22）：11－14.

［39］刘明慧，赵敏婕．资源税改革应厘清三个问题［J］．税务研究，2015（5）：32－38.

［40］刘士义．财政转移支付制度的现实困境与改革路径研究［J］．财

经问题研究, 2018 (2): 89 - 94.

[41] 刘笑霞, 李建发. 中国财政透明度问题研究 [J]. 厦门大学学报, 2008 (6): 34 - 41.

[42] 芦思姮. "资源诅咒"命题及其制度传导机理研究 [J]. 学术探索, 2017 (8): 82 - 87.

[43] 马宇, 程道金. "资源福音"还是"资源诅咒"——基于门槛面板模型的实证研究 [J]. 财贸研究, 2017, 28 (1): 13 - 25.

[44] 苗长虹, 胡志强, 耿凤娟, 苗健铭. 中国资源型城市经济演化特征与影响因素——路径依赖、脆弱性和路径创造的作用 [J]. 地理研究, 2018, 37 (7): 1268 - 1281.

[45] 庞加兰. 资源收益转移支付机制解决"资源诅咒"假说的研究 [J]. 价格理论与实践, 2016 (3): 128 - 131.

[46] 彭刚, 聂富强. 中国政府财政统计体系改革——基于 GFSM2014 分析框架的最新修订 [J]. 江汉大学学报 (社会科学版), 2018, 35 (6): 90 - 100.

[47] 邵帅, 杨莉莉. 自然资源开发、内生技术进步与区域经济增长 [J]. 经济研究, 2011, 46 (S2): 112 - 123.

[48] 邵帅, 齐中英. 西部地区的能源开发与经济增长——基于"资源诅咒"假说的实证分析 [J]. 经济研究, 2008 (4): 147 - 160.

[49] 申雪, 罗玲, 高阳, 姜航. 国外矿产资源管理基本制度及我国借鉴研究 [J]. 内蒙古煤炭经济, 2019 (15): 138 - 139 + 141.

[50] 施文泼, 贾康. 中国矿产资源税费制度的整体配套改革: 国际比较视野 [J]. 改革, 2011 (1): 5 - 20.

[51] 时颖. 中国油气资源收益分配制度改革思考——以资源地利益保护为主要研究对象 [J]. 学术论坛, 2016, 39 (12): 81 - 85.

[52] 宋丽颖, 王琰. 公平视角下矿产资源开采收益分享制度研究 [J]. 中国人口·资源与环境, 2016, 26 (1): 70 - 76.

[53] 宋敏, 刘学敏, Hal T. Nelson. 资源型城市财源建设的风险识别与制度优化路径——以陕西省延安市为例 [J]. 中国软科学, 2016 (10): 62 - 70.

［54］孙秀林，周飞舟. 土地财政与分税制：一个实证解释［J］. 中国社会科学，2013（4）：40-59.

［55］孙琳，王姝黛. 中期支出框架与走出"顺周期陷阱"——基于88个国家的数据分析［J］. 中国工业经济，2019（11）：5-23.

［56］孙耀华. "资源诅咒"效应及其对经济增长的传导机制研究［J］. 统计与决策，2021，37（16）：145-148.

［57］孙永平，赵锐. "资源诅咒"悖论国外实证研究的最新进展及其争论［J］. 经济评论，2010（3）：124-128.

［58］王柏杰，郭鑫. 地方政府行为、"资源诅咒"与产业结构失衡——来自43个资源型地级市调查数据的证据［J］. 山西财经大学学报，2017，39（6）：64-75.

［59］王保乾，李靖雅. 中国煤炭城市"资源诅咒"效应的实证研究［J］. 统计与决策，2019，35（10）：121-125.

［60］王朝才，赵全厚，朱新华，等. 基于基层财政视角的地方政府间财政关系研究［J］. 经济研究参考，2008（64）：21-41.

［61］王承武，王志强，马瑛，景邀颖. 矿产资源开发中的利益分配冲突与协调研究［J］. 资源开发与市场，2017，33（2）：184-187.

［62］王宏峰. 全球采掘业掀起"透明度行动"［J］. 西部资源. 2015（3）：62-63.

［63］王宏利，彭越. 建立完善财政统计体系 提升财政管理效能［J］. 产业创新研究，2019（8）：1-3.

［64］王嘉懿，崔娜娜. "资源诅咒"效应及传导机制研究——以中国中部36个资源型城市为例［J］. 北京大学学报（自然科学版），2018，54（6）：1259-1266.

［65］王丽艳，马光荣. 采矿业繁荣与公共品提供［J］. 经济评论，2021（6）：67-83.

［66］王任，蒋竺均. 燃油税、融资约束与企业行为——基于DSGE模型的分析［J］. 中国管理科学，2021.

［67］王少强. 以GFS为模式构建我国政府收支分类体系研究［D］. 长沙：湖南大学，2008.

［68］王雍君．全球视野中的财政透明度：中国的差距与努力方向［J］．国际经济评论，2003（7）：34 – 39.

［69］王勇．透明政府［M］．北京：国家行政学院出版社，2005.

［70］魏敬淼，郑皓辉，李显冬．中国矿产资源收益体系的反思与重构［J］．中国国土资源经济，2013，26（9）：8 – 11.

［71］文杰，文峰，李广舜．从区域经济协调发展的视角看新疆矿产资源税费制度优化［J］．税务研究，2010（11）：63 – 66.

［72］徐康宁，韩剑．中国区域经济的"资源诅咒"效应：地区差距的另一种解释［J］．经济学家，2005（6）：97 – 103.

［73］徐康宁，王剑．自然资源丰裕程度与经济发展水平关系的研究［J］．经济研究，2006（1）：78 – 89.

［74］徐立光，刘林，苗玉东，等．中央石油石化企业税收转移问题研究——以克拉玛依市 16 家中央石油石化企业为例［J］．改革与战略，2016，32（7）：105 – 110.

［75］薛雅伟，张剑．基于双标分类与要素演化的油气资源城市"资源诅咒"情景模拟［J］．中国人口·资源与环境，2019，29（9）：11 – 21.

［76］杨杰．采掘业透明度倡议（EITI）的新自由主义实质及中国的应对［J］．国土资源情报．2016（1）：50 – 56.

［77］杨秋媛，侯爱荣，董丽萍．我国矿业税费政策分析［J］．中国管理信息化，2009，12（20）：64 – 66.

［78］杨玉文．民族地区资源开发的"荷兰病"效应探究［J］．经济问题探索，2013（2）：56 – 60.

［79］应晓燕．多管齐下提高工业统计数据质量［J］．中国统计，2008（12）：38 – 39.

［80］俞剑，程冬，郑文平．能源价格不确定性、固定资产投资与中国经济波动［J］．经济理论与经济管理，2017（11）：98 – 112.

［81］张波，刘璐．煤炭开采收益共享：依据、内涵与制度设计［J］．经济社会体制比较，2017（2）：65 – 76.

［82］张波，王晓琦．资源型地区矿产收益管理研究［J］．学习与探索，2019（9）：135 – 142.

［83］张复明．矿产开发负效应与资源生态环境补偿机制研究［J］．中国工业经济，2009（12）：5-15．

［84］张丽，盖国凤．煤炭产业依赖对全要素生产率影响研究——基于有条件"资源诅咒"假说［J］．财经问题研究，2020（3）：39-47．

［85］张绍朋，张丁，黄温钢．我国矿业税收政策分析［J］．采矿技术，2008（5）：97-98+100．

［86］张泰，王兰军，韩凤芹，等．资源型城市财政可持续发展的思考与建议——基于陕西神木的调研［J］．经济研究参考，2014（55）：27-43．

［87］张献方，周亚荣．自然资源资产负债表：现状及展望［J］．财会月刊，2019（16）：80-86．

［88］赵康杰，景普秋．资源依赖、资本形成不足与长期经济增长停滞——"资源诅咒"命题再检验［J］．宏观经济研究，2014（3）：30-42．

［89］周波，于金多．我国自然资源资产收益分配的突出问题及改革路径［J］．辽宁大学学报（哲学社会科学版），2020，48（4）：39-46．

［90］朱晓．矿产资源开发过程中央地两级政府监管博弈研究［J］．新疆财经，2021（4）：38-48．

［91］朱志雯．我国政府财政统计核算的记录基础及虚拟计算操作的改革研究［J］．统计研究，2012，29（3）：10-13．

［92］邹康．中国政府财政统计体系改革再研究［D］．成都：西南财经大学，2012．

［93］张一凡．环境会计信息披露的国际比较［J］．经济研究导刊，2022（29）：113-116．

［94］Agénor P R, Montiel P J. Development macroeconomics［M］//Development Macroeconomics. Princeton University Press, 2015.

［95］Agénor P R. Optimal fiscal management of commodity price shocks［J］. Journal of Development Economics, 2016, 122: 183-196.

［96］Alm J, Martinez-Vazquez J, Torgler B. Russian Attitudes toward Paying Taxes-Before, During, and After the Transition［J］. International Journal of Social Economics, 2006, 33（12）: 832-857.

［97］Aragón F M, Chuhan-Pole P, Land B C. The Local Economic Impacts of Resource Abundance: What Have We Learned? [M]. The World Bank, 2015.

[98] Arezki R, van der Ploeg F. Can the Natural Resource Curse Be Turned into a Blessing? The Role of Trade Policies and Institutions [J]. IMF Working Papers, 2007 (55): 1-34.

[99] Auty R M. Sustaining Development in Mineral Economies: The Resource Curse Thesis [M]. London: Routledge, 1993.

[100] Bacon R, Tordo S. Experiences with oil funds: Institutional and financial aspects [J]. World Bank Washington DC, 2010 (7).

[101] Baksa D, Mihalyi D, Romhanyi B. Mongolia Macro - Fiscal Model [J]. Natural Resource Governance Institute, Ulaanbaatar, 2017.

[102] Basdevant O, Imamoglu E, Hooley J. How to Design a Fiscal Strategy in a Resource-Rich Country [J]. IMF Fiscal Affairs Department, 2021.

[103] Bauer A. Subnational oil, gas and mineral revenue management [J]. Revenue Watch Institute Briefing. Nueva York, NY: The Revenue Watch Institute. Disponible en: http: //www. resourcegovernance. org/sites/default/files/RWI_ Sub_ Oil_ Gas_ Mgmt_ EN_ rev1. pdf, 2013.

[104] Bauer A, Lwerks R, Pellegrini M, et al. Subnational Governance of Extractives: Fostering National Prosperity by Addressing Local Challenges [EB/OL]. (2016-08-24) [2021-10-24]. https: //resourcegovernance. org/analysis-tools/publications/subnational-governance-extractives-fostering-national-prosperity.

[105] Baunsgaard T, Villafuerte M, Poplawski-Ribeiro M, et al. Fiscal frameworks for resource rich developing countries [J]. Staff Discussion Notes, 2012, 2012 (4).

[106] Berg A, Portillo R, Yang S C S, et al. Public investment in resource-abundant developing countries [J]. IMF Economic Review, 2013, 61 (1): 92-129.

[107] Bornhorst F, Gupta S, Thornton J. Natural resource endowments and the domestic revenue effort [J]. European Journal of Political Economy, 2009, 25 (4): 439-446.

［108］ Cashin P, Liang H, McDermott C J. How Persistent Are Shocks to World Commodity Prices? ［J］. IMF Staff Papers, 2000, 47 (2): 177 – 217.

［109］ Cashin P, McDermott C J, Scott A. Booms and slumps in world commodity prices ［J］. Journal of Development Economics, 2002, 69 (1): 277 – 296.

［110］ Chugunov I, Makohon V, Vatulov A, et al. General government revenue in the system of fiscal regulation ［J］. Investment Management and Financial Innovations, 2020, 17 (1): 134 – 142.

［111］ Collier P, Goderis B. Commodity Prices, Growth, and the Natural Resource Curse: Reconciling a Conundrum ［J］. The Centre for the Study of African Economies Working Paper Series, 2008.

［112］ Collier P, Goderis B. Prospects for Commodity Exporters: Hunky Dory or Humpty Dumpty? ［J］. World Economics, 2007, 8 (2): 1 – 15.

［113］ Collier P, Van Der Ploeg R, Spence M, et al. Managing Resource Revenues in Developing Economies ［J］. IMF Staff Papers, 2010, 57 (1): 84 – 118.

［114］ Corden W M, Neary J P. Booming Sector and De-Industrialisation in a Small Open Economy ［J］. The Economic Journal, 1982, 92 (368): 825 – 848.

［115］ Cuddington J T, Jerrett D. Super Cycles in Real Metals Prices? ［J］. IMF Staff Papers, 2008, 55 (4): 541 – 565.

［116］ Cust J, Viale C. Is There Evidence for a Subnational Resource Curse? ［EB/OL］. (2016 – 04 – 26) ［2021 – 10 – 23］. https: //resourcegovernance. org/analysis-tools/publications/there-evidence-subnational-resource-curse.

［117］ Daban Sanchez T. Strengthening Chile's rule-based fiscal framework ［J］. Available at SSRN 1751427, 2011.

［118］ Dabán T, Hélis J. A Public Financial Management Framework for Resources-Producing Countries ［J］. IMF Working Papers, 2010, 2010 (072): 1 – 37.

［119］ Daniel P, Keen M, McPherson C. The Taxation of Petroleum and Minerals: Principles, Problems and Practice ［M］. USA: Emily Kindleysides/

Rob Langham, 2010.

[120] Devarajan S, Go D S, Maliszewska M, et al. Stress-testing Africag's recent growth and poverty performance [J]. Journal of Policy Modeling, 2015, 37 (4): 521 –547.

[121] Dobrynskaya V, Turkisch E. Is Russia Sick with the Dutch Disease? [J]. CEPII research center, 2009.

[122] Eifert B, Gelb A, Tallroth N B. The political economy of fiscal policy and economic management in oil-exporting countries [J]. Fiscal Policy Formulation and Implementation in Oil-producing Countries, 2003: 82 – 122.

[123] Esteves A M, Coyne B, Moreno A. Local content in the oil, gas and mining sectors: Enhancing the benefits at the subnational level [J]. Revenue Watch Institute, 2012.

[124] Eyraud L, Hodge A, Ralyea M J, et al. How to design subnational fiscal rules: A primer [M]. International Monetary Fund, 2020.

[125] Fleming D A, Measham T G. Disentangling the Natural Resources Curse: National and Regional Socioeconomic Impacts of Resource Windfalls: Paper; 2865 [Z]. 2013.

[126] Friedman M. The permanent income hypothesis [M] //A theory of the consumption function. Princeton University Press, 1957: 20 – 37.

[127] George Kopits, MJD Craig, MG Kopits. Transparency in government operations [M]. Washington: International Monetary Fund, 1998.

[128] Ghura D, Pattillo C. Macroeconomic policy frameworks for resource-rich developing countries [J]. International Monetary Fund, Washington, DC, 2012.

[129] Go D S, Robinson S, Thierfelder K. Natural resource revenue, spending strategies and economic growth in Niger [J]. Economic Modelling, 2016, 52: 564 –573.

[130] Government Expenditure: Evidence from Peru [J]. SSRN Electronic Journal, 2017.

[131] Hamilton J D. Understanding Crude Oil Prices [J]. The Energy

Journal, 2009, 30 (2): 179 – 206.

[132] He X, Mou D. Impacts of mineral resources: Evidence from county e-conomies in China [J]. Energy Policy, 2020, 13 (Jan.): 111088. 1 – 111088. 11.

[133] Hinchcliffe C, Stanger M, Reinsdorf M. Guide to analyze natural resources in national accounts [EB/OL]. https://www.imf.org/external/pubs/ft/qna/na.htm.

[134] International Monetary Fund. Fiscal Affairs Dept. Fiscal Monitor, April 2019 [M] //USA: International Monetary Fund: h2.

[135] International Monetary Fund. Macroeconomic Policy Frameworks for Resource-Rich Developing Countries [J]. Policy Papers, 2012, 2012 (70): 1 – 55.

[136] International Monetary Fund. Mongolia: Technical Assistance Report-Report on the National Accounts Mission [J]. IMF Staff Country Reports, 2017, 2017 (52): 1 – 27.

[137] International Monetary Fund. Review of 1997 Guidance Note on Governance—A Proposed Framework for Enhanced Fund Engagement [J]. IMF Policy Paper, 2018 (22): 1 – 61.

[138] J Ferejohn. Democracy, accountability, and representation [M]. London: Cambridge University Press, 1999.

[139] Jiménez de Lucio, A. F. Template to collect data on government revenues from Natural resources [J]. IWF Working Paper, International Monetary Fund, 2014.

[140] Lemgruber A, Shelton S, Gupta S. Revenue Administration: A Short Primer1 [J]. Technical Notes and Manuals, 2014, 2014 (2): 1 – 27.

[141] Levine P, Melina G, Onder H, et al. Non-renewable resources, fiscal rules, and human capital [J]. World Bank Policy Research Working Paper, 2016 (7695).

[142] Lim K Y, Zhang S. Optimal fiscal management in an economy with resource revenue-financed government-linked companies [J]. International Jour-

nal of Finance & Economics, 2021.

[143] Luca M O, Puyo D M. Fiscal Analysis of Resource Industries: (FARI Methodology) [M]. International Monetary Fund, 2016.

[144] Maldonado S, Ardanaz M. Natural resource windfalls and efficiency in local govemment expenditure: Evidence from Peru [J] Economics & Politis, 2023. 35 (1): 28 – 64.

[145] Maliszewski W S. Fiscal policy rules for oil-producing countries: A welfare-based assessment [J]. IMF Working Papers, 2009 (6).

[146] Malova A, Van der Ploeg F. Consequences of lower oil prices and stranded assets for Russia's sustainable fiscal stance [J]. Energy Policy, 2017, 105: 27 – 40.

[147] Masi T, Savoia A, Sen K. Is there a fiscal resource curse? Resource rents, fiscal capacity, and political institutions in developing economies [J]. WIDER Working Paper Series, 2020.

[148] Mehlum H, Moene K, Torvik R. Institutions and the Resource Curse [J]. The Economic Journal, 2006, 116 (508): 1 – 20.

[149] Michael L. Ross. Does Oil Hinder Democracy? [J]. World Politics, 2001, 53 (3).

[150] Mihalyi D, Fernández L. How Did Fiscal Rules Hold Up in the Commodity Price Crash [J]. Natural Resource Governance Institute, 2018.

[151] Oppel A, McNabb K, Chachu D. Government revenue dataset (2021): Variable description [J]. WIDER Technical Note, 2021, 11 (2021): 2021 – 11.

[152] Osmel Manzano, Juan David Gutiérrez. The subnational resource curse: Theory and evidence [J]. The Extractive Industries and Society, 2019, 6 (2).

[153] Ossowski R, Halland H. Fiscal management in resource – rich countries: Essentials for economists, public finance professionals, and policy makers [M]. World Bank Publications, 2016.

[154] Ossowski R. Fiscal rules and resource funds in nonrenewable resource

exporting countries: International experience [J]. Inter – American Development Bank (June), 2013.

[155] Pieschacón A. The value of fiscal discipline for oil – exporting countries [J]. Journal of Monetary Economics, 2012, 59 (3): 250 – 268.

[156] Primus K. Fiscal Rules for Resource Windfall Allocation: The Case of Trinidad and Tobago [M]. International Monetary Fund, 2016.

[157] Ramez Abubakr Badeeb, Hooi Hooi Lean, Jeremy Clark. The evolution of the natural resource curse thesis: A critical literature survey [J]. Resources Policy, 2017, 51.

[158] Ribot J C. Waiting for Democracy: The Politics of Choice in Natural Resource Decentralization [J]. World Resource Institute Report, 2004, 9.

[159] Robinson J A, Torvik R. White elephants [J]. Journal of Public Economics, 2005, 89 (2): 197 – 210.

[160] Ross, Michael L. What Have We Learned about the Resource Curse? [J]. Annual Review of Political Science, 2015, 18 (1): 239 – 259.

[161] Sachs J D, Warner A M. The curse of natural resources [J]. European Economic Review, 2001, 45 (4 – 6): 827 – 838.

[162] Sharma N, Strauss T. Special fiscal institutions for resource – rich developing economies [J]. Overseas Development Institute (ODI), 2013.

[163] Baunsgaard S C, et al. Update on the standard template to collect data on government revenues from natural resources [J]. Policy Papers, 2017 (28): 1 – 27.

[164] Van der Ploeg F, Poelhekke S. Volatility and the natural resource curse [J]. Oxford Economic Papers, 2009, 61 (4): 727 – 760.

[165] Van der Ploeg F, Venables A J. Harnessing windfall revenues: Optimal policies for resource - rich developing economies [J]. The Economic Journal, 2011, 121 (551): 1 – 30.

[166] World Bank. Beyond the Annual Budget: Global Experience with Medium Term Expenditure Frameworks [J]. World Bank Publication, 2012.

附　录

附录1　《采掘业透明度行动计划》（EITI）收入模板 *

一、税收

根据《2001 年政府财政统计手册》，税收主要分为收入、利润和资本利得税，工资税和劳动力税，财产税，商品和服务税，国际贸易和交易税，其他税收六个部分。

根据《2001 年政府财政统计手册》，收入、利润和资本利得税一般包括工资、薪金、小费、服务费、佣金、附加福利和其他劳务报酬，利息、股息、租金和特许权使用费，资本利得与损失，包括投资基金的资本利得分配，公司、合伙企业、独资企业、地产及信托的利润，社会保险、养老金、年金、人寿保险和其他退休账户分配的应税部分和其他杂项收入项目。

基于《2001 年政府财政统计手册》，我国矿产资源企业依法缴纳的企业所得税和石油特别收益金归属于收入、利润和资本利得税这一类别。《中华人民共和国企业所得税法》规定一般企业所得税的税率为 25%，企业实际发生的与取得收入有关的、合理的支出，准予在计算应纳税所得额时扣除。企业所得税可划入《采掘业透明度行动计划》收入模板类别收入、利润和

 ＊ International Monetary Fund. Government Finance Statistics Manual 2001 ［M］. USA：International Monetary Fund，2001.

资本利得普通税（1112E1）。《国务院关于开征石油特别收益金的决定》对石油开采企业销售国产原油因油价上涨获得的超额收入征收石油特别收益金。石油特别收益金征收办法由财政部制定并公布施行。石油特别收益金可划入《采掘业透明度行动计划》收入模板类别收入、利润和资本利得的特别税（1112E2）。

根据《2001年政府财政统计手册》，财产税包括不动产经常税，净财富经常性税，遗产、继承和赠与税，金融和资本交易税，其他非经常性财产税，以及其他财产税。

不动产经常税是对不动产的使用或所有权定期征收的税，其中不动产包括土地、建筑物和其他构筑物。

基于《2001年政府财政统计手册》，将我国矿产资源企业缴纳的耕地占用税、城镇土地使用税和房产税归于不动产经常税这一类别。《耕地占用税管理规程（试行）》规定，对占用耕地建房或从事其他非农业建设的部门和个人征收耕地占用税，由税务机关负责征收。现行《中华人民共和国城镇土地使用税暂行条例》规定：在城市、县城、建制镇、工矿区范围内使用土地的部门和个人，应缴纳城镇土地使用税，由税务局征收。《中华人民共和国房产税暂行条例》规定工矿区需要缴纳房产税，向房产所在地的税务机关纳税。耕地占用税、城镇土地使用税和房产税可划入《采掘业透明度行动计划》收入模板类别财产税（113E）。

根据《2001年政府财政统计手册》，商品和服务税包括商品和服务的一般税、消费税、财政垄断利润、特定服务税、商品使用/使用商品或进行活动的许可税，其他商品和服务税。

商品和服务的一般税是指除海关和其他进口税和出口税之外的所有税费，包括针对各种货物的生产、租赁、交付、销售、购买或其他所有权变更以及提供多种服务所征收的所有税。该项目又细分为增值税、销售税、营业额以及其他商品和服务的一般税。

基于《2001年政府财政统计手册》，将我国矿产资源企业缴纳的增值税归于商品和服务的一般税这一类别。增值税是我国征收的主要税种之一，也是矿产资源企业缴税的重要一部分，实行价外税计征，由税务局负责征收。《中华人民共和国增值税暂行条例》规定，在中华人民共和国境内销售货物或者提供加工、修理修配劳务以及进口货物的部门和个人，应缴纳增值税。2019年制造业等行业原适用16%税率的，税率调整为13%。增值税可划入《采掘业透明度行动计划》收入模板类别商品和服务的一般税（增值税、销售税、流转税）（1141E）。

商品使用/使用商品或进行活动许可的税是指企业需要通过政府颁发许可证或其他需要收费的证书来获得特定许可而缴纳的税。这一类别细分为机动车税和其他与商品使用和使用商品或提供服务的许可税。

基于《2001年政府财政统计手册》，将我国矿产资源企业缴纳的资源税归于商品使用和使用商品或进行活动许可的税这一类别。2017年《矿产资源权益金制度改革方案》规定将矿产资源补偿费并入资源税，取缔违规设立的各项收费基金，改善税费重复、功能交叉问题。2019年《中华人民共和国资源税法》规定，开发应税资源的部门和个人为资源税的纳税人，应向应税产品开采地或者生产地的税务机关申报缴纳资源税。资源税实行从价计征或从量计征，资源税可划入《采掘业透明度行动计划》收入模板类别执照费（114521E）。

根据《2001年政府财政统计手册》，机动车税包括机动车使用税或机动车使用许可税，不包括机动车的财产税、净财富税或道路、桥梁和隧道使用费。

基于《2001年政府财政统计手册》，将我国矿产资源企业缴纳的车船税归于机动车税这一类别。2006年《中华人民共和国车船税暂行条例》规定，我国车辆、船舶的所有人或者管理人应缴纳车船税。车船的适用税额，依照《车船税税目税额表》执行，车船税由税务机关负责征收。2018年《关于节能新能源车船享受车船税优惠政策的通知》要求对符合标准的新能源车船免征车船税，对符合标准的节能汽车减半征收车船税。车船税可划入《采掘业透明度行动计划》收入模板类别机动车税（11451E）。

根据《2001年政府财政统计手册》，使用商品和商品使用或提供服务许可的税包括商业和执业执照。这种许可证的形式可以是对经营一般业务或特定业务及职业的许可征税。特定类型企业的税收或执照包括销售商品或提供服务的许可。这一类别包括对排放物或有毒气体、液体或其他有害物质的排放征收的污染税。

基于《2001 年政府财政统计手册》，将我国矿产资源企业缴纳的环境保护税归于使用商品/商品使用或进行活动许可的税这一类别。2016 年《中华人民共和国环境保护税法》规定，在中华人民共和国领域和中华人民共和国管辖的其他海域，直接向环境排放应税污染物的企业事业部门和其他生产经营者应当缴纳环境保护税。2017 年《中华人民共和国环境保护税法实施条例》规定，应税大气污染物、水污染物的计税依据，按照污染物排放量折合的污染当量数确定。税务机关依法履行环境保护税纳税申报受理、涉税信息比对、组织税款入库等职责。环境保护税可划入《采掘业透明度行动计划》收入模板类别排放和污染税（114522E）。

根据《2001 年政府财政统计手册》，国际贸易和交易税包括海关和其他进口关税、出口税、进出口垄断利润、交易利润、交易税收、国际贸易和交易的其他税。

海关和其他进口关税是指因货物进入该国而征收的所有税款或因非居民向居民提供的服务而征收的税款。

基于《2001 年政府财政统计手册》，将我国矿产资源企业缴纳的进口税归于海关和其他进口关税这一类别。2003 年《中华人民共和国进出口关税条例》规定，进口关税设置最惠国税率、协定税率、特惠税率、普通税率、关税配额税率等税率。进口货物关税，以从价计征、从量计征或者国家规定的其他方式征收，海关依法征收。进口税可划入《采掘业透明度行动计划》收入模板类别关税和其他进口税（1151E）。

出口税是指因货物运出国外而征收的所有税款或因居民向非居民提供的服务而征收的税款。

基于《2001 年政府财政统计手册》，将我国矿产资源企业缴纳的出口税归于出口税这一类别。2003 年《中华人民共和国进出口关税条例》规定，出口关税设置出口税率。出口货物关税，以从价计征、从量计征或者国家规定的其他方式征收，海关依法征收。出口税可划入《采掘业透明度行动计划》收入模板类别出口税（1152E）。

根据《2001 年政府财政统计手册》，其他税收包括根据上述税目所述的税基以外的主要税基征收的税收收入，无明确税项的收入，因未按税种确定而迟缴或未缴纳税款而征收的利息或罚款，及印花税、人头税。

基于《2001 年政府财政统计手册》，将我国矿产资源企业缴纳的印花税、教育费附加和城市维护建设税归于其他税收这一类别。2021 年《中华人民共和国印花税法》规定，在中华人民共和国境内书立应税凭证、进行证券交易的单位和个人，应当缴纳印花税。印花税的应纳税额按照计税依据乘以适用税率计算，纳税人为单位的，应当向其机构所在地的主管税务机关申报缴纳印花税；纳税人为个人的，应当向应税凭证书立地或者纳税人居住地的主管税务机关申报缴纳印花税。《征收教育费附加的暂行规定》《中华人民共和国城市维护建设税法》规定，凡缴纳增值税、消费税的单位和个人，都应缴纳教育费附加和城建税，分别与增值税、消费税同时缴纳，由税务机关负责征收。印花税、教育费附加和城市维护建设税可划入《采掘业透明度行动计划》收入模板类别自然资源公司应缴纳的其他税款（116E）。

二、社会贡献

根据《2001 年政府财政统计手册》，社会贡献分为社会保障贡献或其他社会保障贡献。

三、赠款

根据《2001 年政府财政统计手册》，赠款是政府部门从其他政府部门或国际组织收到的非有偿转让。

四、其他收入

根据《2001 年政府财政统计手册》，其他收入还包括财产收入、商品和服务的销售以及其他各种收入。财产收入主要包括利息、分红和租金。

利息是由拥有某些金融资产，即存款、股票以外的有价证券、贷款和应收账款的一般政府部门收取的。

分红是指一般政府部门作为一个公司的股东和所有者，他们将股本资金交给公司，有权作为股东获得股息。

　　基于《2001 年政府财政统计手册》，将我国矿产企业分配给政府的股息归于分红这一类别。2007 年《关于试行国有资本经营预算的意见》规定，国家依法收取企业国有资本收益。针对政府主管部门权责界定，国务院规定各级财政部门为国有资本经营预算的主管部门，负责收取企业国有资本收益等。股息可划入《采掘业透明度行动计划》收入模板类别来自国有企业（1412E1）。

　　租金是从土地、地下资产和其他自然产生的资产的某些租赁中获得的财产收入。

　　基于《2001 年政府财政统计手册》，将我国矿业权出让收益和矿业权占用费归于租金这一类别。2017 年《矿产资源权益金制度改革方案》规定，将探矿权采矿权价款调整为矿业权出让收益。矿业权出让收益在出让时一次性确定，以货币资金方式支付，可以分期缴纳。矿业权出让收益中央与地方分享比例确定为 4∶6。在矿业权占有环节，将探矿权采矿权使用费整合为矿业权占用费。矿业权占用费中央与地方分享比例确定为 2∶8。国务院和省级矿产资源主管部门登记的矿业权，其出让收益由矿业权所在地的省级矿产资源主管部门或其授权的市、县矿产资源主管部门负责征收。市、县矿产资源主管部门登记管理的矿业权，其出让收益由市、县矿产资源主管部门负责征收。矿业权出让收益和矿业权占用费可划入《采掘业透明度行动计划》收入模板类别许可税（1415E1）。

　　其他租金是指在未开垦的政府土地上砍伐木材、将未经管理的水体用于娱乐或商业目的（包括捕鱼）、用水灌溉以及在政府土地上放牧的权利。

　　基于《2001 年政府财政统计手册》将我国矿产资源企业缴纳的水资源费归于其他租金这一类别。2016 年发布的《财政部、税务总局关于全面推进资源税改革的通知》指出，自 2016 年 7 月 1 日起，我国全面推进资源税改革，根据通知要求，我国将开展水资源税改革试点工作，并率先在河北省试点，采取水资源费改税方式，将地表水和地下水纳入征税范围，实行从量定额计征。2017 年《国务院关于修改和废止部分行政法规的决定》修订）规定取用水资源的单位和个人，除特殊情形外，应申请领取取水许可证，并缴纳水资源费。水资源费由取水审批机关负责征收。水资源费可划入《采掘业透明度行动计划》收入模板类别其他租金支付（1415E5）。

根据《2001 年政府财政统计手册》，商品和服务的销售主要包括市场机构的销售、行政费用、非市场机构的附带销售、商品和服务的估算销售。

基于《2001 年政府财政统计手册》，将我国矿产资源企业缴纳的森林植被恢复费、土地复垦费、水土保持补偿费和政府服务行政费用归于商品和服务的销售这一类别。2003 年发布的《森林植被恢复费征收使用管理暂行办法》规定，凡勘查、开采矿藏和修建道路、水利、电力、通信等各项建设工程需要占用、征用或者临时占用林地，经县级以上林业主管部门审核同意或批准的用地部门，应当向县级以上林业主管部门预缴森林植被恢复费。2012 年《土地复垦条例实施办法》规定，土地复垦义务人应当在办理建设用地申请或者采矿权申请手续时，组织编制土地复垦方案，随有关报批材料报送有关国土资源主管部门审查。2014 年《水土保持补偿费征收使用管理办法》规定，在山区、丘陵区、风沙区以及水土保持规划确定的容易发生水土流失的其他区域开办生产建设项目或者从事其他生产建设活动，不能恢复原有水土保持功能的单位和个人，应当缴纳水土保持补偿费。森林植被恢复费、土地复垦费和水土保持补偿费可划入《采掘业透明度行动计划》收入模板类别政府部门销售商品和服务（1421E）。矿产资源企业为获得开采许可，需要政府检查有关人员的能力和资格，检查设备的有效和安全功能，或者执行一些其他形式的控制，然后颁发经营执照或其他证书获得具体许可，还有进行诉讼等过程中需要缴纳政府服务行政费用。行政费用可划入《采掘业透明度行动计划》收入模板类别政府服务行政费用（1422E）。

根据《2001 年政府财政统计手册》，罚款和处罚是法院或准司法机构对违反法律或行政法规的部门所实施的强制性资金转移。罚金是指在法律或行政诉讼期间存入一般政府部门的款项，以及作为该诉讼决议转移到一般政府部门的款项。

基于《2001 年政府财政统计手册》，将我国矿产资源企业缴纳的罚款或罚金归于罚款和处罚这一类别。矿产资源企业违反法律或行政规则等的情况，需要缴纳罚款或罚金。罚款或罚金可划入《采掘业透明度行动计划》收入模板类别罚款、罚金和没收（143E）。

根据《2001 年政府财政统计手册》，捐赠包括来自个人、私人非营利机构、非政府基金会、公司以及政府和国际组织以外的任何其他来源的捐赠和自愿捐款。

基于《2001 年政府财政统计手册》，将我国矿产资源企业的馈赠和自愿捐赠归于捐赠这一类别。矿产资源企业捐助用于建设或购买文化中心、医院、学校、疫情防控物资，向政府提供救济粮食、毯子和医疗用品等。馈赠和自愿捐赠可划入《采掘业透明度行动计划》收入模板类别向政府自愿转移（捐赠）（144E1）。

根据《2001 年政府财政统计手册》，杂项和未确认收入包括所有不属于任何其他类别的收入。

《采掘业透明度行动计划》（EITI）收入模板如表 A1.1 所示。

表 A1.1　　　　　《采掘业透明度行动计划》（EITI）收入模板

采掘公司收入流的 GFS 代码	
11E	**税收**
111E	**收入、利润和资本利得税**
1112E1	收入、利润和资本利得普通税
1112E2	收入、利润和资本利得特别税
112E	工资税和劳动力税
113E	财产税
114E	**商品和服务税**
1141E	商品和服务的一般税（增值税、销售税、流转税）
1142E	消费税
1145E	商品使用税/使用商品或开展活动的许可
114521E	执照费
114522E	排放和污染税
11451E	机动车税
115E	**国际贸易和交易税**
1151E	关税和其他进口税
1152E	出口税
1153E1	自然资源出口垄断的利润
116E	自然资源公司应缴纳的其他税款

续表

12E	社会贡献
1212E	社会保障雇主贡献

14E	其他收入
141E	财产收入
1412E	分红
1412E1	来自国有企业
1412E2	来自政府参与（权益）
1413E	从准公司收入中提款
1415E	租金
1415E1	许可税
1415E2	奖金
1415E	生产权利金（实物或现金支付）
1415E31	直接交付/支付给政府
1415E32	交付/支付给国有企业
1415E4	向政府强制转移（基础设施和其他）
1415E5	其他租金支付
142E	商品和服务销售
1421E	政府部门商品和服务的销售
1422E	政府服务行政费用
143E	罚款、罚金和没收
144E1	向政府的自愿转移（捐赠）

15E	未分配的收入

注：

1. 所列项目只包括公司以自己的名义向政府支付的款项。不包括公司代表员工向政府支付的款项（例如个人所得税/所得税预扣法、员工社会保障缴款）。

2. GFS 代码中的字母 E 表示这些代码用于采掘公司的收入。E 左边的数字是实际的 GFS 代码。E 右边的数字是专门为采掘公司收入创建的子类别。

附录2 《采掘业透明度行动计划》（EITI）原则及规范*

2003 年，英国政府在伦敦召开兰开斯特宫会议，不同性质的国家、公司和公众社团参加了会议。与会者通过了一项原则声明，同意加强采掘业的付款和收入透明度，即《采掘业透明度行动计划》原则。各个国家可以按照《采掘业透明度行动计划》原则，将《采掘业透明度行动计划》与本国原有制度相结合，形成工作计划，将相关程序本国化。

为了在全球进一步推广《采掘业透明度行动计划》计划，在 2005 年伦敦《采掘业透明度行动计划》会议上，《采掘业透明度行动计划》的参与者通过了实施标准，还鼓励各国在条件允许情况下超越最低标准要求，鼓励各国采用国际货币基金组织的《财政透明度良好行为守则》《财政透明度手册》中的良好行为指导准则，同时与会者还接受将《采掘业透明度行动计划》资源手册作为实施行动的补充和说明性文件。

一、《采掘业透明度行动计划》原则

1. 政府谨慎地利用自然资源财富是经济持续增长的重要保障，以促可持续发展和减少贫困，如果管理不善，或造成负面的经济和社会影响。

2. 管理自然资源财富、造福于国民是主权政府为国家发展利益应行使的职责。

3. 矿产资源采掘的收益流需经过多年发展才可盈利，并且资源价格变动对其具有重要影响。

4. 公众对政府收入和支出的持续了解有助于公众讨论，与政府选择适当和现实的可持续发展道路。

---

* 国际采掘业透明度行动计划秘书处（EITI）. 采掘业透明度行动计划（EITI）资源手册［R］. 英国国际开发署（DFID），2005.

5. 政府和采掘业公司保持透明度具有重要意义，加强公有财富管理和问责制是必要的。

6. 实现更大程度的透明必须严格遵守法律和合同的规定。

7. 财政透明度将改善国内外直接投资环境。

8. 政府担负着为其全体公民管理资源开采收益流和公众支出的责任。

9. 鼓励在公众生活、政府运作和商业交往中保持高度透明和建立问责制。

10. 需要建立一个简单易行、广泛一致并且可运作的披露收支机制。

11. 某一国的支付披露应包括所有在该国运营的采掘业公司。

12. 在寻求解决方案时，所有利益相关者均应做出重要贡献，包括政府以及机构、采掘业公司、服务公司、多边组织、金融机构、投资商和非政府组织。

二、《采掘业透明度行动计划》标准

1. 以大众可获得、全面、易懂的方式，定期向大众公布所有公司向政府缴纳的实质性石油、天然气和采矿付款（简称付款），以及政府从石油、天然气和采矿公司收到的所有实质性收入（简称收入）。

2. 当不具备审计手段时，应将付款和收入交由可靠、独立的审计机构按照国际审计标准审计。

3. 付款和收入应由可信、独立的行政官按照国际审计标准核对，并公布行政官对账目核对的意见，包括误差。

4. 本方法适用包括国有公司在内的所有公司。

5. 公众社会作为参与者积极参与本程序的设计、监督和评估。

6. 由东道政府为实现上述目的制订公开、财政上具有持续性的工作计划，必要时可寻求国际金融机构的协助，包括可检测的目标、实施时间表，以及对潜在制约因素的评估。

附录3 《采掘业透明度倡议》要求公开
采掘业信息的具体细则*

一、法律和制度框架

1. 法律框架和财政制度。政府必须对管理采掘业的法律框架和财政制度进行简要披露。政府需要简要公开说明开采地政府资源收益财政制度，介绍采掘业相关的法律和法规，描述勘探开采石油、天然气和矿物时不同类型的合同以及许可证，规定有关政府机构的角色和责任。

2. 合同和许可证的分配。许可证是指政府授予公司及个人勘探或开采石油、天然气或其他矿产资源的任何许可证、租赁、所有权、许可证、合同及特许权。

3. 国家需要披露会计期间采矿公司发生的所有采矿合同和许可证之间授予和转让的信息。具体包括描述转让或授予许可证的过程（如竞争性招标或直接谈判等方式），采矿使用的技术和财务标准，许可证进行授予和转让时接收者的具体信息（如财团或公司等）。当分配合同和许可证时，如果出现违反相关法律法规情况，有关部门需要记录并向公众解释。

4. 登记许可证。为了使公众获得许可证及时和全面的信息，国家应维持公开的登记或地籍系统。政府公布进行许可证登记核对的网站或现场地点，并指导登记人如何访问网站。登记系统内需要披露许可证的持有人、申请日期、授予日期和许可证有效期。

5. 合同。合同指政府授予或签订的任何合同、特许权、生产分成协议或其他协议，其中规定了开采石油、天然气和矿产资源的附加条款。国家需要将政府关于勘探和开采石油、天然气和矿产的可公布合同及许可证披露政策记录下来。同时政府需要向公众解释没有公开部分合同或许可证的原因。

---

* Sue MacDonald. THE EITI STANDARD 2019 ［R］. Extractive Industries Transparency Initiative，2019.

6. 实质收益所有权。实益所有权是指一种所有权形式,公司的受益所有人是指直接或间接最终拥有或控制公司实体的自然人。国家需要对申请以及持有勘探或生产石油、天然气采矿许可证或合同参与权益的公司实体的实益所有人进行公开登记,包括其实益所有人的身份。公开登记的信息包括实益所有权的级别和关于所有权或控制权如何行使等,实质收益所有人的身份信息应包括实益所有人的姓名、国籍和居住国以及具有政治敏感问题人士的身份。

7. 国家对采掘部门的参与。需要对采掘行业的国家参与情况进行披露。具体信息包括代表政府从事采掘活动的国有独资或控股公司(以下简称国有企业)在该领域的作用,以及政府和国有企业之间财务关系情况,即国有企业与国家之间的资金转移、留存收益、再投资和第三方融资的规则和惯例,在本国石油、天然气和矿业领域内经营的矿业、石油和天然气公司(包括国有子公司和合资企业持有的公司)的所有权份额。

二、勘探和生产

1. 关于勘探活动的信息。国家应当公布重要的勘探活动的采掘信息。

2. 生产数据。国家必须及时披露生产数据,如商品(石油、天然气、煤炭等)的产量和价值,这些数据可以按地区、公司或项目进一步分类,并注明计算产量和价值计算方式。

3. 出口数据。国家必须及时披露出口数据,如商品(石油、天然气、煤炭等)的出口数量和价值,这些数据可以按地区、公司或项目进一步分类,并注明计算出口数量和价值的方法。

三、收入

1. 全面披露税收和收入。国家必须将石油、天然气和矿业公司向政府支付的所有款项(以下简称款项)以及政府从石油、天然气和矿业公司获得的所有收入(以下简称收入)以公开、全面、易懂的方式向广大受众披露,公司应公开披露经审计的财务报表。

2. 出售国家的生产份额或者其他以实物形式取得的收入。国家需要披露国家（或国家指定的代表其销售的第三方）销售的数量、收入。

3. 基础设施供应和易货安排。如果存在提供商品和服务（包括贷款、赠款和基础设施工程）或者换取石油、天然气或采矿勘探的商品协议，国家需要披露相关协议和合同的条款、涉的各方、国家承诺的资源、平衡的利益流（如基础设施工程）的价值，以及这些协议相对于传统合同的重要性。

4. 运输收入。国家和政府应当清楚地说明产品，交通路线、运输税、关税或其他有关付款的定义及计算方法，运输商品的税率和运量、政府和国有企业在石油、天然气和矿产运输所获得的收入等运输相关信息。

5. 国有企业事务。政府需要全面和可靠地披露国有企业的重大支付款项、国有企业向政府机构的转移以及政府向国有企业的转移。

6. 地方政府的支付。如果存在公司到地方政府实体的直接付款，必须确保披露公司向地方政府支付的款项以及款项接收情况。

7. 分类水平。披露的相关数据按每个单独的项目、公司、政府和收入流进行分类。

8. 数据及时性。政府应每年定期及时发布信息，且公布的数据最晚在第二个完整的会计期间前披露。

9. 披露的数据质量。政府和公司的信息披露必须经过可信的、独立的、适用国际审计标准的审计。

四、收入分配

1. 采掘业收入分配。国家应区分好每项采掘业收入是否列入国家预算，如果收入未列入国家预算，则必须解释这些收入的分配情况。

2. 地方性的转移。国家应披露收入分配公式，以及按照收入分配公式计算的中央政府同地方政府之间的转移支付金额与实际转移支付金额之间的差异，记录好数额较大的临时转移并说明其作用。

3. 收入管理和支出。政府需要向公众解释采掘收入的流向（如特定方案、地理区域等）以及国家预算和审计程序。

五、社会和经济支出

1. 采掘业公司的社会和环境支出。公司或国家需要披露公司的重大社会支出或与环境有关的重大款项。

2. 国有企业准财政支出。当国家利用参与采掘行业获得的收入进行财政活动时，必须披露国有企业准财政支出。准财政支出包括在国家预算程序之外的由国有企业承担社会服务、公共基础设施等公共支出的安排，燃料补贴和国债还本付息等公共社会支出的安排。

3. 采掘部门对经济贡献的概述。国家需要披露的信息包括集中开采的重点地区、采掘业的绝对规模和占国内总产值的百分比、对非正式组织活动的估计（如小规模采矿）、采掘业产生的政府总收入（包括税收、特许权使用费、奖金、费用和其他支付）的绝对值和相对于政府总收入的百分比、采掘业出口的绝对值和占出口总额的百分比、以及采掘业就业人数的绝对值和占总就业人数的百分比等。

4. 采掘活动对环境的影响。政府需要阐明与采掘业相关的环境管理和监测的法律规定、行政规则以及实际做法，具体包括关于环境影响评估、核证计划、定期环境监测程序、政府的行政和制裁程序以及环境责任、环境修复和补救方案等信息。

附录4 资源行业财政分析（FARI）方法*

一、FARI 模型框架

FARI 是基于资源开采项目收益现金流核算的预测模型。在具体的资源收益制度下，以计算未来现金流净现值的方式来预测开采地政府的资源财富，动态预测资源收益的各组成部分。模型包括数据输入、计算和结果输出三个方面，模型的输入包括资源项目整个生命周期在内的生产和成本概况，价格、通货膨胀率和贴现率等经济假设、融资安排以及收益项目的制度设定。计算包括项目税前现金流和不同的收入流，并在此基础上得出政府资源收益。最后结果输出包括经济评价指标，以政府和承包商的角度进行经济分析，如表 A4.1 所示。

表 A4.1   **FARI 模型框架**

输入	·收益构成（企业所得税、资源税等） ·经济参数（价格、折现率、通货膨胀率等）	·资源项目数据（生产、成本） ·融资参数（利率等）
计算	·项目税前现金流 ·收益计算（增值税、企业所得税、资源税等）	·项目税后现金流
结果	·标准化经济指标（例如，AETR、METR、税后 IRR）	

二、FARI 模型说明

（一）模型输入

在 FARI 中，首先需要将资源开采和税收制度相关数据输入到预定义的

---

* Luca M O, Puyo D M. Fiscal Analysis of Resource Industries：（FARI Methodology）［M］. International Monetary Fund, 2016.

模板中，这是后续进行计算和分析的基础。模型的数据输入主要包括资源收益构成、融资假设、经济假设和矿产资源项目数据，如表 A4.2 所示。

表 A4.2　　　　　　　　　　　　模型输入

收益构成	融资假设	资源项目
资源税（%）税基—净收益	开发成本中借款的百分比	矿区面积
	回收期（开始生产）	采矿量
企业所得税（%） 勘探成本（费用化） 开发成本—无形资产（费用化） 开发成本—有形资产（折旧） 重置资本成本（折旧）	实际利率	运输成本
	经济假设	精炼加工成本
	政府折现率（%）	勘探成本（费用化）
	承包商折现率（%）	开发成本—无形资产（费用化）
	通货膨胀率（%）	开发成本—有形资产（折旧）
增值税（%）	矿产价格	重置资本成本（折旧）
矿业权占用费（万元/年·平方公里）	运输单位成本（元/吨）	运营成本—采掘、提炼、其他
矿业权出让收益	精炼加工单位成本（元/吨）	关停成本（矿山环境治理恢复基金）

我国开采地政府主要通过增值税、企业所得税、资源税、矿业权占用费和矿业权出让收益等从资源项目中获得收益。在模型输入时，首先要对这些收益项目征收的方法进行设定，主要包括税基和税率，以及企业所得税对不同成本的会计处理。其次要将资源项目每年的生产和成本数据进行输入，如果某一年没有生产或成本，则相应的单元格为空。

此外，还要对价格、折现率、通货膨胀率等经济参数和利率等融资参数进行设定。价格根据实际交易价格进行输入；折现率用来计算政府收入的净现值 NPV 等；通货膨胀率确保了资本折旧和其他与税收相关的计算；利率可以用来确定企业所得税计算的利息支出等。

（二）模型计算

1. 项目税前现金流

模型计算部分的单元格包含公式，在输入所有必要的数据后，该模型可计算出项目税前现金流，如表 A4.3 所示。

表 A4.3 项目税前现金流计算

项目税前现金流：实际/名义	计算公式
采矿量	
总收入	= 采矿量 × 矿产价格
交通和精炼加工总成本	= 运输成本 + 精炼加工成本
净收入	= 总收入 − 交通和精炼加工总成本
勘探成本（费用化）	
开发成本 − 无形资产（费用化）	
开发成本 − 有形资产（折旧）	
重置资本成本（折旧）	
运营成本	
关停成本（矿山环境治理恢复基金）	
总成本	= 勘探成本 + 开发成本 + 重置成本 + 运营成本 + 关停成本
项目税前现金流	= 净收入 − 总成本

年度项目税前净现金流的计算公式如下：税前项目净现金流 = 总收入（产量 × 价格）− 交通和精炼加工总成本 − 勘探成本 − 开发成本 − 重置成本 − 运营成本 − 关停成本，其中产量、价格以及不同成本的数据均来自前一部分模型输入数据。以名义形式显示项目的税前现金流乘通货膨胀率，得到名义税前现金流，该数据块是模型中计算的基础，因为它代表了企业所得税等基于利润的税收以及其他征税基础。

一旦确定了年度税前净现金流，就可以计算出给定贴现率下的项目净现值 NPV 和项目税前内部收益率（IRR）。项目净现值计算公式如下：

$$NPV = CF_0 + \frac{CF_1}{(1+r)^1} + \frac{CF_2}{(1+r)^2} + \frac{CF_3}{(1+r)^3} + \cdots + \frac{CF_n}{(1+r)^n}$$

其中，CF_n 为第 n 年净现金流量，r 为折现率。IRR 是指项目现金流的 NPV = 0 时候的折现率。

2. 收益项目

在项目税前现金流的基础上，可以计算出不同收益项目的金额，这也是政府收益的来源，不同收益项目计算方式如表 A4.4 所示。

表 A4. 4   收益项目计算

资源税	资源税额 = 净收入 × 税率
净收入	
矿业权出让收益	按照评估价值、市场基准价就高确定
矿业权占用费	在一定收费标准下基于矿区面积进行计算
企业所得税	企业所得税应纳税额 = 应纳税所得额 × 税率
净收入 总成本（利息费用） 前期亏损结转 应纳税所得额	= 净收入 – 总成本 – 前期亏损结转
增值税	增值税应纳税额 = 销项税额 – 进项税额
销项税额 进项税额	= 销售额/（1 + 税率）×税率 销售价为含税价 = 含税进价/（1 + 税率）×税率

3. 承包商净现金流和政府收入

承包商税后净现金流的计算要扣除各种需要缴纳的税收，反映了承包商从开发阶段到生产的项目现金流，承包商实际净现金流是用名义现金流除以通货膨胀率得出，如表 A4. 5 所示。

表 A4. 5   承包商实际净现金流计算

承包商净现金流：名义/实际	计算公式
退出费用、资源税、矿业权出让收益和矿业权占用费后的项目净现金流	= 资源税后净收入 – 总成本 – 退出费用 – 矿业权出让收益 – 矿业权占用费
出售未折旧资产的收益	= 累计开发成本（有形资产）和重置成本 – 累计折旧
减：贷方净现金流	= 借款偿还 – 开发融资
减：企业所得税	
减：增值税	
承包商税后现金流	= 退出费用、资源税、矿业权出让收益和矿业权占用费后的项目净现金流 + 出售未折旧资产的收益 – 贷方净现金流 – 企业所得税 – 增值税

政府收入 = 资源税 + 矿业权出让收益 + 矿业权占用费 + 企业所得税 + 增值税，同样，政府收入的现值是由名义政府收入除以通货膨胀率得出。

4. 对账结果

　　整个资源项目开采涉及政府、承包商以及贷款方三方利益主体，资源项目从勘探开采到退出都涉及不同利益方现金的流入和流出，对项目税前税后现金流进行对账，如果税后现金流与税前现金流差额为 0，则校验结果正确。其中实际结果均由名义结果除以通货膨胀率得出，计算公式如表A4.6 所示。

表 A4.6　　　　　　　　　　　　对账结果

对账：名义/实际	
政府 + 承包商 + 贷款方	= 政府收入 + 承包商税后现金流 + 贷款方净现金流
出售未折旧资产的收益	
退出现金流	
项目税后现金流	= 政府 + 承包商 + 贷款方 − 出售未折旧资产的收益 + 退出现金流
项目税前现金流	
校验	= 项目税后现金流 − 项目税前现金流

（三）模型结果

　　在 FARI 中，从投资者和政府角度可以使用多个指标来评估资源项目。

　　从投资者角度来看，关键指标是项目的税后 NPV、税后 IRR、投资回收期和盈亏平衡价格，具体定义如表 A4.7 所示。投资者作为资本提供者，或总资金支出（股权、债务和项目投资的留存收益）的提供者，这些指标应该在投资决策之前进行考虑。

表 A4.7　　　　　　　　　　　　投资者关键指标

	税后 NPV：投资者在项目生命周期内收到的净现金流量总额的折现现值。
	税后 IRR：对 NPV 的补充衡量标准，即现金流的 NPV = 0 时的折现率。
投资者	投资回收期：资源项目中生产的累计现金流足以收回勘探、开发、运营成本和税收产生的累计现金流出。
	盈亏平衡价格：在项目的整个生命周期内产生税后资本回报所需的最低价格。

投资者税后 NPV 计算公式为：$Post-taxNPV = \sum_{t=0}^{n} \frac{Post-tax\ NCF_t}{(1+r)^t}$，其中税后$NCF_t$是 t 年的投资者净现金流量，r 是折现率，n 是项目的最后一年令现金流的 NPV =0 时计算得到的折现率 IRR 是总投资回报率。投资回收期可以根据未贴现或贴现的现金流量计算。盈亏平衡价格由模型通过迭代确定，然后与初始用户价格假设进行比较，高于用户价格的盈亏平衡价格意味着该项目在经济上不可行。

从政府的角度来看，关键指标是 AETR、METR 和总收益中的政府份额，这些指标对决策有重要影响，指标具体解释如表 A4.8 所示。

表 A4.8　　　　　　　　　政府关键指标

政府	平均有效税率 AETR：是政府收入的 NPV（由财政制度规定的资源税、企业所得税、增值税等组成）与 NPV 的比率。
	边际有效税率 METR：被定义为税收制度在投资者要求的最低税后回报与实现这一目标所需的税前项目回报之间的楔子。
	总收益的政府份额：政府在项目收益中的份额随着项目的内在盈利能力变动，当总收益中的政府份额随着矿产资源价格上涨、成本下降而上升时，制度是渐进式的。

具体计算公式如下：

$$AETR = \frac{NPV（GovRevenue）}{NPV（Revenue\text{-}Exploration\text{-}Dev\&ReplacementCapex\text{-}Opex\text{-}Decomm）}$$

$$METR = \frac{Pre-taxIRR - Post-taxIRR}{Pre-taxIRR}$$

$$Gov.\ Share\ of\ TotalBenefits = \frac{NPV（GovRevenue）}{NPV（Revenue\text{-}ReplacementCapex\text{-}Opex\text{-}Decomm）}$$

此外，政府收益的收入构成和时间分布也在 FARI 模板中体现。除了在项目的整个生命周期计算政府总收入的净现值之外，观察政府每年的收入流也很重要。不同类型的收益决定了政府收入的不同时间，也决定了政府和承包商之间的风险分担。

附录5 资源富集国家财政战略设计方法
——如何在资源富集国家设计财政策略*

一、框架步骤

本书使用的财政框架基于国际货币基金组织工作人员团队设计和修订的针对资源富集国家财政战略的操作指南。良好的资源收益管理可以帮助资源型地区实现财政可持续、经济发展和代际公平的目标。本书借鉴的指南适用于具有不同收入水平、资源禀赋和宏观经济背景的资源富集国家，其主要目的是帮助政策制定者分析与比较不同财政规则带来的财政与经济后果，并根据具体的国家情况选择最优的财政战略。该指南的核心思想是：（1）实现长期财政锚的财政可持续性和代际财富共享；（2）通过维持流动金融资产存量（"缓冲"）实现宏观财政可持续和经济稳定。图A5.1显示了设计财政战略的具体框架，其主要内容如下。

长期财政可持续性锚。对于资源富集国家来讲，财政锚通常基于永久收入假说（PIH），将非资源财政结余（NRPB）设为长期财政可持续目标，计算得出的长期均衡指标为长期财政政策的制定提供参考，短中期的财政政策可以通过操作规则进行约束，同时也需要考虑向长期均衡过渡的财政政策内容。

通过PIH实现财政可持续性的原理在于，如果未来非资源财政结余的现值不超过其初始净资产头寸（包括资源财富），则资源富集型国家的财政状况是可持续的。因此，对财政可持续性的评估不同于普通国家，资源型地区政府的金融资产头寸通常较小，因而维持财政可持续性的重点在于总公共债务的稳定。资源富集国家通常拥有大量公共财富，包括影响财政可持续性的金融资产和资源，同时资源财富是有限的，财政可持续性还应确

---

* Basdevant O , Imamoglu E , Hooley J. How to Design a Fiscal Strategy in a Resource-Rich Country [J] . IMF Fiscal Affairs Department, 2021.

保资源财富在各代人之间的公平分配。通过对资源收益的储蓄和投资，资源富集型国家可以产生稳定的预算收入流（表现为稳定的非资源财政结余或赤字），即使在自然资源枯竭之后，前期投资产生的后续收入也可以维持永久性非资源财政余额。这些收入会来自金融资产（利息和股息）或实物和人力资本（较高的非资源财政收入）的积累。在资源开采期即将结束时，产量和财政收入会迅速下降，财政收支的短期大幅度缩减会带来难以承担的经济后果，因此，虽然一些资源富集的国家可以在几年内享受高水平的资源收益，但需要通过逐步调整提前规划资源耗竭后的支出。

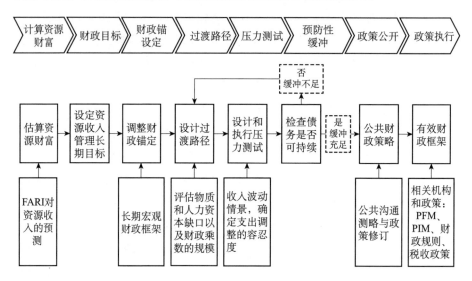

图 A5.1　资源富集地区财政策略制定流程

注：PFM 表示公共财政管理（public financial management），PIM 表示公共投资管理（public investment management）。

从当前财政政策立场向长期锚定的转变。对于已经从事资源生产的国家而言，当前的政策可能是不可持续的，原因在于过去的财政政策过于宽松，或者影响资源收益前景的外部因素造成的额外预算压力。在这些情况下，过渡期需要全面设置财政政策和规则。对于其他国家（尤其是新发现资源储备的国家），自然资源可以提供国内投资资金，以加快经济发展（Collier 2010，Van der Ploeg & Venables 2011）。对于准备暂时偏离调整路径以实现额外政策目标的国家而言，更需要对过渡期进行谨慎规划。

稳定性的维护。如果资源收益的波动没有得到充分管理，就可能转化为公共支出的波动。一个简单而有效的方法是在经济繁荣时期将资源财富中的部分储蓄存放于流动性金融资产中，这种财政"缓冲"可以在经济不景气时支持财政支出，提供基本公共服务和基础设施。因此，资源富集国家财政稳定的一个关键目标是将资源部门和公共支出脱钩，使其免受资源收益波动的影响，利用财政资源支持价格"低迷"期间的支出，在资源价格上升期间储蓄部分收入，以限制支出的顺周期增长。

机构设置、政策制定和监督管理。（1）实施公共财政管理（PFM）：需要可靠的中期预测框架，并在该框架上进行风险分析。在执行期间实行稳定的财政预算执行，强化债务管理和定期报告制度。（2）财政规则设计：在建立了适当的公共财政管理（PFM）系统后就可以引入财政规则，以帮助实现财政战略中规定的财政路径。（3）政府金融资产管理：政府的基金投资政策应该权衡风险、回报和流动性。缓冲性基金或者稳定性基金应该根据实际财政结余来制定。（4）税收政策和管理：提高非资源税收的重要程度，在税收制度方面应该同时关注政府收入最大化和地区投资之间的平衡。（5）提高政府治理水平以及打击腐败。

在以上阐述的核心思想下，图A5.1展示了国际货币基金组织指导手册的8个步骤。第一，预测资源收益来计算资源财富，并预测中长期宏观经济发展和财政预算情况，形成基准预测数据。第二，计算长期财政可持续锚，制定过渡路径支出政策。第三，进行压力测试来评估面对不同冲击时不同应对情景下财政策略的稳定性。第四，通过协商修订政策、制定配套法规、设立专门执行机构和完善监督管理体制等措施保证财政策略的有效施行。

二、框架计算公式和步骤解释

该框架的 Excel 表格主要包含三个内容：输入阶段、计算阶段和结果展示阶段。

（一）输入阶段

输入阶段需要预测中期和长期的宏观指标，中期指标的预测需要政府仔细考察各宏观经济变量之间的关系，作出具体的预测。长期通过参数假设来模拟未来宏观经济路径。宏观经济指标包含宏观经济指标、财政指标、资源价格、汇率和政府财富等。另外，输入阶段还需要假设过渡路径和压力测试的相关内容。

1. 选择地区和主要商品

在一个单独的表中设定好预测地区、资源类型、历史数据截止日期和中期预测截止日期，如表 A5.1 所示。

表 A5.1　　　　　　　　　　选择地区和主要商品

项目	B 省
资源 1	输入资源名称
资源 2	
历史数据截止日	2020
中期预算截止日	2030
敏感性分析	是

2. 输入中期宏观经济预测

主要涉及地区经济状况的预测，财政预测以及政府财富的预测。预测时间为中期预算截止日之前，需要具体分析区域该段时间内的发展情况，预测具体数值。具体内容如表 A5.2 所示。

表 A5.2　　　　　　　　　　中期宏观经济预测

变量	计算
经济指标	
名义非资源 GDP（NRGDP）	名义 GDP – 名义资源 GDP
名义 GDP（GDP）	输入
名义资源 GDP（RGDP）	输入
实际 GDP（RealGDP）	输入
GDP 指数（GDPdef）	名义 GDP/实际 GDP
人口	输入
CPI	输入
财政指标地方政府收入	
一般性收入（包含转移支付）	输入

续表

变量	计算
非资源收入	一般性收入 – 资源收入
资源收入	来自资源收入预测
利息收入	输入

地方政府支出

变量	计算
一般性支出	输入
资本性支出	输入
经常性支出	一般性支出 – 资本性支出
利息费用	输入

地方政府财政结余

变量	计算
非资源财政结余（NRPB）	非资源收入 – 一般性支出
财政结余	一般性收入 – 一般性支出
非资源总结余	财政结余 + 资源收入
总结余	一般性收入 + 利息收入 – 一般性支出 – 利息支出
净利息费用	财政结余 – 总结余

财富指标存量

变量	计算
地方政府总债务	输入
其他公共部门债务	非金融公共部门总债务 – 地方政府总债务
非金融公共部门总债务	输入
地方政府存款	输入
财富基金资产	输入
地方政府净金融资产	财富基金资产 + 中央政府存款 – 中央政府债务总额
总量/流量调整：地方政府总债务	上年地方政府债务总额 – 总结余 – 中央政府债务总额
总量/流量调整：地方政府净金融资产	上年中央政府净金融财富 + 总结余 – 中央政府净金融财富

续表

变量	计算
流量	
资源基金净利息收入（不包含在政府净利息费用中）	输入
财富基金资产隐含利息率（无财富基金资产时等于净金融资产利率）（I_{wf}）	当没有资源基金利息收入时等于"净金融资产隐含利息率"；反之等于资源基金净利息收入/财富基金资产
政府存款隐含利息率	利息收入/中央政府存款
政府债务隐含利息率	利息费用/中央政府债务总额
净金融资产隐含利息率	（利息收入＋资源基金净利息收入－利息费用）/（财富基金资产＋中央政府存款－中央政府净债务）

3. 输入长期资源收益预测

合理预测政府从资源中获得的收入，必要时考虑汇率变动情况。为了谨慎性要求，需要对长期资源收益进行折价处理，防止高估资源收益，如表 A5.3 所示。

表 A5.3　　　　　　　　　　长期资源收益预测

资源收益	备注
商品 1：	
i. 商品 1 收益	外币计价
	本币计价
商品 2：	
ii. 商品 2 收益	外币计价
	本币计价
汇率	
i. 平均汇率	本币/外币

4. 长期参数假设

输入长期参数假设如表 A5.4 所示。

表 A5. 4　　　　　　　　　　　　　　　**长期参数假设**

长期宏观财政假设	单位	计算
GDP		
实际非资源 GDP 增长率	%	输入
名义非资源 GDP 增长率	%	=（1＋通货膨胀指数）×（1＋实际非资源 GDP 增长率）－1
人口		
人口增长率	%	输入
价格指数		
通货膨胀指数	%	输入
利率		
实际利率（无风险国内实际利率）	%	输入
名义利率	%	=（1＋实际利率）×（1＋通货膨胀指数）－1
债务/财富		
利息－GDP 差异（长期内应该为正数）	%	=实际利率－实际非资源 GDP
期望存款和债务比率		
稳态政府存款对 GDP 比率	占 GDP 的百分比	输入
地方政府最小总债务比率	占 GDP 的百分比	输入
资源收益不确定性（对长期不确定性的谨慎性考虑）		
应用于资源收益预测折价系数	%	输入
过渡路径假设		
过渡期间		
过渡期长度（1～10 年）	年份	输入
经常性支出		
短期经常性支出乘数（经常性支出变动对于非资源 GDP 的影响）	乘数	输入
资本性支出		
短期资本性支出乘数（经常性支出变动对于非资源 GDP 的影响）	乘数	输入

续表

长期宏观财政假设	单位	计算
长期资本性支出乘数（资本存量变动对于非资源 GDP 的影响）	乘数	输入
增量投资折旧率	占增量投资百分比	输入
压力测试假设		
定义可使用的流动性资产		
最小政府存款额	本币计价	输入
面对负面冲击时可动用的资源基金资产比率	占资源基金百分比	输入
冲击对非资源 GDP 的影响		
非资源 GDP 乘数（资源 GDP 的变动对于非资源 GDP 的影响）	乘数	输入
资源 GDP 乘数（资源收入变动对资源 GDP 的影响）	乘数	输入
面对冲击的财政调整		
部分调整情景下可以减少的最高年度支出比率	占总支出百分比	输入
面对冲击调整支出的财政乘数（支出调整对于非资源 GDP 的影响）	乘数	输入

5. 过渡路径设定

首先确定过渡路径和过渡路径上的支出增加比率，分别调整经常性支出和资本性支出，新的 NRPB 和支出占比的计算方式如下，通过表 A5.5 计算过渡路径中的宏观经济指标。

新 NRPB = 旧 NRPB － 支出增加率

新支出比率 = 旧支出比率 ＋ 支出增加率

表 A5.5 过渡路径设定

主框架	备注	计算
基准预测 NRPB	非资源 GDP 百分比	来自基准预测表格
支出增加比率	非资源 GDP 百分比	输入
资本性支出增加	非资源 GDP 百分比	输入
经常性支出增加	非资源 GDP 百分比	输入
新非资源财政结余比率	非资源 GDP 百分比	基准预测 NRPB – 支出增加比率
基准情形		
总支出比率	非资源 GDP 百分比	经常性支出比率 + 资本性支出比率
经常性支出比率	非资源 GDP 百分比	经常性支出/非资源 GDP
资本性支出比率	非资源 GDP 百分比	资本性支出/非资源 GDP
过渡情景		
总支出比率	非资源 GDP 百分比	经常性支出比率 + 资本性支出比率
经常性比率	非资源 GDP 百分比	经常性支出比率 + 经常性支出增加
资本性比率	非资源 GDP 百分比	资本性支出比率 + 资本性支出增加

6. 压力测试设定

压力测试计算了面对价格变动时资源收益的变动情况。首先，输入每种商品的预计基准价格（由于各国具体情况不同，可能国际价格不同）。其次，定义冲击，为 10 年内的每种大宗商品价格指定替代价格。用户可以定制暂时和永久的商品价格冲击（可以通过历史波动率计算，也可以直接预测具体的价格）。最后，用户还可以选择制定与资源价格冲击相关的汇率变动情况。

压力测试设置表格如表 A5.6 所示。

表 A5.6 压力测试设置

原油年度价格	备注
基准年度价格	无冲击的基准预测
暂时性价格冲击	设定短时间价格冲击，仅仅持续一年到两年
持久性价格冲击	在某一时间段价格突然下降并保持在低水平上
汇率变动（平均值）	
基准情景	来自资源收益预测表格

续表

原油年度价格	备注
暂时性商品价格冲击	相对于基准情景百分比
持久性商品价格冲击	相对于基准情景百分比

（二）计算阶段

通过模板计算得到各财政指标变动路径。计算方式的主要内容有以下几个方面：

（1）基准预测：基于输入的短期预测和长期参数计算得到 2150 之前数据。中期预测期为 10 年，长期预测为根据参数计算的未来 100 年的变动情况，最后的结果部分仅关注 20 年的宏观指标变动情况。

（2）长期财政可持续锚：考虑不同假设情况下的四种财政锚计算方式。

①立即锚定：在下一预测年度立即执行财政锚策略；

②过渡后锚定：在过渡路径后执行锚定政策，不考虑乘数效应；

③过渡后锚定（乘数效应）：考虑乘数效应的过渡后锚定；

④反事实财政空间：假设不存在资源收益下的财政锚政策，评估额外支出或减税"空间"。

（3）财政乘数计算：用于计算支出增加和减少对于 GDP 的影响。

（4）压力测试计算：计算两种冲击和三种调整策略带来的结果。

1. 基准预测

所有的预测数据都分为两个部分：一是中期预测，二是长期预测。中期预测来自第一部分的宏观经济预测数，而长期预测基于参数假设计算。具体计算方式如表 A5.7 所示。

表 A5.7　　　　　　　　　　基准预测

计算基准长期宏观经济预测	历史时期/中期预测	长期预测
GDP 指数（GDPdef）	将每年 GDP 指数转换为基期指数	上年 GDP 指数 ×（1 + 通货膨胀率）
人口（单位：人）	中期预测表格	上年人口 ×（1 + 人口增长率）

续表

计算基准长期宏观 经济预测	历史时期/ 中期预测	长期预测
名义 GDP	名义资源 GDP + 名义非资源 GDP	
名义资源 GDP	中期预测表格	上年名义资源 GDP × （1 + 资源收益增长率）
名义非资源 GDP（NRGDP）	中期预测表格	上年名义非资源 GDP × （1 + 实际资源 GDP 增长率） × （1 + 通货膨胀率）
资源收益	资源收益预测表格	
资源收益净现值	（上年资源收益 + 上年资源财富）/ （1 + 净金融资产利率）	
非资源收益	中期预测表格	上年非资源收益 × （1 + 非资源 GDP 增长率）
一般预算支出	中期预测表格	上年一般预算支出 × （1 + 非资源 GDP 增长率）
资本性支出	中期预测表格	上年资本性支出 × （1 + 非资源 GDP 增长率）
经常性支出	一般预算支出 – 资本性支出	
非资源财政结余	中期预测表格	上年非资源财政结余 × （1 + 非资源 GDP 增长率）
资源基金利率（I_{wf}）	中期预测表格	参数假设的无风险利率
政府存款利率	中期预测表格	
政府债务利率	中期预测表格	
净金融资产利率	中期预测表格	

财政结余指标

非资源财政结余	中期预测表格	上年非资源财政结余 × （1 + 非资源 GDP 增长率）
占非资源 GDP 的百分比	非资源财政结余/非资源 GDP	
实际年金（亿元，2020 年价格）	– 非资源财政结余/GDP 指数	
实际人均年金（元，2020 年价格）	实际年金/人口（单位：人）× 10^8	
一般预算支出	中期预测表格	非资源收益 – 非资源财政结余
占非资源 GDP 的百分比	一般预算支出/非资源 GDP	
财政结余	中期预测表格	非资源财政收入 + 资源收益

续表

计算基准长期宏观经济预测	历史时期/中期预测	长期预测
占 GDP 的百分比	财政结余/GDP	
净利息费用	净利息费用（地方政府）+ 资源基金净利息费用	
净利息费用（地方政府）	中期预测表格	上年金融负债×本年债务利息 – 上年地方政府存款×本年存款利率
占 GDP 的百分比	净利息费用（地方政府）/GDP	
资源基金净利息费用	中期预测表格	– 资源基金利率×累计资源基金资产
总盈余（政府和基金利息）	财政结余 – 净利息费用	
总盈余（政府利息费用）	财政结余 – 净利息费用（地方政府）	
占 GDP 的百分比	总盈余（政府利息费用）/GDP	
政府财富		
政府净财富（地方政府财富和资源基金财富）（W）	净金融资产（政府和资源基金）+ 资源财富（地下资源）	
占非资源 GDP 的百分比	总净财富（地方政府财富和资源基金财富）/非资源 GDP	
净金融资产（政府和资源基金）	历史期间：政府金融资产 – 政府负债	预测期：上年净金融资产（政府和资源基金）+ 本年总盈余（政府和基金利息）
占非资源 GDP 的百分比	净金融资产（政府和资源基金）/非资源 GDP	
政府金融资产（地方政府存款和资源基金）	历史期间：中央政府存款 + 资源基金资产	预测期：上年净金融资产（政府和资源基金）+ 本年政府负债
占非资源 GDP 的百分比	政府金融资产（地方政府存款和资源基金）/非资源 GDP	
地方政府存款	中期预测表格	非资源 GDP×政府存款比率
占非资源 GDP 的百分比	地方政府存款/非资源 GDP	
资源基金资产	中期预测表格	政府金融资产（地方政府存款和资源基金）– 地方政府存款
占非资源 GDP 的百分比	资源基金资产/非资源 GDP	
金融负债（地方政府债务）	历史时期：历史数据	预测期：max［本年政府存款 – 本年净金融资产（政府和资源基金）+ 上年资源基金资产，政府存款比×非资源 GDP］+ 本年总量/流量调整：地方政府总债务

续表

计算基准长期宏观 经济预测	历史时期/ 中期预测	长期预测
占非资源 GDP 的百分比	金融负债（地方政府债务）/非资源 GDP	
净地方政府债务	金融负债（地方政府债务）- 地方政府存款	
占非资源 GDP 的百分比	净地方政府债务/非资源 GDP	
资源财富（未开采）	（上年资源收益 + 上年资源财富）/（1 + 净金融资产利率）	
占非资源 GDP 的百分比	资源财富（未开采）/非资源 GDP	

2. 长期财政可持续锚

有四种策略来追求长期财政赤字均衡：三种 PIH 方法分别为非资源 GDP 固定比率、固定人均实际年金、固定实际年金，第四种 BIH 方法用于对比分析。

（1）立即锚定，如表 A5.8 所示。

表 A5.8　　　　　　　　　　　　　**立即锚定**

PIH 锚定	
财政结余指标	
有效折现因子（EDR）	非资源 GDP 固定比率：$\dfrac{1 + i_{wft}}{\dfrac{NRGDP_t}{NRGDP_{t-1}}} - 1$
	固定人均实际年金：$\dfrac{1 + i_{wft}}{\dfrac{人口_t}{人口_{t-1}} \times \dfrac{GDPdef_t}{GDPdef_{t-1}}} - 1$
	固定实际年金：$\dfrac{1 + i_{wft}}{\dfrac{GDPdef_t}{GDPdef_{t-1}}} - 1$
NPV 折现因子	$\dfrac{1 + NPV_{t+1}}{1 + EDR_{t+1}}$
PIH 算子	非资源 GDP 固定比率：$-\dfrac{W_{t-1}}{NPV_{t-1}} \times \dfrac{NRGDP_t}{NRGDP_{t-1}}$
	固定人均实际年金：$-\dfrac{W_{t-1}}{NPV_{t-1}} \times \dfrac{人口_t}{人口_{t-1}} \times \dfrac{GDPdef_t}{GDPdef_{t-1}}$
	固定实际年金：$-\dfrac{W_{t-1}}{NPV_{t-1}} \times \dfrac{GDPdef_t}{GDPdef_{t-1}}$

续表

PIH 锚定	
占非资源 GDP 的百分比（% NRGDP）	PIH 算子/NRGDP
非资源财政结余（NRPB）	非资源 $GDP_t \times \%$ NRGDP
占非资源 GDP 的百分比	非资源财政盈余/NRGDP
实际年金（亿元，2020 年价格）（R_{NRPB}）	$-\dfrac{NRPB}{GDPdef}$
实际人均年金（元，2020 年价格）	$\dfrac{R_{NRPB}}{人口} \times 10^9$

注：其余财政结余指标和政府财富与基准预测中长期预测计算步骤一致

BIH	
财政结余指标	

有效折现因子（EDR）	非资源 GDP 固定比率：$\dfrac{1 + i_{wft}}{\dfrac{NRGDP_t}{NRGDP_{t-1}}} - 1$
	固定人均实际年金：$\dfrac{1 + i_{wft}}{\dfrac{人口_t}{人口_{t-1}} \times \dfrac{GDPdef_t}{GDPdef_{t-1}}} - 1$
	固定实际年金：$\dfrac{1 + i_{wft}}{\dfrac{GDPdef_t}{GDPdef_{t-1}}} - 1$
NPV 折现因子	$\dfrac{1 + NPV_{t+1}}{1 + EDR_{t+1}}$
PIH 算子	非资源 GDP 固定比率：$-\dfrac{W_{t-1}}{NPV_{t-1}} \times \dfrac{NRGDP_t}{NRGDP_{t-1}}$
	固定人均实际年金：$-\dfrac{W_{t-1}}{NPV_{t-1}} \times \dfrac{人口_t}{人口_{t-1}} \times \dfrac{GDPdef_t}{GDPdef_{t-1}}$
	固定实际年金：$-\dfrac{W_{t-1}}{NPV_{t-1}} \times \dfrac{GDPdef_t}{GDPdef_{t-1}}$
占非资源 GDP 的百分比（% NRGDP）	PIH 算子/NRGDP
非资源财政结余（NRPB）	非资源 $GDP_t \times \%$ NRGDP
占非资源 GDP 的百分比	非资源财政盈余/NRGDP
实际年金（亿元，2020 年价格）（R_{NRPB}）	$-\dfrac{NRPB}{GDPdef}$
实际人均年金（元，2020 年价格）	$\dfrac{R_{NRPB}}{人口} \times 10^9$

注：其余财政结余指标和政府财富与基准预测中长期预测计算步骤一致

（2）过渡后锚定——只有在过渡期结束时才能获得锚定 NRBP 为参考指标的固定比率。

过渡期间需要增加支出，计算新的非资源财政结余，计算方法是在基准预测的基础上对支出增加后的各项财政指标进行调整。在过渡期结束的下一年开始使用 PIH 计算非资源财政结余，具体计算如表 A5.9 所示。

表 A5.9　　　　　　　　　过渡期结束后非资源财政结余计算

基准预测项目	
基准 NRPB（名义）	<基准预测>表格
基准 NRPB（非资源 GDP 百分比）	基准 NRPB（名义）/非资源 GDP
过渡路径	
额外支出（非资源 GDP 百分比）	过渡路径制定表格
额外支出	额外支出（非资源 GDP 百分比）×非资源 GDP
过渡路径 NRPB（非资源 GDP 百分比）	基准 NRPB（非资源 GDP 百分比）– 额外支出（非资源 GDP 百分比）
过渡路径 NRPB	过渡路径 NRPB（非资源 GDP 百分比）×非资源 GDP
资源收益（剔除支出增加部分）	资源收益 – 额外支出

在计算非资源财政结余时，分成三个阶段，一是过渡期，二是过渡期结束后第一年，三是长期路径。长期路径上的非资源财政结余通过上年调整得到，其他指标与立即锚定计算相同，具体计算如表 A5.10 所示。

表 A5.10　　　　　　　　　　非资源财政结余计算

非资源财政结余	过渡时期	过渡后一年	长期路径
非资源 GDP 固定比率	过渡路径 NRPB	PIH 算子	等于上年 PIH 算子
固定人均实际年金	过渡路径 NRPB	PIH 算子	上年 NRPB ×（1 + 实际非资源 GDP 增长率）×（1 + 人口增长率）
固定实际年金	过渡路径 NRPB	PIH 算子	上年 NRPB × 实际 GDP 增长率
BIH	过渡路径 NRPB	净利息费用	

（3）过渡后锚定（乘数效应）——包含财政乘数的影响，以及在投资规模扩大后，维持新的资本存量恒定水平所需的任何额外支出，具体计算

如表 A5. 11 所示。

表 A5. 11   **过渡后锚定（乘数效应）**

指标	过渡期	长期
过渡路径制定		
支出增加额	过渡期：支出增加比率 × 非资源 GDP	—
资本性支出增加额	过渡期：资本性支出增加 × 非资源 GDP	—
经常性支出增加额	过渡期：经常性支出增加 × 非资源 GDP	—
新增投资和资本存量		
累积增量投资支出（扣除折旧的净值）	上年累积额 ×（1 − 折旧率）+ 增量投资支出	上年累积额 ×（1 − 折旧率）
重置投资支出（过渡期后为了维持对于占非资源 GDP 的百分比的资本存量）	—	累积重置投资 −（上年累积重置 ×（1 − 10%））
累积重置投资支出（扣除 GDP 的净值）	—	过渡期后资本存量 − 累积增量投资支出（扣除折旧的净值）
过渡期后资本存量	—	过渡期后一年 = 累积增量投资支出（扣除折旧的净值） 长期 = 上年过渡期后资本存量
额外资本支出总额	增量资本性支出	重置投资支出
额外支出总额	增量资本性支出 + 增量经常性支出	重置投资支出
隐含基准支出水平	增量支出 + 一般预算支出	重置投资支出 + 一般预算支出
新增支出情景		
非资源 GDP 固定比率	隐含基准支出水平/非资源 GDP（用于计算增量投资的乘数效应）	PIH 算子
固定人均实际年金		
固定实际年金		
BIH		

根据"隐含基准支出水平"可以得到过渡期内投资增加对于经济的额外影响，从而计算新的 GDP 和财政指标，具体计算如表 A5.12 所示。

表 A5.12　　　　　　　　　　　新的 GDP 和财政指标计算

财政支出冲击	
支出冲击（相对于基准情景）（占非资源 GDP 的百分比）	一般性支出占比 − 隐含基准支出水平占比 + 上年一般性支出占比 − 上年隐含基准支出水平占比 = 总支出增加比率
资本性支出冲击（占非资源 GDP 的百分比）	（本年额外资本支出总额 − 上年额外资本支出总额）/非资源 GDP
经常性支出冲击（占非资源 GDP 的百分比）	（支出冲击 − 资本性支出冲击）/费资源 GDP
相对于基准预测下非资源 GDP 的影响	
对 GDP 影响	（来自乘数表）
乘数后指标	新的乘数后变量
新名义非资源 GDP	基准非资源 GDP + 对 GDP 影响
新名义 GDP	基准名义资源 GDP + 新名义非资源 GDP
新非资源收益	基准非资源收益占比 × 新名义非资源 GDP

在求得新的经济指标后，通过之前的财政锚计算方法，分别计算过渡期和长期的非资源财政结余。值得注意的是，过渡期间利息支出按照历史数据的计算方法计算，长期中通过净金融资产和无风险利率求得。其他未列出项目与基准预测和立即锚定政策相同，计算过程如表 A5.13 所示。

表 A5.13　　　　　　　　　　　其他项目计算

指标		过渡期	长期
新非资源财政结余	非资源 GDP 固定比率（占非资源 GDP 的百分比）	新非资源收益 − 隐含基准支出水平	长期：过渡期后第一年 PIH
	固定人均实际年金		过渡期后第一年：PIH 算子 长期：上期 PIH 算子 ×（1 + 实际非资源 GDP 增长率）×（1 + 人口增长率）
	固定实际年金		过渡期后第一年：PIH 算子 长期：上期 PIH 算子 ×（1 + 实际非资源 GDP 增长率）

续表

指标	过渡期	长期
新一般性财政支出	新非资源收益 - 新非资源财政结余	
新资本性支出	资本性支出 + 增量投资支出	资本性支出 + 重置投资支出
净利息费用	净利息费用（地方政府）+ 资源基金净利息费用	- 净金融资产（政府和资源基金）× 净金融资产利息费用

（4）反事实财政空间

在反事实财政空间中，长期可持续性锚是在假设未来没有资源收益的情况下重新计算的。这允许使用者评估额外的"空间"来降低支出或削减税收。计算方式和立即锚定相同。

3. 财政乘数计算：用于计算支出增加和减少对于 GDP 的影响

财政乘数表用于计算投资增加、资源收益变动和政府面对价格冲击投资调整对于 GDP 的影响。根据假设过政府行为和资源收益变动对于经济影响持续时间的假设，以及不同时期下对于经济的影响程度来计算财政乘数大小[1]。在不同持续时间假设中，最大乘数效应不超过假设表格中设定的乘数，具体计算如表 A5.14 所示。

表 A5.14　　　　　　　　　　财政乘数计算

财政乘数假设（包含：短期资本性支出乘数、流动性支出乘数、压力测试调整乘数、资源部门溢出效应）

最大累计乘数	来自参数假设	
持续性假设		
1. 短期持续性假设（3 年）	0 或 1	注：选择持续时间设为"1"
2. 中期持续性假设（5 年）		
3. 长期持续性假设（7 年）		
4. 永久持续性假设		

---

① IMF "Fiscal Multipliers: Size, Determinants, and Use in Macroeconomic Projections" (International Monetary Fun, 2014)。

续表

乘数路径假设	第一年	第二年	……	第七年
1. 短期持续性假设				
2. 中期持续性假设		设定对经济的影响程度		
3. 长期持续性假设				
4. 永久持续性假设				
累积乘数	第一年	第二年	……	第七年
	乘数 × (∑乘数路径假设 × 持续性假设)			

财政支出增加对 GDP 的影响计算如表 A5.15 所示。

表 A5.15　　　　　　财政支出增加对 GDP 的影响计算

指标	计算
累积增量投资支出（扣除折旧的净值）（占非资源 GDP 的百分比）	过渡后锚定（乘数效应）表格
资本存量增加对长期产出的影响（占非资源 GDP 的百分比）	max（累积增量投资支出$_{t-4}$ × 长期乘数，（4/5）累积增量投资支出$_{t-3}$ × 长期乘数，（3/5）累积增量投资支出$_{t-2}$ × 长期乘数，（2/5）累积增量投资支出$_{t-1}$ × 长期乘数，（1/5）累积增量投资支出$_t$ × 长期乘数）

		年份	20x1	20x2	20x3	……
短期乘数效应	资本性支出乘数效应（占非资源 GDP 的百分比）	资本性支出冲击（占非资源 GDP 的百分比）		过渡后锚定（乘数效应）表格		
		第一年	资本性支出冲击$_t$（占非资源 GDP 的百分比）× 第一年累计乘数	资本性支出冲击$_t$（占非资源 GDP 的百分比）× 第一年累计乘数	资本性支出冲击$_t$（占非资源 GDP 的百分比）× 第一年累计乘数	……
		第二年		资本性支出冲击$_{t-1}$（占非资源 GDP 的百分比）× 第二年累计乘数	资本性支出冲击$_{t-1}$（占非资源 GDP 的百分比）× 第二年累计乘数	……

续表

指标		计算			
短期乘数效应	资本性支出乘数效应（占非资源 GDP 的百分比）	年份	20x1	20x2	20x3	......
		第三年			资本性支出冲击$_{1-2}$（占非资源 GDP 的百分比）× 第三年累计乘数	......
		......				
		累计效应	每年加总			
	经常性支出乘数效应（占非资源 GDP 的百分比）	与资本性支出乘数效应计算相同				
相对于基准预测下总产出的变化		经常性支出乘数效应 + Max［资本存量增加对长期产出的影响（占非资源 GDP 的百分比），资本性支出乘数效应（占非资源 GDP 的百分比）］				

注：资源收益变动和政府面对价格冲击的支出调整对于 GDP 影响的计算原理与表 A5.14 相同。

4. 压力测试计算

通过压力测试计算商品价格冲击对资源收益和关键宏观财政变量的影响。考虑了三种应对冲击的调整策略：（1）不作调整，冲击前名义支出的比率不变；（2）完全调整，支出调整与资源收益变动比率一一对应；（3）部分调整，支出部分减少来应对资源收益缺口，但不超过＜参数假设＞表格中规定的最大年度限额。在这些应对方式的模拟中，任何无法被支出减少弥补的资源收益短缺都假定首先通过提取流动资产来弥补，不足以弥补的部分再通过新的政府负债来弥补。冲击对经济的影响有以下三种：通过（1）资源收益对资源 GDP 的影响；（2）资源 GDP 对非资源 GDP 的影响；（3）对支出占非资源 GDP 的比率的影响。具体计算表格如表 A5.16 所示。

表 A5.16　　　　　　　　压力测试计算

1. 导入"没有冲击"情景数据		
各财政和经济指标	财政策略：基准预测和锚定方式	来自缓冲输入表格

2. 可使用的流动性资产定义	
最初的流动性金融资产	政府存款＋流动资源基金资产
政府存款	（基准预测表格）
流动资源基金资产	资源基金×可动用的资源基金资产比率
最初的非流动性金融资产	资源基金－流动资源基金资产
政府最小存款	（参数假设表格）

3. 计算冲击对资源收益和GDP的影响（每一项均分为没有冲击、暂时性商品价格冲击和持久性商品价格冲击）

价格冲击下资源收益总额	
没有冲击	来自压力测试设置表格
暂时性商品价格冲击	基准预测资源收益×（冲击情形价格/基准预测价格）
持久性商品价格冲击	

资源收益缺口	
没有冲击	0
暂时性商品价格冲击	无冲击资源收益－冲击下资源收益（分别对应暂时性和持久性冲击）
持久性商品价格冲击	

资源收益累积减少	
没有冲击	价格冲击带来的资源收益缺口的累加值
暂时性商品价格冲击	
持久性商品价格冲击	

冲击下新资源GDP：假设资源GDP与资源收益的比例下降	
没有冲击	资源GDP－资源收益缺口×（资源GDP/资源收益）×对资源GDP的乘数
暂时性商品价格冲击	
持久性商品价格冲击	

对资源GDP影响	
没有冲击	（冲击下新资源GDP_t－无冲击资源GDP_t）－（冲击下新资源GDP_t 无冲击资源GDP_{t-1}）
暂时性商品价格冲击	
持久性商品价格冲击	

冲击后新非资源GDP：包含所有来自资源GDP下降带来的溢出效应	
没有冲击	无冲击下非资源GDP

暂时性商品价格冲击	无冲击下非资源 GDP + 支出调整乘数效应（来自财政乘数表）
持久性商品价格冲击	

	冲击后新资源财富
没有冲击	无冲击资源收益现值
暂时性商品价格冲击	无冲击资源收益现值 – 资源收益缺口现值
持久性商品价格冲击	

4. 计算冲击对宏观财政变量的影响

（1）不作调整情景：收入短缺用流动性资产和新负债依次补足，不改变基准预测下的名义支出路径；

（2）全面调整情景：收入短缺通过减少支出弥补；

（3）部分调整情景：面对收入短缺支出减少幅度有限（见＜参数假设＞表格）；不足弥补的依次减少流动资产和增加负债

一般性财政支出	不作调整下与没有冲击相同 完全调整下无冲击情形财政支出减去资源收益缺口 部分调整下财政支出下降的幅度不超过限额
冲击后非资源 GDP：受支出调整的财政乘数效应和资源部门溢出效应。	不作调整下等于冲击下新资源 GDP 完全调整和部分调整无成绩下：新资源 GDP + 支出减少的财政乘数效应
冲击后非资源收益：假设非资源 GDP 占比固定	无冲击资源收益占比 × 冲击后非资源 GDP
冲击后财政结余	冲击后非资源收益 + 冲击后资源收益 – 冲击后财政支出
冲击后非资源财政结余	冲击后非资源收益 – 冲击后财政支出
冲击后净财富（地方政府净财富和资源财富）	无冲击资源收益现值 + 冲击后净金融资产
冲击后净金融资产（地方政府和资源基金）：随着受到冲击的资源收益下降而下降，支出减少可以缓解净金融资产的下降幅度	无冲击金融资产 + ［（累计冲击下财政结余 – 累计无冲击下财政结余） – （累计冲击下净利息费用 – 累计无冲击下利息费用）］
净金融资产的累积缺口	无冲击净金融资产 – 冲击后净金融资产
流动性资产：如果受到冲击，净金融财富的减少将由流动资产和债务依次弥补	max（最低政府存款，流动资产 – 净金融资产的累积缺口）

续表

非流动性资产：净金融资产扣除流动性资产	冲击后净金融资产 − 流动性资产 + 地方政府债务
地方政府债务：如果受到冲击，净金融财富的减少将由流动资产和债务依次弥补	max {0，无冲击债务 + [净金融资产缺口 − （无冲击流动资产 − 冲击后流动资产）]，无冲击债务}
净债务（扣除流动性资产）	总债务 − 流动资产
净利息费用总额（中央政府和资源基金）：假设流动资产利率＝存款利率，非流动资产利率＝财富基金资产利率	没有冲击：主要盈余 − 总盈余 暂时性和持久性冲击：地方政府债务 × 债务利息率 − 流动资产 × 存款利率 − 非流动资产 × 资源财富基金利率
总盈余（地方政府和资源基金）	财政结余 − 净利息支出总额
名义 GDP	新非资源 GDP + 新资源 GDP

注：该框架的 < 缓冲输入 > 表格是将基准预测情形和过渡后锚定情形后的经济和财政指标转移到一个表上，方便压力测试数据的使用。

（三）结果展示阶段

模板的最后一个内容是在一系列可定制的图表中展示模拟结果。通过汇总之前表格计算的数据作出统计图分析不同策略的结果。

图 A5.2 < 财富面板 > 展示历史净金融财富和总净财富图表，按资产和负债类型细分。

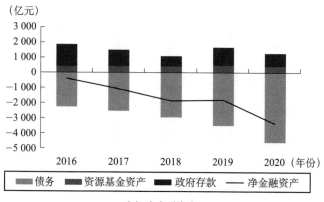

（a）净金融资产

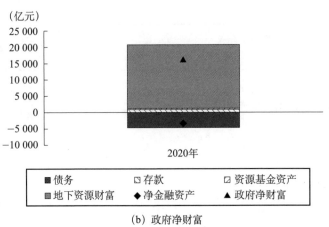

（b）政府净财富

图 A5.2　财富面板

图 A5.3 <资源收益面板 >展示了各类资源的预计资源收益和地下资源财富现值的时间序列柱状图。

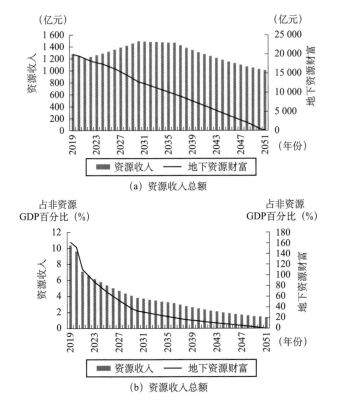

图 A5.3　资源收益面板

图 A5.4＜锚定面板＞展示经济和财政状况的长期发展路径，用于比较不同可持续锚的执行效果，假设立即达到锚点状态，不考虑财政乘数的影响。表中的下拉菜单可以选择不同的 Y 轴来对图表中的变量进行标准化处理（包括：非资源 GDP 或占总 GDP 的百分比、年度不变价格、人均不变价格）。

图 A5.4　锚定面板选项

图 A5.5＜财政战略面板＞展示了所选锚定策略（在下拉菜单中选择）包含过渡路径下的长期宏观经济和财政指标路径。

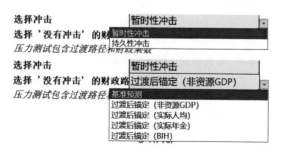

图 A5.5　财政战略面板选项

图 A5.6＜压力测试面板＞展示了不同资源价格冲击下不同财政政策反应（不作调整、部分调整、完全调整）对宏观财政变量的影响路径。可以在下拉菜单中选择暂时性或永久性资源价格冲击的结果，以及在何种锚定情况下的压力测试。

图 A5.6　压力测试面板选项

图 A5.7 和图 A5.8 是替代框架，包含＜敏感性分析＞和＜敏感性分析

压力测试 > 表格，也通过设定 < 数据表_ A > 来汇总数据。替代方案展示了在替代参数假设下的锚定政策和压力测试路径，与主假设进行对比。图 A5.7 < 敏感性分析 > 展示了财政策略的路径比较，包含三个下拉菜单，分别是过渡情形选择、Y 轴选择和锚定调整。

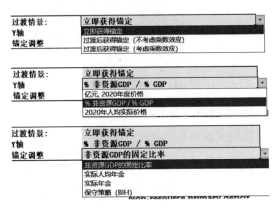

图 A5.7　替代框架 < 敏感性分析 > 面板选项

同样，图 A5.8 < 敏感性分析压力测试 > 展示了财政策略的压力测试路径比较，包含两个下拉菜单，分别是选择冲击和选择调整情景，而没有冲击的财政策略情形和之前 < 压力测试面板 > 选择相匹配。

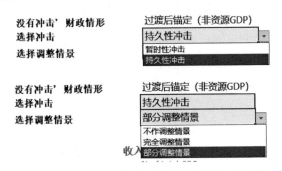

图 A5.8　替代框架 < 敏感性分析压力测试 > 面板选项

综上，最终得到的表格如第七章中长期财政可持续性框架部分所示，用于对比不同锚定策略下的财政指标变化路径，来作出适合地区发展的决策。

后 记

    矿产资源作为地球赋予人类的宝贵财富，对各国的经济社会发展具有重要意义。作为一名资源型区域的研究工作者，本人从小目睹着矿产资源开发给资源型地区带来的繁荣萧条循环，感受着资源地居民对矿产资源的爱恨情仇。如何将矿产资源财富转化为促进资源地经济社会健康可持续发展的能力一直是萦绕在我脑海里的重大问题。

    我国矿产资源属于国家所有，由国务院行使国家对矿产资源的所有权，开采矿产资源必须依法分别申请，经批准取得探矿权、采矿权。从经济的角度看，矿产资源开发会带来矿产资源收益，矿产资源收益的合理分配及有效利用问题是保障矿产资源有序健康开发的关键。政府作为矿产资源的所有者必然会获得部分矿产资源收益，而我国矿产资源分布具有地区不均衡性特征，资源型区域普遍存在经济社会发展相对落后现象，我国实行政府资源直接收益（资源税等）主要向资源地政府倾斜的政策。资源地政府在矿产资源开发利用过程中承担着保障经济社会发展的资源需求和保护生态环境质量的双重职责。

    由于资源的可耗竭性和价格波动性特征，使得资源地政府面临着管理短期资源收益波动和长期资源收益不可持续的现实困境，如何将资源收益转化为资源地可持续发展的能力，给资源地政府带来了巨大的管理挑战。本书聚焦资源地政府矿产资源收益的优化配置问题，从经济视角探讨资源地政府最优的资源收益配置模式以及需要的财政、统计和透明度制度保障，希望能够为资源地政府资源收益优化配置提供理论指导及政策建议，为资源地政府财政制度改革提供思路借鉴。

　　本书是本人近年来主持教育部人文社会科学研究青年基金项目"资源开采地政府矿产资源收益优化配置问题研究"（17YJC790199）的阶段性成果，得到了山西省高等教育"1331 工程"提质增效建设计划服务转型经济产业创新学科集群建设项目的资助。感谢郭泽光教授、龚朴教授、沈沛龙教授、刘维奇教授、张信东教授等在我学术成长过程中给予的指导和帮助，感谢张华明教授、牛富荣副教授、朱治双博士和段超颖、高雯昊、武园杰、卢林玉、史雪瑞、冀亭帆、吕红霞等研究生在本书写作过程中进行的资料收集、数据整理及部分初稿撰写等工作。

　　感谢本书编辑在本书出版过程中的辛苦付出。

张文龙

2023 年 4 月